创新法治人才培养系列教材

总主编：金明浩

本书是2022年湖北高校省级教学改革研究项目"'双碳目标'战略下高校卓越环境法治人才培养模式创新研究"（项目编号：2022301）和2022年武汉工程大学研究生一流课程校级建设项目（精品案例资源库）"环境司法前沿专题典型案例分类库"（项目编号：2022GFC24）的阶段性研究成果

环境司法原理与实务

主　编　王国飞

副主编　夏云娇　罗文君　周勇飞　车东晟　杨博文　聂　毅

全体撰稿人（以撰写章节先后为序）

车东晟　聂　毅　王国飞　周勇飞　夏云娇　王海晶

廖宜心　姜宏峰　杨旭铮　罗文君　杨博文　钱　澄

武汉大学出版社

图书在版编目(CIP)数据

环境司法原理与实务/王国飞主编.—武汉:武汉大学出版社,2023.6
创新法治人才培养系列教材/金明浩总主编
ISBN 978-7-307-23676-9

Ⅰ.环…　Ⅱ.王…　Ⅲ.环境保护法—中国—教材　Ⅳ.D922.68

中国国家版本馆 CIP 数据核字(2023)第 053334 号

责任编辑:胡　荣　　　责任校对:鄢春梅　　　版式设计:马　佳

出版发行:**武汉大学出版社**　　(430072　武昌　珞珈山)
　　　　　(电子邮箱:cbs22@whu.edu.cn 网址:www.wdp.com.cn)
印刷:武汉邮科印务有限公司
开本:787×1092　1/16　印张:13.75　字数:325 千字　插页:1
版次:2023 年 6 月第 1 版　　　2023 年 6 月第 1 次印刷
ISBN 978-7-307-23676-9　　　定价:58.00 元

编 写 说 明

经过几十年的发展，中国环境司法理论研究与实务建设均取得了显著成就，理论研究与本土经验呈现融合之势。中国环境司法理论研究已经由早期的零星、碎片化、宏观建构式的研究发展至全面、体系化、微观精深式研究，学界对环境司法的理论共识基本形成；环境司法工作机制渐趋成熟，审判组织数量明显增加，审判队伍及其能力日益专业化，环境司法的工作格局业已成型；法定的机关或社会组织提起的环境侵权诉讼、环境民事公益诉讼、环境行政公益诉讼、环境刑事附带民事公益诉讼、生态环境损害赔偿诉讼、海洋自然资源和生态环境损害赔偿诉讼等方面的案例不断涌现，人民法院裁判的实体法与程序法依据更加健全与完善，法官适用法律的说理更加充分，案件审判质量明显提升，环境司法也正在积极回应碳达峰碳中和、新污染物等新领域的司法保障需求。中国环境司法理论与实践的相互促进、融合发展，促进了立法完善、执法效率、司法适用、公众守法，为中国生态文明建设和法治中国建设作出了重要贡献，也深刻影响着全球环境司法理论与实践的发展。

本教材是对中国环境司法理论与实践的总结，共分七章。第一章是环境司法基础理论，主要讲述环境司法的概念、特征，功能，政策逻辑、法治逻辑、体制逻辑，类型和谱系。第二章是环境侵权诉讼原理与实务，主要讲述环境侵权的概念、性质与特征，环境侵权诉讼的类型、沿革与发展、构成要素，以及环境侵权法律责任。第三章是环境民事公益诉讼原理与实务，主要讲述环境民事公益诉讼的概念、性质、特征、功能、沿革与发展、构成要素、裁判执行。第四章是环境行政公益诉讼原理与实务，主要讲述环境行政公益诉讼的概念、性质、特征、功能、诉前程序、构成要素、裁判执行。第五章是环境刑事附带民事公益诉讼原理与实务，主要讲述环境刑事附带民事公益诉讼的概念、性质、特征、功能、沿革与发展、构成要素、裁判执行。第六章是生态环境损害赔偿诉讼原理与实务，主要讲述生态环境损害赔偿诉讼的概念、性质、特征、功能、沿革与发展、构成要素，生态环境损害赔偿诉讼与环境公益诉讼的衔接，生态环境损害赔偿诉讼的裁判执行。第七章是海洋自然资源和生态环境损害赔偿诉讼原理与实务，主要讲述海洋自然资源和生态环境损害赔偿诉讼的概念、性质、特征、功能、演进、构成要素、裁判执行。通过对环境司法原理与实务的阐释，可为法学本科环境法学课程中环境司法内容和研究生环境司法专题课程的教学和学习提供较全面、系统的理论与实务知识。

本教材的显著特点是把环境司法的普遍原理与中国实践相结合。体例上，各章均有对本章重点知识的提示，以专题形式系统、全面阐释环境司法典型诉讼类型的基本原理与实务操作，原理阐释与案例分析相结合，且每章设有检验、巩固理论知识掌握程度的综合案例分析题和思考题，以期达到引导学生运用环境司法理论知识分析问题、解决问题的目的。

本教材的编写大纲，由王国飞博士草拟，同全体撰稿人商议修改后确定。具体撰写分工为：第一章由车东晟博士（武汉大学法学博士，现为西北政法大学经济法学院讲师）负责编写，聂毅老师（华中师范大学法学硕士，现为湖北警官学院法律系副教授）参与编写。第二章由王国飞博士（中南财经政法大学法学博士，现为武汉工程大学法商学院副教授）负责编写，李雯静博士（日本北海道大学法学博士，曾为华中师范大学法学院副教授，现为湖南工商大学法学院副教授）参与编写。第三章由周勇飞博士（中南财经政法大学法学博士，现为湖北师范大学经济管理与法学院讲师）负责编写。第四章由夏云娇博士（华中师范大学法学博士，现为中国地质大学（武汉）公共管理学院副教授）负责编写。第五章由王海晶博士（中南财经政法大学法学博士，现为温州大学法学院讲师）负责编写，廖宜心、姜宏峰、杨旭铮（武汉工程大学法商学院环境法学硕士研究生）参与编写。第六章由罗文君博士（上海交通大学法学博士，现为湖北经济学院法学院副教授）负责编写，聂毅副教授参与编写。第七章由杨博文博士（南开大学法学博士，现为南京农业大学人文与社会发展学院讲师）负责编写，钱澄博士（泰国亚洲理工学院哲学博士，现为武汉工程大学法商学院副教授）参与编写。全书统稿由王国飞博士负责完成。

本教材尝试对中国环境司法原理与实务进行专题式的总结与提炼，全书编写体系与各章内容安排虽经多次讨论，各章书稿也历经多次修改，但编写组成员普遍较为年轻，理论积淀、实务经历与与编写经验尚存一定不足，难免存在浅薄、疏漏与不当之处。恳请环境司法理论与实务领域的专家和广大读者在阅读与使用过程中多批评反馈，不吝指正。

王国飞

2023 年 1 月 5 日于湖北武昌

目　　录

第一章　环境司法基础理论

【本章重点内容提示】

1. 环境司法的概念、特征与现状
2. 环境司法的功能
3. 环境司法的类型

第一节　环境司法的概念、特征

一、环境司法的概念

环境司法是指在环境资源开发利用和保护管理活动中产生的纠纷，依照法律规定的特定情形进入诉讼程序后，人民法院依法对相关行为的合法性以及利益归属等问题进行审判的活动。环境司法是我国整个司法活动和制度体系中的一个重要组成部分，也是环境法治中不可缺少的环节。环境污染或生态破坏行为所引发的民事、行政纠纷、刑事追诉以及环境公益损害问题，在环境立法和司法实践中逐渐形成了具有显著特殊性的案件。该类案件较为复杂，主要表现在因果关系的认定困难、证据搜集和事实认定困难、损害具有累积性和迟延性、法院判决执行难度较大、生态环境损害修复成本过高、责任履行难度大等显著特点。这对法院的审理工作提出了一定的挑战，在此背景下，学界和实务界都开始关注和探讨一类专门的司法类型，即环境司法。环境司法在环境立法体系逐渐成熟之后便成为持久性热点议题，上到国家政策层面，下至基层人民法院。经过 10 多年的发展，我国环境司法在多方面取得了较为明显的成就。环境司法在实践中涉及刑事、行政和民事等诉讼程序，不论是在实践中还是在学理上，环境司法均是十分笼统和宽泛的概念，其不仅涵盖了进入司法程序的所有环境资源开发利用和保护管理行为，同时也包含了生态环境损害赔偿诉讼为代表的专门诉讼。其中，涉的相关国家机关也十分复杂，既有审判机关，也有检察机关和行政机关，此外还有符合特定条件的社会组织、公民个人的参与。目前，我国环境司法处于不断探索和完善的阶段，是伴随 20 世纪七八十年代环境立法初步建立起来的，进入新时代生态文明体制改革时期，我国的环境司法的发展和完善进入了快车道。从发展阶段来看，生态文明体制建设时期我国环境司法的实践探索和政策推动效果十分显著，该阶段大量立法、司法解释以及相关的中央政策文件的出台，对生态环境保护起到了不可替代的功能，如各地逐渐探索建立的环境法庭、环境公益诉讼的立法确认以及生态环境损害赔偿制度中的磋商、诉讼制度等，均构成了环境司法发展的重要部分。目前，环境司法的大量制度和原理在探索中形成了一些基本共识。

二、环境司法的特征

我国的环境司法从产生至今虽未形成完全成熟的规则体系，最为典型的是环境公益诉讼，其大量的制度规则正处于探索阶段。但从环境司法总体上看，已经初步建立了基本的制度框架。环境司法相比于其他传统领域的司法具有其自身的特殊性，这一方面与我国环境法治发展的历史现状与环境治理体制有关，另一方面也是环境法治自身发展的特殊需求。依据目前环境司法的理论研究和实践经验，我国环境司法具有以下几个特征。

（一）环境司法专门化

环境司法专门化是我国环境司法的显著特征。环境司法专门化是指由于环境类案件的专业性和特殊性，国家和地方成立专门的审判组织对其进行专门化审理。环境司法专门化在近些年环境司法中日益明显，也是我国当前环境司法的主要存在形式。我国环境司法专门化源于地方司法机关对环境类案件审理的探索，目前全国各地法院基本上建立了环境案件的专门审理机构。2007 年贵州清镇环保法庭的设立，被视为我国环境司法专门化的起点。我国的环境司法专门化大致经历了 3 个阶段。2007—2010 年是个别探索阶段，结合地方需要，个别地方法院以环保法庭、审判庭、合议庭等多种形式设立环境审判机构。2010 年，以《最高人民法院关于为加快经济发展方式转变提供司法保障和服务的若干意见》为标志，各级法院开始积极探索在宪法法律框架内设立专门环境审判组织、受理环境公益诉讼案件，环境司法专门化得以示范推广。2014 年最高人民法院发布了《关于全面加强环境资源审判工作 为推进生态文明建设提供有力司法保障的意见》，推动环保法庭在全国普遍建立，环境司法进入了大力推进阶段。截至 2021 年，环境司法专门化建设向纵深推进，国际影响力日渐增强。[①]

环境司法专门化在组织机构上主要有两种形式，一是专门管辖环境类案件的法院，如西安市将所有的环境类案件的管辖划归到西安铁路运输法院进行集中管辖；二是在现有的法院内部设立专门的审判机构即环境法庭，以实现对环境类案件的专门审理，目前大多数环境司法专门化即采取该形式，一般将环境法庭设在中级人民法院。依据 2015 年年底最高人民法院的界定，环境司法专门化具体体现为环境审判机构、环境审判机制、环境审判程序、环境审判理论和环境审判团队"五位一体"的专门化。[②] 可见，环境司法专门化虽然并未建立在完全独立的诉讼规则和诉讼原理基础上，但其在具体审判流程中的专门化建设是其他的诉讼类型难以比拟的，这其中最重要的原因是环境类案件的专业性较强，从案件的启动到诉讼程序的推进再到裁判的执行，均具有难以替代的专业性问题。基于此，我国环境司法探索过程中逐渐开始推行专门化审判。虽然环境司法专门化发端于地方司法审

---

① 参见最高人民法院：《中国环境司法发展报告（2021）》，https://www.court.gov.cn/upload/file/2022/06/05/10/38/20220605103833_33041.pdf，最后访问日期：2022 年 6 月 25 日。

② 中国法院网：《第一次全国法院环境资源审判工作会议召开》，https://www.chinacourt.org/article/detail/2015/11/id/1742578.shtml，最后访问日期：2022 年 6 月 10 日。

判的探索，但目前已转化成为自上而下的实践模式，从其未来发展的趋势来看，地方性会日渐式微，普适性则日益月滋。①

（二）诉讼原理依据部门法

目前，环境案件并未形成与传统诉讼程序相独立的程序法依据，这是由环境法自身的调整范围和调整原理决定的，当然也与环境法的体系性尚未成熟有直接的关系，在这种情形下，环境案件在适用程序法规则时会分别适用相应的部门法原理。因此，具体的环境案件一般被称为环境侵权案件、环境行政案件、环境刑事案件，环境公益诉讼主要是指环境民事公益诉讼和环境行政公益诉讼。也有基于传统部门法诉讼的附带诉讼，如环境刑事附带民事诉讼、环境刑事附带环境民事公益诉讼等。随着我国环境司法专门化的推进，环境司法开始出现"三审合一"的特征，将环境民事案件、环境刑事案件和环境行政案件统一交由环境专门审判机关进行审理，这对统一裁判尺度、提升审判效率具有十分重要的意义，也体现出虽然我国环境案件的诉讼原理依据部门法，但是在司法体制改革中通过环境司法专门化的方式实现环境案件审理的独立性，在这个意义上，环境司法专门化对环境案件形成独立的裁判原理和依据具有一定程度的推动作用，需要在司法实务中不断进行探索。总体来看，虽然我国在推进环境司法专门化审判，但是环境类案件的程序法原理依旧为传统的部门法。有学者通过对我国环境司法状况统计发现，环保法庭建立前后，对环境类司法案件法官极少以环境法律作为裁判依据。② 这一方面说明了我国环境司法中诉讼原理依据部门法的客观属性，另一方面也反映出环境立法在为司法机关提供裁判依据方面的实体法规范供给尚不完善。可以预见，在未来较长的时间内，环境司法的诉讼原理将依然依据部门法。

（三）功能的全面性

随着生态文明建设的不断推进，环境司法的功能也在持续地拓展。从司法的应然特征来讲，司法相对于立法和执法具有事后救济性，仅就已发生的纠纷问题进行裁判。但是，由于环境司法涉及环境公益维护的特殊需求，其功能随着环境司法改革的推进出现了大幅的扩展。从环境司法中的诉讼类型来讲，环境司法从最初的环境民事案件、环境刑事案件和环境行政案件扩展到环境民事公益诉讼、环境行政公益诉讼以及生态环境损害赔偿诉讼，还有地方法院创新诉讼方式，对环境犯罪行为提起"生态补偿费的附带民事诉讼"并通过和解的方式缴纳了生态补偿费用③等；从环境司法中法律责任的类型来讲，从最初的环境侵权责任、环境刑事责任和环境行政责任扩展到生态修复责任等。在环境司法功能

---

① 张忠民：《环境司法专门化发展的实证检视：以环境审判机构和环境审判机制为中心》，载《中国法学》2016年第6期，第196页。
② 参见吕忠梅：《环境法回归　路在何方？——关于环境法与传统部门法关系的再思考》，载《清华法学》2018年第5期，第7~8页。
③ 王军、马军：《四川旺苍检察院："绿色检察"首试区域性司法》，载《民主与法制时报》2014年10月9日，第6版。

进行扩展的过程体现出司法能动理念的运用，各地方的环境审判机关为了维护环境公益，在裁判方式、法律责任、判决的执行等多方面进行了较大幅度的创新。例如，2007 年年初，福建省柘荣县法院从《中华人民共和国刑法》（以下简称《刑法》）和《中华人民共和国刑事诉讼法》（以下简称《刑事诉讼法》）的立法本意出发，确立了"惩罚违法犯罪是手段，保护生态才是目的"的林业刑事审判理念，首创了"复植补种"案件的审判模式。① 此后，对破坏林木行为的"异地补植"等类似判决频繁出现；再如，随着环境司法功能的不断扩张，预防性司法等新理念已经开始大量运用到环境案件的裁判中，环境案件裁判的实体法依据从法律逐步扩展到政策文件和司法解释等，生态环境损害赔偿诉讼和被称为预防性环境民事公益诉讼第一案的"云南绿孔雀案"即为典型，在"云南绿孔雀案"中，为了保护绿孔雀以及其他珍贵动植物的栖息地，法院判决开发商停止项目的建设。②

当然，环境司法功能的扩展对环境案件审理也提出了新挑战，如按照预防性司法理念的内涵，环境司法制度安排体现出了迥异于传统司法制度的独特性。其中，最为显著的特征是环境民事诉讼、环境行政诉讼、环境刑事诉讼中的证据认定标准问题。③ 而且司法机关为了实现对生态环境的保护，不可避免地开展能动性活动，如主动调查证据、监督生态环境修复等，这极大地扩大了法律适用中对立法的解释规则和解释尺度，甚至有越界行政权的嫌疑。在检察机关提起的环境公益诉讼中，情况更为复杂，如何处理检察机关的法律监督权、行政机关的行政权以及司法机关的审判权，需要不断地进行制度探索。

第二节　环境司法的功能

一、法理功能

在法理上，环境司法是环境法治中不可或缺的重要环节，通过司法机关独立行使审判权以对环境资源开发利用和保护管理活动中的特定行为进行定性，从而实现生态环境保护的目标，体现法律调节社会的功能，保护环境公益，维护法律的权威。我国环境司法在法理上还具有特殊的使命，其重要原因在于环境法自身的特殊性。环境法理论中尚未形成私法意义上的权利义务关系体系，环境立法也未规定公民的"环境权"，但在司法实务中，公民因为环境资源开发利用而产生的利益纠纷现象大量存在。因此，环境立法在很大程度上无法为环境司法提供诉讼请求和司法判断的基础。虽然公民的环境权尚未被环境立法所确认，但在应然层面公民对良好生态环境、清洁的空气和健康、安宁的生活条件等享有必

① 据统计，自 2007 年以来，福建省柘荣县人民法院审理各类破坏生态环境案件 30 余件，被告人履行"复植补种"率达到 100%。2010 年以来，福建省对此类案件采取"恢复性司法模式"判结 270 件，"复植补种"面积达 8649.7 亩，取得了保护生态环境的良好效益。参见梅贤明：《福建："复绿补植"的恢复性司法模式》，载《人民法院报》2013 年 4 月 21 日，第 5 版。

② 参见〔2017〕云 01 民初 2299 号、〔2020〕云民终 824 号。

③ 郭武、范兴嘉：《〈环境保护法〉修订案之环境司法功能抽绎》，载《南京工业大学学报（社会科学版）》2014 年第 4 期，第 33 页。

要的利益，这应当成为宪法和法律保护的客体，也属于环境司法的救济范围。① 环境司法中法官在遇到类似案例时，必须综合运用私法原理进行法律解释，如大量的公民环境权益相关纠纷的案例运用民法中的相邻权、地役权等原理进行裁判。②

此外，环境立法赋予环境行政机关的环境监管职权实际上是对行政权的扩充，环境行政权当然受到环境立法的约束，但同时环境司法机关对环境行政机关的监督也是十分重要的。环境权益救济是司法的终极追求，公共权力制约是司法的政治责任，矛盾纠纷终结是司法的直接目标，公共政策形成则是司法的功能延伸。③ 就目前的环境法治状况而言，我国环境立法中对环境资源开发利用行为采取行政管制性思维，而非在规范意义上为环境行政权提供职权依据，这导致环境行政机关受环境司法机关的审查和监督十分有限。因此，我国近几年环境司法的持续改革实际上均是在不断定位和矫正环境司法机关在环境法治中的地位和功能，在此过程中，环境司法机关与环境立法机关、环境行政机关之间的关系也十分值得学界进行深入研究。总体来说，环境司法在法理层面的功能十分明显。

二、社会功能

司法是以理性、权威的方式解决矛盾的最佳方式，在私法层面可以有效保护合法权益、明确权利边界、疏导利益冲突，从而化解社会矛盾，维护社会的稳定。我国前些年大量兴起的环境群体性事件实际上是由于一些正当的环境利益需求未能通过法律途径进行解决导致的。环境资源开发利用行为势必会对相关的利益群体产生影响，环境立法在规定了预防措施如环境影响评价制度、"三同时"制度、排污许可证制度等的基础上，又赋予了环境司法一定的社会功能，环境案件的审理在解决纠纷的基础上，客观上促成了一定的社会功能。近几年，我国环境立法的修改、大量的环境政策的出台以及司法解释的颁布与修改均反映了该趋势。2014年修订后的《中华人民共和国环境保护法》（以下简称《环境保护法》）第58条关于环境民事公益诉讼原告主体资格的规定被安排在第五章"信息公开和公众参与"部分，规定了符合一定条件的社会组织具备原告主体资格，特别强调环境民事公益诉讼应当吸收社会组织参与，属于发掘环境司法的社会功能。环境司法的运行建立在现代环境管理民主化的基础之上，社会公众的诉求成为环境司法机制启动、运行以及效果实现的重要推动因素之一，这也是环境司法专门化制度、机制建立的重要标志。④

从司法本身的功能出发，司法的核心功能在于运用法律解决矛盾和纠纷，司法机关作为中立的裁判机关，以立法机关对相关事项的事先规定为基本依据行使其对法律的"判断权"。司法权的行使体现了司法机关对法律的理解和判断，并且具有终局性，"司法的

① 王旭光：《论环境资源司法的基本功能》，载《人民法院报》2015年9月9日，第8版。
② 肖俊：《不可量物侵入的物权请求权研究——逻辑与实践中的〈物权法〉第90条》，载《比较法研究》2016年第2期，第49~61页。
③ 王旭光：《论环境资源司法的基本功能》，载《人民法院报》2015年9月9日，第8版。
④ 郭武、范兴嘉：《〈环境保护法〉修订案之环境司法功能抽绎》，载《南京工业大学学报（社会科学版）》2014年第4期，第32页。

作用其唯一的目的，就是最可能正确地为法的判断；也就是要判断何者为法"。① 在正视环境司法的社会功能的同时，也应当看到，诉诸司法方式解决纠纷仅仅是纠纷解决机制中的一个环节，其功能也十分有限，这是环境法理本身的复杂性导致的。传统法理中的权利义务无法完全在环境法中得到合理的解释，而环境规制也面临着诸多传统行政法理论无法解释的难题，因此，环境司法注定无法对环境立法所规制的所有领域的利益纠纷问题进行解决，这也是我国环境司法的重要特点。基于此，我国也十分注重构建多元化的纠纷解决机制，因为环境资源领域的纠纷十分复杂，类型众多，诉求的差异也十分巨大，这就需要环境司法不断探索和完善纠纷解决机制，确保其更有针对性，实现对不同案件的合理分流。尤其是，司法实务中出现大量标的较小、因果关系认定困难、鉴定成本过高且涉及民生的案件，以诉讼方式解决纠纷未必是一种理性选择。因此，更加注重社会效应和社会功能的多元化纠纷解决机制是我国环境司法未来发展的重要方向。

三、预防功能

从根本上讲，司法行为本身由于其法律效力而具有一定的预防功能。环境司法的预防功能则更为具体和全面，主要体现在对生态环境损害的预防上。环境司法的预防功能主要体现在环境公益诉讼方面。根据最高人民法院发布的《中国环境司法发展报告（2021）》，2020 年度环境公益诉讼的预防性功能得到了明显的强化，在法律依据上，2020 年实施的《中华人民共和国民法典》（以下简称《民法典》）确立了惩罚性赔偿②，加上禁止令以及其他手段在环境公益诉讼中的适用，环境公益诉讼呈现出使用手段多样化的治理局面，这有力增进了公益诉讼参与环境治理的能力与效果。检察建议被大范围应用于诉前程序之中，有效推动了行政机关自我纠错、依法行政。③ 我国《环境保护法》第 5 条将"预防为主"规定为基本原则，在环境法律体系中，预防原则最为重要的体现在于环境行政方面，但是考虑到环境行政存在一定的立法赋权不明确或权力行使不及时、执法力量有限等问题，预防功能扩展到了环境司法领域中。最为典型的体现环境司法的预防功能的案例为"云南绿孔雀案"，该案中，由中国水电顾问集团新平开发有限公司开发建设的戛洒江一级水电站工程将要淹没的河谷是濒危物种、国家 I 级重点保护动物绿孔雀的繁衍生息栖息地，国家一级保护植物陈氏苏铁的生长地，也是各类生物与大面积原始季雨林、热带雨林片段共同构成的一个完整的生态系统。水电站项目建设自 2011 年至 2014 年分别取得了国家发展改革委、原国土资源部、生态环境部等多个相关主管部门关于用地、环评、建设等批复和同意。后由北京市朝阳区自然之友环境研究所提起环境民事公益诉讼。昆明市中级人民法院认为，水电站建成后蓄水水库将导致淹没河谷，致使其地生物多样性和生物安全面临重大风险，故判决新平公司立即停止基于现有环境影响评价下的水电

---

① 翁岳生：《司法权发展之趋势》，载翁岳生主编：《法治国家之行政法与司法》，台湾月旦出版公司 2009 年版，第 333 页。
② 参见《中华人民共和国民法典》第 1232 条。
③ 参见最高人民法院：《中国环境司法发展报告（2021）》，https：//www.court.gov.cn/upload/file/2022/06/05/10/38/20220605103833_33041.pdf，最后访问日期：2022 年 6 月 28 日。

站建设项目，水电站的后续处理，待建设公司按生态环境部要求完成环境影响评价，采取改进措施并报生态环境部备案后，由相关行政主管部门视具体情况依法作出决定。该案经过上诉，云南省高级人民法院维持一审判决。该案的重要意义在于突破了"无损害即无救济"的传统侵权损害救济理念①，体现了环境司法的预防功能。在环境司法中适用预防原则，有利于跳出救济性司法的桎梏。纵观世界各国的司法进程，转变以事后救济为中心的诉讼机制，将事前预防纳入司法理念，已然成为一种趋势，如德国的预防性不作为诉讼与预防性确认诉讼，意大利的预防性保护诉讼，英美国家的禁止令、执行令、阻止令等。② 但必须要注意的是，环境司法的预防功能的发挥必须以尊重司法机关的谦抑性、被动性为前提，同时应始终保证对行政机关行使职权的监督，否则会极大地干扰行政机关职权的行使，扰乱司法机关和行政机关之间的关系。实际上，如果环境公益诉讼的范围始终限制在实际损害领域，其可能在很大程度上与行政机关的监管职权产生冲突。在此后的制度探索中，如何定位环境司法的预防功能以及与既有的预防制度如何衔接等问题均需探讨。

第三节　环境司法的三重逻辑

在新时代，由于我国社会矛盾的转变以及环境法治所处的阶段导致环境法理线索较多，环境司法在坚持司法基本原理的前提下，又出现多重逻辑。

一、环境司法的政策逻辑

我国现阶段，环境司法具有明显的政策逻辑，环境司法的宗旨和目标以国家发展现阶段的基本国情为基本依归，服务并保障现阶段社会、经济等多方面的发展需求。2010 年，最高人民法院发布《最高人民法院关于为加快经济发展方式转变提供司法保障和服务的若干意见》，各级法院开始在宪法法律框架内积极探索设立专门环境审判组织，受理环境公益诉讼案件，环境司法专门化得以示范推广。2014 年发布的《最高人民法院关于全面加强环境资源审判工作 为推进生态文明建设提供有力司法保障的意见》明确提出"全面加强环境资源审判工作是贯彻中央决定，推进生态文明建设的必然要求"，在具体实施方案方面提出大力推进环境民事公益诉讼、有序推进环境资源司法体制改革、建立健全环境资源司法工作机制、大力加强环境资源审判队伍建设。此后环保法庭在全国普遍建立，环境司法队伍能力得到了持续不断的强化，环境司法在贯彻中央决定方面的制度改革措施进入了大力推进阶段。2018 年发布的《最高人民法院关于深入学习贯彻习近平生态文明思想为新时代生态环境保护提供司法服务和保障的意见》对坚持以习近平生态文明思想指导环境资源审判工作的主要方面进行了列举，包括污染防治、保护海洋自然资源与生态环

---

① 秦天宝、陆阳：《从损害预防到风险应对：预防性环境公益诉讼的适用基准和发展方向》，载《法律适用》2022 年第 3 期，第 122 页。

② 于文轩、宋丽容：《论环境司法中预防原则的实现路径》，载《武汉大学学报（哲学社会科学版）》2022 年第 1 期，第 169 页。

境、美丽乡村建设、生物多样性保护、生态安全战略布局等方面，可谓是十分全面，环境司法在政策逻辑方面有了更加具体的实施领域。此后，多个环境治理领域中出现了环境司法的保障政策，如2020年发布了《最高人民法院关于为黄河流域生态保护和高质量发展提供司法服务与保障的意见》，对黄河流域生态保护和高质量发展中司法保障的方面进行了规定，涉及审判机构、管辖、司法协作、部门联动、纠纷多元化解、信息共享、公众参与、审判队伍建设等方面。从中可以看出，环境司法审判已经从司法机关的依法裁判职能向保障国家生态环境保护总体战略的实现方面进行了大范围的扩展，而对环境司法在保障国家生态环境保护总体战略上最为综合和全面的文件为2021年最高人民法院发布的《关于新时代加强和创新环境资源审判工作 为建设人与自然和谐共生的现代化提供司法服务和保障的意见》，其中对近些年来提出的生态环境保护战略和目标进行了综合列举，环境司法在环境治理中的功能和地位得到了极大的提升。

在环境司法的政策逻辑具体体现方面，依照最高人民法院2021年的工作报告，环境司法在贯彻中央政策、加强生态环境保护实效性方面举措较为多样。如审理"绿孔雀预防性保护公益诉讼案"，贯彻"保护优先、预防为主"原则；浙江安吉法院设立"森林法官"守护森林竹海，践行"两山"理念；青海三江源、祁连山、青海湖生态法庭联动，共同守护"中华水塔"落实谁污染谁治理、谁破坏谁赔偿，探索公益诉讼损害赔偿专项基金制度；江苏、江西等法院委托第三方监管，保障生态修复资金专款专用；出台贯彻长江保护法实施意见，守护一江清水、两岸青山；山东法院与执法机关协同治理油泥沙和落地原油污染，保护黄河三角洲；湖北法院依法保障全国碳排放权注册登记结算机构建设，广东法院审理碳排放权交易结算案，福建法院推行"碳汇"认购等替代性修复方式，依法助力碳达峰碳中和。[①] 从地方各地法院的实践中可以看出，在生态文明体制改革中中央提出的大量政策均能得到环境司法的保障，这对中央生态环境保护政策的实施无疑会起到十分关键的推进作用。

环境司法在既有环境立法的基础上开始探索更加灵活的、政策化的能动方式实现生态环境保护的特定效果，恢复性司法理念的提出是环境司法政策逻辑的直接体现。以长江流域生态环境保护的环境司法保障为例，2021年长江流域各级法院坚持恢复性司法理念，探索多元化的生态修复方式，重点表现为以生态功能单元建设生态修复基地，切实加强司法在流域生态系统整体性保护方面的作用。例如，湖北建立44个生态环境保护修复基地、四川建立63个司法修复实践基地、甘肃设立13个生态修复林基地、四川与重庆共建"长江上游珍稀特有鱼类国家级自然保护区川渝司法协作生态保护基地"等。[②] 此外，随着长江大保护、黄河流域生态环境保护和高质量发展政策的提出，环境司法的保障制度和措施也在实时推进，最高人民法院连续多年发布长江流域、黄河流域生态环境司法保护典型案例，这些典型案例对长江、黄河流域生态环境保护的司法活动提供了较为明

---

① 参见《第十三届全国人民代表大会第五次会议关于最高人民法院工作报告的决议》，http://gongbao.court.gov.cn/Details/2c16327a4bc6cc0a26a9caa5450d2a.html，最后访问日期：2022年7月2日。

② 参见最高人民法院：《中国环境司法发展报告（2021）》，https://www.court.gov.cn/upload/file/2022/06/05/10/38/20220605103833_33041.pdf，最后访问日期：2022年6月28日。

确的裁判指引。

二、环境司法的法治逻辑

虽然我国环境司法受到明显的政策逻辑的塑造，但其必须深深植根于法治逻辑之中，这是环境司法得以运行的前提条件。环境司法围绕环境法治所确立的规则体系来适用法律，进行相应的司法活动。通过立法实现法律规则的确立，这是环境司法运行的法律前提。我国目前的环境法律体系的构建以及生态文明体制改革的不断深入推进，诸如环境执法以及环境监察、督察等制度的改革与实施，均为环境司法提供了良好的法治环境，为提升环境司法的效能提供了条件保障。

环境司法的法治逻辑在于环境司法应遵循司法自身的运行原理，通过行使法律赋予的职权，可以有效化解环境资源开发利用和保护管理过程中产生的纠纷，对环境行政机关依法行使职权的行为进行监督，有效地惩罚环境犯罪行为。依照法治逻辑，环境司法具有终局性、中立性，其虽然不参与具体的环境治理事务，但是通过审判职权的行使，对环境治理的行为形成有效的监督，通过事先制定的立法来判断利益的归属以及对特定行为进行定性判断。事实上，为了更好地发挥环境司法在环境法治中的应然功能，我国正在推动的生态文明体制改革中大量关于环境司法的政策也在很大程度上能够对环境案件审判的专业化、规范化起到推动作用。

环境司法的法治逻辑首先体现在相对完备的环境法律规则的基础上。面对具体的环境案件，司法机关对环境法律规则行使"判断权"以确定相关的利益归属、行为是否合法、是否构成犯罪等问题。我国环境立法肇始于 20 世纪 70 年代，发展至今已基本形成较为完备的环境法律体系，尤其是在环境立法所涵盖的保护范围和调整手段已经相对全面的背景下，2016 年颁布的《中华人民共和国环境保护税法》（以下简称《环境保护税法》）与 2018 年颁布的《中华人民共和国土壤污染防治法》（以下简称《土壤污染防治法》）进一步加强了环境法的体系性，这对环境司法的进一步发展意义重大，相对成熟的环境立法可以为行政机关对生态环境保护的监管提供职权依据，同时也将职权纳入司法审查的范畴，可以更加全面地促进生态环境保护的法治化。

此外，环境司法的法治逻辑也要求审判机关遵从司法机关本身的职权行使逻辑，在诉讼方面尽可能统一裁判的尺度，做到"同案同判"，加强司法从业人员的专业水平，提升职业道德修养，充分利用审级监督杜绝司法腐败。并且做好与检察机关职能的衔接，在环境公益维护方面尽可能解决原告主体缺失、环境公益代表主体缺位等导致的环境公益被搁置。但必须注意，环境司法机关不能僭越行政权的范围，否则极易形成行政机关与司法机关的"合谋"或者司法权对行政权的不当干预，损害环境公益，破坏环境法治。

三、环境司法的体制逻辑

环境司法的运行深深地嵌套在我国司法体制中，这也是任何一个国家司法制度的宿命。环境司法的体制逻辑包含两层含义：

首先，环境司法的运行受到国家政治体制的塑造和影响。环境司法是国家政治体制构建和改革中十分重要的环节，环境司法的功能定位和职权等重要问题均受到国家政治体制的影响。可以说，这种影响对我国环境司法的发展是具有决定性的。这其中比较明显的就是我国"央地"关系的格局。"央地"分治本来主要是针对行政领域，但在实际运行中，环境司法运作显著地受到"央地"之间关系的直接影响。[①] 另外，我国生态文明体制改革过程中长期存在对地方生态文明各项指标的考核体系，在目前的体制状况下，极其容易传导到司法机关，对司法机关的业务会产生实质性的影响。我国体制对环境司法的影响还体现在，我国环境司法有明显的政策逻辑，其在特定环境要素（如湿地保护、野生动植物保护）、环境治理目标（如"碳达峰碳中和"战略目标）、特定环境区域治理（如长江流域大保护、黄河流域生态环境保护和高质量发展）等，在国家环境保护战略布局或政策的实施中，环境司法的功能由其本身的司法"判断权"向保障体制所确定的目标进行扩展，这可以在宏观上影响环境司法的运行。

其次，环境司法制度本身存在自身的体制逻辑，这意味着环境司法在遵守基本的司法原理和制度的前提下，又受到国家生态环境保护战略定位以及环境案件审判的特殊性需要的影响，存在自身相对独立的体制逻辑，在我国最典型的表现为环境司法的专门化。此外，在环境资源案件领域，最高人民法院为了规范案件的审理，统一裁判尺度，定期发布典型案例、指导案例，这些均属于在司法体制内部对环境司法的塑造和影响，体现了环境司法的体制逻辑。

第四节 中国环境司法的类型和谱系

一、环境司法的类型

（一）环境侵权诉讼

环境侵权诉讼是指由于单位或个体的环境污染及生态破坏行为或者有关机关不履行或者怠于履行生态环境保护法定职责导致私权或者环境公共利益受到损害之后由法定主体提起的诉讼。从总体上看，环境侵权诉讼是环境案件中占比最大的。大多数的环境案件是在环境污染或生态破坏行为损害到个体私人合法权益之后才被提起诉讼的，这也是环境法兴起的重要因素。因此，环境侵权诉讼是环境司法中十分重要的诉讼类型。《环境保护法》第 64 条规定："因污染环境和破坏生态造成损害的，应当依照《中华人民共和国侵权责任法》的有关规定承担侵权责任。"该条款是环境侵权责任认定规则的转介条款。因此，在环境侵权案件中，法官一般援用民法相关条款作出裁判，因为民事立法中对环境侵权案件有专门的规定，不论是已经废止的原《中华人民共和国侵权责任法》（以下简称《侵权责任法》）还是正在实施的《民法典》，均确立了环境侵权案件特殊的侵权责任成立要件，如无过错责任原则、举证责任倒置等。

2021 年《民法典》实施之后，环境侵权诉讼的实体法依据和诉讼规则得到了进一步

---

① 王启梁、张丽：《理解环境司法的三重逻辑》，载《吉林大学社会科学学报》2020 年第 6 期，第 90~91 页。

精细化发展，在《民法典》专章规定"环境污染和生态破坏责任"中新增了"惩罚性赔偿"以及赋予了"国家规定的机关或者法律规定的组织"求偿权之外，2022 年最高人民法院发布了司法解释《最高人民法院关于生态环境侵权案件适用禁止令保全措施的若干规定》，规定"申请人以被申请人正在实施或者即将实施污染环境、破坏生态行为，不及时制止将使申请人合法权益或者生态环境受到难以弥补的损害为由，依照民事诉讼法第100 条、第 101 条规定，向人民法院申请采取禁止令保全措施，责令被申请人立即停止一定行为的，人民法院应予受理"。同年，最高人民法院又发布了《最高人民法院关于审理生态环境侵权纠纷案件适用惩罚性赔偿的解释》，对环境侵权惩罚性赔偿的实务性问题进行了细化规定。环境侵权领域惩罚性赔偿问题在学界的争议较大，目前该制度在应然意义的适用条件和范围依旧处于不断的探索之中。从近几年环境侵权案件的统计数据来看，环境侵权案件的确显示出了一些特殊性，如上诉率明显偏高，研究显示，环境侵权类案件的上诉率是全部民事案件上诉率的 2.16 倍。有研究认为，这在一定程度上表明，环境纠纷较其他纠纷类型具有更强的冲突性和对抗性，其利益更难调和。① 这也对环境立法中相关利益精确识别以及调整的体系化提出了现实的要求。

（二）环境行政诉讼

环境行政诉讼是人民法院根据对环境行政机关所作出的具体环境行政行为不服的公民、法人或者其他组织的请求，在双方当事人和其他诉讼参与人的参加下，依照法定程序，审理并裁决环境行政争议案件的司法活动。环境行政诉讼的首要目的是通过赋予相关利害关系主体诉权的方式监督环境行政机关依法行使环境行政职权，进而保护公民、法人和其他组织对环境享有的合法权益。在环境司法实务中，环境行政诉讼的案件量最少，环境行政案件呈现数量少、判决少、适用法律少、原告胜诉率低的特点，背后则是环境诉讼程序、环境保护法律制度不能适应环境纠纷解决的需要而导致的环境司法尴尬，影响司法公正，减损司法公信。② 换言之，依目前的制度现状，环境行政机关受到司法机关的监督功能十分有限，这一方面与我国的环境实体法对行政机关职权的赋权与规制方面不完善有关系，另一方面与我国目前的行政以及司法体制不无关系。

就案件的审理程序来讲，环境行政诉讼与一般的行政诉讼程序并无实质的区别，皆是公民对行政机关提起的诉讼。但从案件的实体性内容来看，环境行政诉讼具有较明显的特点，主要为案件所涉及的利益问题具有复杂性，既有私人利益，又存在公共利益，公共利益又存在不同性质的分类，且私人利益和公共利益之间关系的规范性问题又可以延伸出复杂的解释体系，这使得进入环境行政程序的利益主体十分复杂，潜在的利益关系人众多，且在规范解释上能否进入法律调整的射程进而判断能否进入环境行政诉讼程序等诸多问题均是十分复杂的问题。在德国行政法学理中，有关于对环境利益的类型化区分，环境行政

① 吕忠梅、焦艳鹏：《中国环境司法的基本形态、当前样态与未来发展——对〈中国环境司法发展报告（2015—2017）〉的解读》，载《环境保护》2017 年第 18 期，第 10 页。

② 吕忠梅：《环境行政司法：问题与对策——以实证分析为视角》，载《法律适用》2014 年第 4期，第 2 页。

之所以作为行政法体系中十分特殊的一类，其重要原因为面对如此复杂的利益关系问题，行政机关在处理时其法律身份发生了重要的转变，即"将既有的衡量权限视为法律适用者独立的权限"①，因此大量的行政行为可以被纳入立法和司法的制约程序。此外，环境行政领域还面临着典型的环境风险问题，这也是现代行政法体系中十分重要的一类。环境风险理论对既有的行政法理论产生了一定的冲击和挑战，环境行政诉讼也因此具有了与一般行政诉讼不同的特征。鉴于此，一些国家的环境行政诉讼相关制度中出现了一些特殊的规定，如放宽环境行政损害认定条件方面的限制、扩大对环境行政行为司法审查的范围、承认非直接利害关系人的环境行政起诉权、授予环保及其他团体的环境行政起诉权等。②

（三）环境刑事诉讼

环境刑事诉讼是指国家司法机关在当事人及其他诉讼参与人参加下，依照法定程序，针对环境资源开发利用和保护管理领域的犯罪，追究环境犯罪者刑事责任的活动。我国《刑法》第6章"妨害社会管理秩序罪"第6节专门规定了"破坏环境资源保护罪"。环境刑事诉讼对环境资源开发利用和保护管理活动中构成犯罪的行为依法进行审理并追究刑事责任。我国《环境保护法》并未系统规定环境刑事犯罪问题，环境刑事诉讼的实体法依据为《中华人民共和国刑法》。2011年通过的《中华人民共和国刑法修正案（八）》在《刑法》第38条中增设刑事禁止令制度："判处管制，可以根据犯罪情况，同时禁止犯罪分子在执行期间从事特定活动，进入特定区域、场所，接触特定的人。"该条规定的禁止令并不是一种独立的刑罚，而是对管制犯、缓刑犯具体执行监管措施的革新。2019年2月，最高人民法院、最高人民检察院、公安部、司法部、生态环境部联合发布的《关于办理环境污染刑事案件有关问题座谈会纪要》中对禁止令在环境污染犯罪案件中的适用规定为："人民法院对判处缓刑的被告人，一般应当同时宣告禁止令，禁止其在缓刑考验期内从事与排污或者处置危险废物有关的经营活动。生态环境部门根据禁止令，对上述人员担任实际控制人、主要负责人或者高级管理人员的单位，依法不得发放排污许可证或者危险废物经营许可证。"刑事禁止令在环境犯罪领域的实施在很大程度上加大了环境犯罪行为的处罚后果，对预防环境犯罪具有一定的积极意义。

我国环境刑事诉讼虽然所涉及的罪名不多，但是涵盖面却十分宽广，涵盖了环境资源开发利用和保护管理过程中的所有犯罪行为。有学者将环境刑事诉讼分为三类：污染型环境刑事诉讼，即因环境污染行为而引发的环境刑事诉讼，它在环境刑事诉讼中占有很大的比例，可以说是最为常见的环境刑事诉讼；破坏型环境刑事诉讼，即因资源破坏行为而引发的环境刑事诉讼；职务型环境刑事诉讼，即因职务原因而引发的环境刑事诉讼，这主要是对负有环境监管职责的环境行政机关的职员因环境监管不严、玩忽职守，导致重大环境

---

①　在德国行政法利益衡量主要体现在两个方面：一是相关环境立法中直接规定行政机关的利益衡量条款，此为执行性衡量，体现为立法授权；二是多种行政计划性制度，如空间规划，此为规划性衡量，参见［德］施密特·阿斯曼著：《秩序理念下的行政法体系建构》，林明锵等译，北京大学出版社2012年版，第113~118页。

②　李劲著：《环境侵权论》，长江出版社2006年版，第147~150页。

事故发生而设置的环境刑事诉讼。①

关于环境刑事诉讼的具体认定问题，2016 年发布的《最高人民法院　最高人民检察院关于办理环境污染刑事案件适用法律若干问题的解释》，使得环境类犯罪的司法认定有了相对统一的标准，对规范环境犯罪的司法认定有积极的作用。据统计，我国环境刑事诉讼的案件量仅次于环境侵权诉讼，且存在比较多的环境刑事诉讼附带环境民事公益诉讼的案件，环境刑事诉讼在惩罚环境犯罪的同时，也注重对环境公益本身的损害的法律责任的追究。

从环境治理的角度分析，环境刑事诉讼案件数量以及类型等指标的诸多影响因素一方面与该区域的环境资源禀赋以及环境资源开发利用格局相关，另一方面也与相关的环境行政机关的监管十分密切。根据近年来对污染环境刑事案件的跟踪观察，可以更加清晰地发现污染环境罪的发生机理及刑法配置需求，也可以在一定程度上对发展趋势进行预判：一是污染环境罪的行政犯特征十分典型，二是污染环境犯罪的发案与地方环境治理水平与能力密切相关。②

（四）环境公益诉讼

我国法律最初并没有规定环境公益诉讼，其仅仅为学界倡导的观点。但随着立法体系的完善和公益维护的需要，环境公益诉讼逐渐开始被程序法规定，并且通过相关的实体法规定以及司法解释的细化，其制度开始日渐成熟。值得注意的是，"环境公益诉讼"为学理表述而非立法表述，不论是《中华人民共和国民事诉讼法》（以下简称《民事诉讼法》）还是《中华人民共和国行政诉讼法》（以下简称《行政诉讼法》）均未明确使用"公益诉讼"的提法，而是将"环境"抑或"生态环境和资源保护"作为公益的一类规定了其起诉主体。在现阶段，我国环境公益诉讼的诸多问题依旧处于探索和完善阶段。环境公益诉讼制度在构建和发展的过程中，虽然显示出较为明显的生态环境保护效果，但其所带来的诸多学理问题依旧需要解释。环境公益诉讼的构建和完善过程主要体现为制度内容的不断充实，但是其原理性问题依旧需要持续关注，作为公益的一种类型，环境公益的维护进入司法程序本身就是需要探讨的。环境公益诉讼的发展，一定程度上体现了行政权缺位或不足导致的司法权扩张。③

1. 环境民事公益诉讼

环境民事公益诉讼是指国家规定的机关、符合法律规定条件的社会组织为维护环境公共利益，根据法律的规定对已经或正在实施的环境污染或生态破坏行为提起诉讼并要求承担民事责任。从我国目前的发展情况来看，随着诉讼主体资格的逐步调整和细化，以及最高人民法院司法解释的出台，环境民事公益诉讼制度初步形成了一套裁判规则。

---

① 吕忠梅主编：《环境法导论》，北京大学出版社 2010 年版，第 233 页。

② 王玮：《最高法发布〈中国环境资源审判（2019）〉和〈中国环境司法发展报告（2019）〉中国环境司法"个性"日益鲜明》，载《中国环境报》2020 年 5 月 15 日，第 6 版。

③ 秦天宝、陆阳：《从损害预防到风险应对：预防性环境公益诉讼的适用基准和发展方向》，载《法律适用》2022 年第 3 期，第 126 页。

2012 年《民事诉讼法》修正之后第 55 条规定了民事公益诉讼条款（2021 年修订之后变更为第 58 条），即"对污染环境、侵害众多消费者合法权益等损害社会公共利益的行为，法律规定的机关和有关组织可以向人民法院提起诉讼"。该条规定的公益诉讼的类型中明确包含了"污染环境"的行为，自此，环境民事公益诉讼得到了法律的正式确认。但该条存在对原告主体资格规定的含糊之处，即如何确定"有关组织"的问题。该问题在 2014 年修订后的《环境保护法》第 58 条也得到了明确规定，符合如下两个条件的社会组织可以提起环境民事公益诉讼：依法在设区的市级以上人民政府民政部门登记；专门从事环境保护公益活动连续 5 年以上且无违法记录。自此之后，环境民事公益诉讼制度得到了正式确立，在实践中也出现了大量的环境民事公益诉讼，这构成了我国环境司法的重要组成部分。2015 年最高人民法院对环境民事公益诉讼案件的审理发布了专门的司法解释《最高人民法院关于审理环境民事公益诉讼案件适用法律若干问题的解释》（2020 年修正）。2017 年修改的《民事诉讼法》在原有的第 55 条基础上增加第 2 款，赋予人民检察院起诉主体资格："人民检察院在履行职责中发现破坏生态环境和资源保护、食品药品安全领域侵害众多消费者合法权益等损害社会公共利益的行为，在没有前款规定的机关和组织或者前款规定的机关和组织不提起诉讼的情况下，可以向人民法院提起诉讼。前款规定的机关或者组织提起诉讼的，人民检察院可以支持起诉。"这样就形成了"有关组织"优先提起诉讼，人民检察院补充起诉的环境民事公益诉讼原告主体资格的总体规定。在环境民事公益诉讼制度的构建和完善中，人民检察院提起诉讼的学理解释、诉讼规则以及制度衔接等诸多问题正处于不断的探索过程中。2018 年最高人民法院、最高人民检察院发布了《关于检察公益诉讼案件适用法律若干问题的解释》（2020 年修正），检察公益诉讼案件审理的具体规则正在逐步完善当中，其学理研究也需要不断深入。

由于环境民事公益诉讼案件一般均涉及环境犯罪问题，环境司法实践中因此出现了大量的环境刑事附带环境民事公益诉讼案件，且占比较大。而由于目前生态环境损害补救的公法属性尚不明确，环境行政公益诉讼因而占比较小，环境公益损害后，大量的案件依旧依据私法原理追究行为人的责任，而对环境行政机关责任的追究较少，这也是我国环境民事公益诉讼制度的重要特点。从目前的案件量来看，环境公益诉讼案件类型呈现出"重民轻行"的特点。2021 年，全国环境公益诉讼案件数量持续增长。从案件类型看，环境刑事附带民事公益诉讼案件数量占比达 89%，民事公益诉讼、行政公益诉讼占比不高，环境刑事附带民事公益诉讼案件"一支独大"。①

此外，我国还构建了海洋自然资源与生态环境公益诉讼制度。《中华人民共和国海洋环境保护法》（以下简称《海洋环境保护法》）第 89 条第 2 款规定："对破坏海洋生态、海洋水产资源、海洋保护区，给国家造成重大损失的，由依照本法规定行使海洋环境监督管理权的部门代表国家对责任者提出损害赔偿要求。"该条规定明确赋予行使海洋环境监督管理权的部门索赔权。2022 年最高人民法院、最高人民检察院发布的《关于办理海洋自然资源与生态环境公益诉讼案件若干问题的规定》中明确规定了起诉范围、管辖法院

---

① 参见最高人民法院：《中国环境司法发展报告（2021）》，https：//www.court.gov.cn/upload/file/2022/06/05/10/38/20220605103833_33041.pdf，最后访问日期：2022 年 7 月 1 日。

等问题。可以说,我国的海洋自然资源与生态环境公益诉讼制度也在逐步完善。

在学理上,学者对环境民事公益诉讼制度存在不少的质疑,其重要原因在于其倾向倚重私法解决公益问题,尚未在公法层面建立起环境公益维护的规范体系。在环境司法实践中,大量的环境民事公益诉讼援引《民法典》中侵权责任相关条款,这使得环境民事公益诉讼生而具有融合民事诉讼与行政执法的"混血"特征,但实际上,"民事"只是外观和表象,"公益"才是本原和目的。① 环境民事公益诉讼如何通过自身制度的不断完善实现制度和体系的自洽,还需要不断探索。

2. 环境行政公益诉讼

2015 年最高人民检察院《检察机关提起公益诉讼试点方案》试点期限为 2 年,试点案件范围为:检察机关在履行职责中发现生态环境和资源保护、国有资产保护、国有土地使用权出让等领域负有监督管理职责的行政机关违法行使职权或者不作为,造成国家和社会公共利益受到侵害,公民、法人和其他社会组织由于没有直接利害关系,没有也无法提起诉讼的,可以向人民法院提起行政公益诉讼。试点期间,重点是对生态环境和资源保护领域的案件提起行政公益诉讼。2017 年修正后的《行政诉讼法》第 25 条第 4 款增加了环境行政公益诉讼的内容:"人民检察院在履行职责中发现生态环境和资源保护、食品药品安全、国有财产保护、国有土地使用权出让等领域负有监督管理职责的行政机关违法行使职权或者不作为,致使国家利益或者社会公共利益受到侵害的,应当向行政机关提出检察建议,督促其依法履行职责。行政机关不依法履行职责的,人民检察院依法向人民法院提起诉讼。"2018 年《最高人民法院　最高人民检察院关于检察公益诉讼案件适用法律若干问题的解释》第 21 条规定了人民检察院在提起行政公益诉讼前对相关领域负有监督管理职责的行政机关的检察建议职权。

在应然意义上,环境行政公益诉讼可以发挥对环境保护有相关职权的行政机关的司法监督功能。在未来我国环境法治的建设中,环境行政公益诉讼有较大的制度发展空间。考虑到环境治理事务的复杂性和专业性,需要坚持"行政权优先"原则,以环境行政为主要的管制手段,如行使审批权和执法权、制定规划、划定开发区域、制定污染防治行动方案等,司法机关对专业的环境治理事务应当保持一定的距离,环境公共利益的保护须充分发挥行政权的专业性和司法权的监督作用,同时避免司法权对行政权造成不当干涉。因此,有学者认为,环境行政公益诉讼才是环境公益诉讼制度的主要发展方向。②

3. 生态环境损害赔偿诉讼

生态环境损害赔偿诉讼制度是我国生态文明体制建设中探索建立的重要制度。规定该制度最早的正式文件为 2017 年 12 月中共中央办公厅、国务院办公厅印发的《生态环境损害赔偿制度改革方案》,其中明确规定了可以提起生态环境损害赔偿诉讼的三种情形,即"发生较大以及上突发环境事件的;在国家和省级主体功能区规划中划定的重点生态功能区、禁止开发区发生环境污染、生态破坏事件的;发生其他严重影响生态环境后果的"。

---

① 巩固:《环境民事公益诉讼性质定位省思》,载《法学研究》2019 年第 3 期,第 129 页。

② 王明远:《论我国环境公益诉讼的发展方向:基于行政权与司法权关系理论的分析》,载《中国法学》2016 年第 1 期,第 49~68 页。

同时规定了生态环境损害赔偿诉讼制度的前置程序即磋商程序。2019 年 6 月 5 日《最高人民法院关于审理生态环境损害赔偿案件的若干规定（试行）》（2020 年修正）对于生态环境损害赔偿案件审理的相关问题进行了细化规定，其中规定了管辖、审判组织、举证以及与环境民事公益诉讼之间的关系等重要问题。2020 年通过的《民法典》第 1235 条正式以法律的形式确定了生态环境损害赔偿诉讼。① 自此之后，生态环境损害赔偿诉讼的基本框架有了正式的法律依据。

生态环境损害赔偿制度自产生之初便经历了学界较为热烈的讨论，其中讨论最为集中的问题是其与环境民事公益诉讼之间的关系以及行政机关与司法机关的关系问题。依照目前多个省份高级人民法院出台的指导意见以及 2020 年修正的《最高人民法院关于审理生态环境损害赔偿案件的若干规定（试行）》第 17 条的规定，人民法院受理因同一损害生态环境行为提起的生态环境损害赔偿诉讼案件和民事公益诉讼案件，应先中止民事公益诉讼案件的审理，待生态环境损害赔偿诉讼案件审理完毕后，就民事公益诉讼案件未被涵盖的诉讼请求依法作出裁判。即确立了生态环境损害赔偿诉讼优先审理的制度规则，将环境行政机关参与的生态环境损害赔偿诉讼前置，其暗含的逻辑是保证生态环境损害赔偿案件在环境民事公益诉讼之前保障环境行政机关的职权行使，以避免大量的案件还未经过环境行政机关职权的行使就直接进入环境民事公益诉讼，浪费司法资源。因此，相比环境民事公益诉讼，生态环境损害赔偿诉讼的确立在很大程度上强化了环境行政机关的职权，但这两种诉讼毕竟在客观上都针对的是环境公共利益的损害，二者之间的法律责任如何区分，诉讼程序如何衔接等问题尚需进一步明确化。另外，作为一种诉讼制度内容，环境立法如何进行展开、行政机关如何赋权、生态环境损害赔偿责任如何与既有的法律责任相衔接等问题均是待解决的问题。

但是，本书不追求面面俱到，主要分六个专题分别阐释环境侵权诉讼、环境民事公益诉讼、环境行政公益诉讼、环境刑事附带民事公益诉讼、生态环境损害赔偿诉讼、海洋自然资源和生态环境损害赔偿诉讼等重要环境诉讼类型的理论与实务，这些专题反映出环境司法理论界和实务界的共同关注、共同探索、基本共识。

二、环境司法的谱系

环境司法虽然有多种类型，但也可以按照其运行逻辑和基本原理梳理出其谱系。从环境法的发展历史来看，环境侵权纠纷是环境司法最初的主要形态，由于环境污染和生态破坏规模一般较大，因果关系复杂，且损害的潜伏期较长，在如何认定损害方面具有一定的特殊性，环境司法也因此主要针对为环境公益受到损害进一步影响到私人合法权益的责任如何承担问题。但是，随着现代工业体系的不断发展和完善，环境资源开发利用行为对环

---

① 《中华人民共和国民法典》第 1235 条规定："违反国家规定造成生态环境损害的，国家规定的机关或者法律规定的组织有权请求侵权人赔偿下列损失和费用：（一）生态环境受到损害至修复完成期间服务功能丧失导致的损失；（二）生态环境功能永久性损害造成的损失；（三）生态环境损害调查、鉴定评估等费用；（四）清除污染、修复生态环境费用；（五）防止损害的发生和扩大所支出的合理费用。"

境公益本身造成的损害已经成为法律规制的重要客体。一些国家因此开始将环境法治的重心由末端治理转变为源头治理，环境行政机关的职权以及环境资源开发利用主体的权利义务等均相应得到了一定程度的重塑。因此，环境司法的谱系体现在环境公益的维护和环境私益的调节两方面。

（一）环境私益的救济

因环境资源开发利用行为产生的损害最初体现在对私益的影响上，环境私益的救济也因此成为环境司法中规则体系最为成熟的领域，对行为性质的认定和利益归属的判断也比较精细化。环境司法环境私益的救济功能主要体现在环境侵权责任的认定上。环境法调整的领域具有十分明显的公共利益属性，环境私益也因此无法完全独立于环境公益之外。因此，环境司法在起诉主体资格、诉讼标的、判决的执行等方面均与传统司法模式有所区别。需要注意的是，环境民事公益诉讼、生态环境损害赔偿诉讼虽然其功能在于维护环境公益，但在判决的实体法依据、原告主体资格的确定等方面均体现出对私法原理的运用，这两类诉讼严格讲并非环境私益救济的范畴。从环境法律调整的客体来讲，环境私益的范围实际上十分狭窄，仅仅指生态环境损害对个体私益产生的影响。因此，环境私益救济的法律适用也相对封闭，主要适用民法中侵权责任的相关原理和确立的一系列规则，如无过错责任原则、诉讼时效的延长、举证责任倒置、惩罚性赔偿等。

（二）环境公益的维护

环境诉讼的目的因为生态环境的社会属性而具有了双重性，在保护个人利益不受侵犯的同时还必须考虑环境作为社会公共产品的公共利益问题。因此，在环境诉讼中，解决公民个人之间的民事纠纷的并非单一目的。① 在司法实务中大多数造成私益损害的环境污染和生态破坏行为都是通过损害环境公益而传导到私益的，以致在环境司法中，环境公益与环境私益的关系十分难以厘定。实际上，环境公益的维护成为环境司法的重要谱系，其不仅涉及与私益的辨别问题，更关乎环境行政机关的职权行使和环境司法机关的功能定位。我国近些年来的环境司法制度改革中对环境民事公益诉讼制度的不断细化、检察机关提起公益诉讼的制度探索以及生态环境损害赔偿制度的构建和完善等，均是在环境公益维护层面构建环境司法的职能。环境司法在环境公益维护中的职能定位应以立法为基本依据，环境立法应当在环境公益方面建立起充分的制度基础，方可为环境司法机关审查环境行政机关职权行使的合法性以及确定行为主体的法律责任提供基础依据。事实上，我国《海洋环境保护法》第89条与《民法典》第1234、1235条在该方面已经为环境司法机关提供了环境公益维护的基本法律依据。目前，环境司法机关的环境公益维护职能偏重于追究环境资源开发利用主体的法律责任，事实上，这在很大程度上体现的还是末端治理的思维。环境污染和生态破坏发生后，法律应当重点解决责任者赔不起的问题，因为大量的环境违法行为的违法获益少，但修复成本却极高。环境公益维护毕竟是一项系统的立法工程，这

---

① 吕忠梅：《环境行政司法：问题与对策——以实证分析为视角》，载《法律适用》2014年第4期，第6页。

对环境立法的规范性和体系性提出了更高的要求，需要环境立法在调整范围的划定、调整措施的优化，尤其是对环境行政机关职权行使的规范化方面进行精细化设计，而不能仅仅满足于追究环境资源开发利用主体的法律责任，否则，环境司法的功能定位也势必会产生偏颇。

案例与思考

1. 综合案例分析题

重庆市人民政府、重庆两江志愿服务发展中心诉重庆藏金阁物业管理有限公司、重庆首旭环保科技有限公司生态环境损害赔偿、环境民事公益诉讼案①

【基本案情】重庆藏金阁电镀工业园（又称藏金阁电镀工业中心）位于重庆市江北区港城工业园区内，是该工业园区内唯一的电镀工业园，园区内有若干电镀企业入驻。重庆藏金阁物业管理有限公司（以下简称藏金阁公司）为园区入驻企业提供物业管理服务，并负责处理企业产生的废水。藏金阁公司领取了排放污染物许可证，并拥有废水处理的设施设备。2013 年 12 月 5 日，藏金阁公司与重庆首旭环保科技有限公司（以下简称首旭公司）签订为期 4 年的《电镀废水处理委托运行承包管理运行协议》（以下简称《委托运行协议》），首旭公司承接藏金阁电镀工业中心废水处理项目，该电镀工业中心的废水由藏金阁公司交给首旭公司使用藏金阁公司所有的废水处理设备进行处理。2016 年 4 月 21日，重庆市环境监察总队执法人员在对藏金阁公司的废水处理站进行现场检查时，发现废水处理站中的两个总铬反应器和一个综合反应器设施均未运行，生产废水未经处理便排入外环境。2016 年 4 月 22 日至 26 日，经执法人员采样监测分析发现外排废水重金属超标，违法排放废水总铬浓度为 55.5mg/L，总锌浓度为 2.85×10^2 mg/L，总铜浓度为 27.2mg/L，总镍浓度为 41mg/L，分别超过《电镀污染物排放标准》（GB21900—2008）的规定标准 54.5 倍、189 倍、53.4 倍、81 倍，对生态环境造成了严重影响和损害。2016 年 5 月 4 日，执法人员再次进行现场检查，发现藏金阁废水处理站 1 号综合废水调节池的含重金属废水通过池壁上的 120mm 口径管网未经正常处理直接排放至外环境并流入港城园区市政管网再进入长江。经监测，1 号池内渗漏的废水中六价铬浓度为 6.10mg/L，总铬浓度为10.9mg/L，分别超过国家标准 29.5 倍、9.9 倍，从 2014 年 9 月 1 日至 2016 年 5 月 5 日违法排放废水量共计 145624 吨。还查明，2014 年 8 月，藏金阁公司将原废酸收集池改造为1 号综合废水调节池，传送废水也由地下管网改为高空管网作业。该池池壁上原有 110mm和 120mm 口径管网各一根，改造时只封闭了 110mm 口径管网，而未封闭 120mm 口径管网，该未封闭管网系埋于地下的暗管。首旭公司自 2014 年 9 月起，在明知池中有一根120mm 管网可以连通外环境的情况下，仍然一直利用该管网将未经处理的含重金属废水直接排放至外环境。

受重庆市人民政府委托，重庆市环境科学研究院对藏金阁公司和首旭公司违法排放超

---

① 本案例选自最高人民法院 2020 年发布的指导案例第 130 号。

标废水造成生态环境损害进行鉴定评估，并于2017年4月出具《鉴定评估报告书》。该评估报告载明：本事件污染行为明确，污染物迁移路径合理，污染源与违法排放至外环境的废水中污染物具有同源性，且污染源具有排他性。污染行为发生持续时间为2014年9月1日至2016年5月5日，违法排放废水共计145 624吨，其主要污染因子为六价铬、总铬、总锌、总镍等，对长江水体造成严重损害。《鉴定评估报告书》采用《生态环境损害鉴定评估技术指南总纲》《环境损害鉴定评估推荐方法（第Ⅱ版）》推荐的虚拟治理成本法对生态环境损害进行量化，按22元/吨的实际治理费用作为单位虚拟治理成本，再乘以违法排放废水数量，计算出虚拟治理成本为320.3728万元。违法排放废水点为长江干流主城区段水域，适用功能类别属Ⅲ类水体，根据虚拟治理成本法的"污染修复费用的确定原则"Ⅲ类水体的倍数范围为虚拟治理成本的4.5~6倍，本次评估选取最低倍数4.5倍，最终评估出二被告违法排放废水造成的生态环境污染损害量化数额为1 441.6776万元（即320.3728万元×4.5＝1 441.6776万元）。重庆市环境科学研究院是原环境保护部《关于印发〈环境损害鉴定评估推荐机构名录（第一批）〉的通知》中确认的鉴定评估机构。

2016年6月30日，重庆市环境监察总队以藏金阁公司从2014年9月1日至2016年5月5日通过1号综合调节池内的120mm口径管网将含重金属废水未经废水处理站总排口便直接排入港城园区市政废水管网进入长江为由作出行政处罚决定，对藏金阁公司罚款580.72万元。藏金阁公司不服申请行政复议，重庆市环境保护局作出维持行政处罚决定的复议决定。后藏金阁公司诉至重庆市渝北区人民法院，要求撤销行政处罚决定和行政复议决定。重庆市渝北区人民法院于2017年2月28日作出〔2016〕渝0112行初324号行政判决，驳回藏金阁公司的诉讼请求。判决后，藏金阁公司未提起上诉，该判决发生法律效力。

2016年11月28日，重庆市渝北区人民检察院向重庆市渝北区人民法院提起公诉，指控首旭公司、程某（首旭公司法定代表人）等构成污染环境罪，应依法追究刑事责任。重庆市渝北区人民法院于2016年12月29日作出〔2016〕渝0112刑初1615号刑事判决，判决首旭公司、程某等人构成污染环境罪。判决后，首旭公司、程某未提起抗诉和上诉，该判决发生法律效力。

2017年，重庆市人民政府、重庆两江志愿服务发展中心又提起了生态环境损害赔偿诉讼。原告认为，藏金阁公司是专门成立以承担其所在的藏金阁电镀工业园区排污责任的法人，亦是其废水处理站排污许可证的申领主体，应承担从其废水处理站排出的废水对环境造成损害的侵权赔偿责任。首旭公司通过与藏金阁公司签订《委托运行协议》，成为负责前述废水处理站日常运行维护工作的主体，也是明知废水处理站1号综合废水调节池池壁上存在120mm口径管网并故意利用其实施偷排含重金属废水违法行为的直接实施主体，应承担违法排放废水对环境造成损害的侵权赔偿责任。二被告对废水处理站1号综合废水调节池池壁上存在未经封闭的120mm口径管网并利用其偷排含重金属废水存在主观上的明知和共同故意，构成共同侵权，二被告应当对其造成的生态环境损害承担连带赔偿责任。此外，环境侵权责任适用无过错责任原则，无论污染者主观上是否存在明知或故意的过错，依据《最高人民法院关于审理环境侵权责任纠纷案件适用法律若干问题的解释》

第 5 条的规定，藏金阁公司均不得以首旭公司违法排污为由主张减轻或免除自身赔偿责任。另，根据《最高人民法院关于审理环境民事公益诉讼案件适用法律若干问题的解释》第 22 条的规定，应由二被告承担本案鉴定费、律师费。重庆市第一中级人民法院认为，重庆市人民政府依据《中共中央办公厅国务院办公厅关于印发〈生态环境损害赔偿制度改革试点方案〉的通知》（中办发〔2015〕57 号）的规定，有权提起生态环境损害赔偿诉讼，重庆两江志愿服务发展中心具备合法的环境公益诉讼主体资格，二原告的诉讼主体资格均不存疑义。结合生效刑事判决和行政判决确认的事实，可以认定首旭公司直接实施了本案所诉环境侵权行为。同年 12 月判决两公司承担连带赔偿生态环境修复费用14 416 776元，由原告重庆市人民政府及其指定的部门和原告重庆两江志愿服务发展中心结合本区域生态环境损害情况用于开展替代修复。

　　问题：

　　请梳理出本案中的环境司法类型，并分析各类不同的诉讼之间的关系，是否存在法律的重复评价？如何理解环境司法中各类责任之间的关系？

2. 思考题

（1）我国环境司法相比于传统司法类型有什么特点？

（2）应当如何区分环境司法的功能与环境行政的功能？

（3）如何认识环境民事公益诉讼和生态环境损害赔偿诉讼之间的关系？

第二章　环境侵权诉讼原理与实务

【本章重点内容提示】
1. 环境侵权的概念、性质与特征
2. 环境侵权的类型
3. 环境侵权诉讼的沿革与发展
4. 环境侵权诉讼的构成要素
5. 环境侵权法律责任

第一节　环境侵权的概念、性质与特征

一、环境侵权的概念

环境侵权是民法学界和环境法学界共同关注的一个重要概念，该概念要解决或者揭示"何谓环境侵权"的问题，它是一个一般意义上的概念或者说是一个类概念，而不是如水污染、土壤污染、空气污染、生物多样性破坏等具体环境侵权领域意义上的概念。

作为一个发展中的概念，学界对环境侵权的认知经历了一个从固守传统民法思维到逐渐形成基本共识的过程。从早些年的代表性民法学者观点来看，环境侵权局限于私益遭受损害，该私益损害是指因行为人的排污行为引致环境污染，继而给受害人造成的人身损害和财产损害；[1] 将生态环境本身的损害排除在外，是考虑到生态环境本身并不是一项民事权益，生态环境并不为某个特定的民事主体所单独享有，直接保护生态环境本身与侵权责任法的部门法性质难以兼容，"损害生态环境"难以被整体纳入"侵害民事权益"的范畴之内。[2] 随着生态环境保护观念的强化，民法学者意识到，如果将《民法典》的功能限定为保护私权，则与现代社会保护环境、维护生态的需求是不符合的，也没有回应时代之问[3]，侵权责任法有必要对生态环境本身的损害提供更多的救济方式。一些环境法者也受传统民法思维的影响，从民事权益损害的角度理解环境侵权。例如，有学者认为，"环境侵权是指因生产活动或其他人为原因，造成环境污染和其他公害，并给他人财产、人身等

---

[1]　王利明等著：《民法学》，法律出版社 2005 年版，第 868 页。
[2]　张新宝：《侵权责任编起草的主要问题探讨》，载《中国法律评论》2019 年第 1 期，第 142 页。
[3]　王利明：《〈民法典〉中环境污染和生态破坏责任的亮点》，载《广东社会科学》2021 年第 1 期，第 217 页。

权益造成损害或损害危险的法律事实"①；还有学者有类似的观点，"环境侵权指因特定人之生产、生活活动将特定物质或能量引入环境，导致环境的物理、化学、生物等性质发生变异，因而对暴露其中的他人人身权益、财产权益造成侵害或有侵害之虞的民事事实"②。随着环境侵权理论研究和环境司法实践的不断推进，环境法学者对环境侵权也有了更深入、更全面的认知。环境侵权可以被"描述为污染环境或破坏生态而侵害他人人身权益、财产权益或侵害生态环境公益的事实"③，或者"因产业活动或者其他人为原因，致自然环境的污染或破坏，并因而对他人人身权、财产权、环境权益或公共财产造成损害或有损害之虞的事实"④。

本书认为，环境侵权是指公民、法人或其他组织因人为环境影响而造成他人或者生态环境损害或有损害危险的法律事实。可以从以下几个方面理解该概念：第一，环境侵权是一种法律事实。环境侵权属于法律事实的范畴，它可以在特定的加害人与受害人之间产生侵权之债的法律关系。第二，环境侵权是由人为环境影响或者不可抗力情形下义务人未尽法律义务所引发的法律事实。环境影响是一种现象，一般是指对环境有害的影响或作用，人为的环境影响主要包括环境污染和生态破坏两种情形；不可抗力情形下义务人未尽法律义务主要是指企业事业单位和其他生产经营者未履行或正确履行防止、减少环境污染和生态破坏的义务。第三，环境侵权的成立不以"人"或"生态环境"的损害的发生为前提。虽然环境侵权通常都会给他人带来财产损害、人身损害、精神损害以及给生态环境造成损害，但环境侵权的成立不需要有上述损害的发生，只要存在造成损害的危险，即可成立环境侵权，行为人就应承担相应的责任。⑤

二、环境侵权的性质

(一) 环境侵权是一种新的侵权类型

一般的民事侵权是指侵权人直接侵害被侵权人民事权益的法律事实。这里的"民事权益"包括生命权、健康权、姓名权、名誉权、荣誉权、肖像权、隐私权、婚姻自主权、监护权、所有权、用益物权、担保物权、著作权、专利权、商标专用权、发现权、股权、继承权等人身、财产权益。可以从以下几个方面理解民事侵权的含义：第一，民事侵权的双方当事人是明确的、特定的，往往不涉及不特定多数人的权益；第二，民事侵权的原因行为包括侵权人直接侵害人身权的行为和直接侵害财产权的行为，且侵权行为直接作用于侵权对象而不必借助中间媒介；第三，侵权人的侵权行为与被侵权人的人身、财产损害间存在引起与被引起的直接因果关系；第四，侵权人主观上对损害结果的发生存在过错，这

---

① 张梓太著：《环境法律责任研究》，商务印书馆2004年版，第56~57页。
② 侯佳儒著：《中国环境侵权责任法基本问题研究》，北京大学出版社2014年版，第58~59页。
③ 竺效：《环境侵权实案释法》，中国人民大学出版社2021年版，第3页。
④ 王明远：《环境侵权的概念与特征辨析》，载《民商法论丛》2000年第13卷，第112页。
⑤ 吕忠梅：《论环境法上的环境侵权——兼论〈侵权责任法（草案）〉的完善》，载《清华法治论衡》2010年第1期，第259页。

里过错包括直接故意和间接故意、盲目自信的过失和疏忽大意的过失;第五,侵权人与被侵权人间因侵权法律关系而产生侵权之债。

环境侵权肇始于传统民事侵权制度,是民法对于环境问题的回应性发展。① 具体来讲,环境侵权是由于环境问题而产生的一个新的侵权类型,它是在民事侵权制度基础上发展起来但又不同于民事侵权的特殊制度。② 随着社会经济的高度发展和科学技术的日益发达,其在给人类物质生活带来空前繁荣的同时,也给人类带来前所未有的灾害,诸如核辐射、环境污染、生态破坏等新型侵权行为,它们严重威胁着成千上万人的财产和人身安全。③ 面对新的侵权现象,传统民事侵权的直接因果关系、过错归责原则等理论却难以(完全)适用,这是由于环境侵权行为具有区别于上述一般民事侵权的显著特点,主要体现在:环境侵权行为通过环境介质产生危害,具有复合性、累积性和滞后性,而其他侵权行为多是由致害行为直接作用于受害客体;环境侵权行为的影响具有持续性、反复性,而其他侵权行为多是一次性的;环境侵权行为一般是对社会性权益的侵害,影响范围大、对象多,具有"公害性",而其他侵权行为多是对个别民事主体权益的侵害,属于"私害";在救济方法方面,由于事后补救性赔偿不能从根本上消除环境损害,甚至会使危害后果严重化,因而对环境侵权行为的救济更注重预防性措施,而其他侵权行为的救济则多以补偿性赔偿为主。④ 在此意义上,我们可以将在传统民事侵权制度基础上衍生出来的环境侵权定位于一种特殊的民事侵权类型。

(二) 环境侵权具有环境私害性或环境公害性

环境侵权的作用机理是"环境侵权行为—生态环境—人",这个过程中兼具私害性和公害性,既对民事主体产生人身或财产方面的损害,又对环境本身产生损害。⑤ 所谓私害性是指环境侵权行为作用于环境介质,环境本身受损害轻微、不明显或者可以被忽略,但却给被侵权人造成了明显的或者显著的人身权、财产权损害,例如,农药敌敌畏投入养殖的湖泊一段时间后,有害成分可以逐渐挥发,湖泊生态环境可以通过自净能力在短期内得到修复,但养殖户的水产品却可能出现大面积的死亡;公害性则是指环境侵权行为作用于生态环境,对生态环境本身造成了明显的或者潜在的损害,但却没有损害到私人的人身权、财产权,例如,赵某、李某一伙人在未获得采伐许可证的情况下,趁护林员王某晚上醉酒熟睡,使用先进的采伐设备盗伐某国有林地的珍贵林木,给国家该类珍贵野生植物资源造成巨大破坏;兼具私害性和公害性是指环境侵权行为作用于环境介质,在给生态环境造成损害或带来损害风险的同时,也给私人的财产权、人身权造成了损害,例如,甲是一

---

① 吕忠梅:《环境侵权的遗传与变异——论环境侵害的制度演进》,载《吉林大学社会科学学报》2010 年第 1 期,第 124 页。

② 吕忠梅:《论环境法上的环境侵权——兼论〈侵权责任法(草案)〉的完善》,载《清华法治论衡》2010 年第 1 期,第 246 页。

③ 陈泉生:《论环境侵权的归责原则》,载《法制与社会发展》1997 年第 2 期,第 20 页。

④ 王明远:《环境侵权行为研究》,载《科技与法律》1994 年第 4 期,第 38 页。

⑤ 冷罗生、徐淑琳:《论环境侵权法律救济体系之构建——以〈环境保护法〉第 64 条为核心的评析》,载《东北大学学报(社会科学版)》2016 年第 1 期,第 84 页。

名钓鱼爱好者，某日偷偷去乙承包的村集体鱼塘捕鱼，被发现后遭到殴打，甲怀恨在心趁夜黑人静的时候向乙承包的鱼塘投放剧毒物质，致使其价值数十万元的鱼全部死亡而无法销售，湖泊水质也因此遭受严重污染。显然，与民事侵权案件不同，环境侵权案件并不仅限于民事个体私益的保护，还涉及环境公共利益以及国家运用各种手段和措施限制、禁止侵权行为对环境公共利益的侵害，在很大程度上具有公权色彩。[1] 有学者对环境侵权案件作了类型化分析，其指出环境侵权案件呈现出多种案型：其一，环境污染导致个人的人身权、财产权损害的案件，这类案件中生态环境本身的损害不明显或者随即被弥补，而对生活中人的人身、财产产生了不利影响；其二，环境污染或生态破坏导致生态环境本身损害的案件，该类案件的特点是形成了环境污染或生态破坏仅产生生态环境本身损害的情况，不涉及个人的人身权、财产权的损害；其三，环境污染或生态破坏导致个人人身权、财产权与生态环境本身损害的案件，此类案件的特点是私益损害与生态环境本身损害并存，可以依据现行法律和司法解释规定分别寻求私益救济和公益救济。[2]

三、环境侵权的特征

环境侵权具有主体的不平等性（如加害方多为实力雄厚的企业，受害方则为普通公众）、侵害对象的广泛性（公私财产、人身和各种自然要素）等形式特征。[3] 深刻把握环境侵权的实质特征，需要从原因行为、损害后果、因果关系方面系统剖析环境侵权与传统民事侵权的区别。

（一）原因行为的二元性

相较传统的民事侵权行为，环境侵权的原因行为具有显著的二元性特点。传统的民事侵权行为通常是单一性、一次性、私害性的。例如，甲的殴打行为直接导致乙的头部受伤，这里甲的殴打行为是乙头部受伤的唯一原因行为。环境侵权的原因行为则包括环境污染行为与生态破坏行为。其中，环境污染行为是人们对资源的不合理利用，使有用的资源变为废物进入环境的活动；生态破坏行为则是人们超出环境生态平衡限度的开发和使用资源的活动。[4] 司法实践中，典型的环境污染行为主要有排放、倾倒或处理废液、废气、固体废物的行为，交通事故中泄漏危险品的行为，船舶相撞漏油或泄漏危险品的行为，污染河流、海洋、土壤、大气等环境要素的行为；典型的生态破坏行为主要有开矿破坏山体生态环境、破坏天然渔业资源、擅自改变林地用途、破坏浅滩原有的海底地形和地貌、不合理引入新物种、过度放牧和毁林垦荒造田等行为。[5] 两类环境侵权行为都由人类活动所

---

① 吕忠梅著：《沟通与协调之途——论公民环境权的民法保护》，中国人民大学出版社 2005 年版，第 43 页。

② 窦海阳著：《环境污染与生态破坏责任论》，社会科学文献出版社 2021 年版，第 1~4 页。

③ 金瑞林：《环境侵权与民事救济——兼论环境立法中存在的问题》，载《中国环境科学》1997 年第 3 期，第 193 页。

④ 吕忠梅：《论环境侵权的二元性》，载《人民法院报》2014 年 10 月 29 日，第 8 版。

⑤ 窦海阳：《环境侵权类型的重构》，载《中国法学》2017 年第 4 期，第 268~271 页。

致，大多对某种环境介质造成了影响并进而危及人类自身①，都可能产生生态环境失衡的后果。但是，二者依然存在显著的区别：环境污染行为是向环境输入非属环境的物质或者能量的行为，而生态破坏行为则是向环境索取或者破坏环境资源的行为。

两类环境侵权行为具有以下特征：其一，环境侵权行为的危害形式是以环境为中介物的，具有复合性、累积性和滞后性，致害行为一般不直接作用于受害客体；其二，环境侵权行为不以行为的违法性为前提，而以行为的危害性为前提，违法行为和合法行为均可能构成侵权；其三，环境侵权行为的损害不以实际损害为要件，而以对财产、人身、环境的危害事实为要件，只要存在造成损害的现实威胁或已经造成损害，即可构成环境侵权行为，且影响范围大、对象多，具有"公害性"，实践中应注重采取预防性措施。②

（二）损害后果的双重性

损害后果是传统民事侵权和环境侵权的重要区别所在。传统民事侵权的损害是对"人"的损害，损害后果表现为财产损害、人身损害、精神损害三种类型。而环境侵权行为引致的直接损害是对"环境"的损害，损害后果表现为环境污染、生态破坏两种类型，也可能因"人—环境—人"的侵权机理而产生间接的对"人"的损害。③ 也就是说，行为人的环境污染行为或生态破坏行为直接作用于生态环境，向环境要素中排放污染物或者过度索取、破坏资源，带来的后果可能是环境要素遭受污染或者生态平衡失序，并进而可能给人的身体健康、财产安全带来损害。

需要注意的是，环境侵权损害后果包括现实的损害和形成的损害危险两种情况。现实的损害是指环境侵权行为已经造成了客观存在的对"环境"的损害或对"人"的损害；形成的损害危险则是指环境侵权行为尽管尚未产生对"环境"的损害或对"人"的损害，但根据已知条件可以判定其具有对环境或人造成损害的可能性。对于现实的损害，法定的适格主体可以通过环境私益诉讼或公益诉讼主张损害赔偿、恢复原状等诉求进行私益救济或公益维护；对于形成的损害危险，法定的适格主体可以提起预防性的环境公益诉讼来防范危险向现实转化，减少、避免出现不可逆的损害后果或者高昂的治理成本。④

（三）因果关系的复杂性

哲学上的因果关系是两种现象间引起与被引起的关系。环境侵权因果关系是哲学意义因果关系在环境侵权领域的具体体现，是指环境侵权行为与损害后果间引起与被引起的关系。

传统民事侵权因果关系判定比较容易，因为其侵权行为是直接性的，其因果关系的脉络和侵害程度、内容都十分明确⑤，可以通过侵权行为、损害后果、过错等要素加以认

---

① 张忠民：《生态破坏的司法救济——基于 5792 份环境裁判文书样本的分析》，载《法学》2016年第 10 期，第 113 页。
② 王明远：《环境侵权行为研究》，载《科技与法律》1994 年第 4 期，第 38 页。
③ 吕忠梅：《论环境侵权的二元性》，载《人民法院报》2014 年 10 月 29 日，第 8 版。
④ 王明远：《环境侵权行为研究》，载《科技与法律》1994 年第 4 期，第 39 页。
⑤ 吕忠梅：《环境侵权的遗传与变异——论环境侵害的制度演进》，载《吉林大学社会科学学报》2010 年第 1 期，第 127 页。

定。而环境侵权具有间接性、长期性、累积性、潜伏性、广泛性、多因性、交互性等特点，因果关系链条、危害程度与内容确定均很困难，复杂的因果关系认定曾一度成为困扰理论界与实务界的难题。

突破瓶颈，实现救济被侵权人的目的，境内外一些国家和地区探索通过过错推定乃至无过错责任降低受害者的举证责任。[①] 所谓过错推定或称过失推定，是指若原告能证明其所受的损害是由被告所致，而被告不能证明自己没有过错，法律上就应推定被告有过错并应负相应的法律责任。[②] 在该归责原则下，若被告不能证明自己没有过错，就可以推定其行为与环境损害后果间存在因果关系。而无过错责任或称无过失责任，是指不论行为人主观上有无过错均应依法承担有关的法律责任。因循该归责原则，不考虑被告是否存在故意或过失，只要其行为产生了一定的环境损害后果就可以认定因果关系的存在，被告会因此而被要求承担相应的法律责任。无过错归责原则已经成为目前学界的通说，该理论得到支持的重要原因在于行为人行使权利应对他人负有保证不侵害的义务。[③] 若不课此义务，在环境侵权损害需要科学技术证明但又存在科学不确定性情况下，侵权行为与危害后果间的关系难以弄清，甚至陷入不可知论，[④] 这对环境私益或环境公益的救济均会产生不利。

第二节　环境侵权诉讼的类型

诉讼是解决环境侵权纠纷的一种重要途径。根据受侵害利益、诉讼主体、诉讼目的、救济与维护利益等方面的不同，环境侵权诉讼可以分为环境侵权私益诉讼和环境侵权公益诉讼。

一、环境侵权私益诉讼

私益诉讼是当事人为维护自己的私人利益而提起的诉讼。[⑤] 在生态环境领域，环境侵权私益诉讼（或称环境私益诉讼）是指当事人因加害人从事环境污染或生态破坏行为或者行政机关的环境行政行为导致其人身、财产损害而诉至法院请求救济的活动。[⑥] 由此可见，该类诉讼以实现或救济环境民事权益为出发点，诉讼目的旨在维护和救济受害人的人身权、财产权，而不是维护环境公共利益。

需要注意的是，环境侵权具有受侵害利益的复合性特征，这一特征决定了环境侵权私益诉讼与环境侵权公益诉讼存在一定的联系。也就是说，除了纯粹的私益纠纷诉讼外，实践中还大量存在私益性公益纠纷诉讼和公益性私益纠纷诉讼。私益性公益纠纷诉讼起因于侵权人的同一环境侵权行为侵害了环境公共利益的同时，又影响到了私人利益的维持与实

---

① 张宝著：《环境侵权的解释论》，中国政法大学出版社 2015 年版，第 146 页。
② 佟柔主编：《中国民法》，法律出版社 1990 年版，第 570 页。
③ 刘士国：《论无过错责任》，载《法学研究》1994 年第 5 期，第 39 页。
④ 王明远：《环境侵权行为研究》，载《科技与法律》1994 年第 4 期，第 39 页。
⑤ 张在范：《私益诉讼·团体诉讼·公益诉讼——我国劳动诉讼模式体系之构成分析》，载《中州学刊》2010 年第 4 期，第 80 页。
⑥ 吕忠梅主编：《环境法学概要》，法律出版社 2016 年版，第 248 页。

现，但私益损害的救济主张能否得到支持取决于环境公共利益是否受到侵害和能否得到认定。例如，某一公共河流的水资源因某企业的排污行为而遭受污染，附近村民可能因此而无法以传统的引河水方式进行农田灌溉。显然，法律规定的机关或社会组织可以对该企业提起环境民事公益诉讼，但该案又涉及附近农户私益的保护。公益性私益纠纷诉讼则是缘于侵权人的环境侵权行为直接造成了他人财产权、人身权遭受损害，又对生态环境造成了现实的或者潜在的影响，而受害人只提起维护自身财产权益、人身权益的诉讼，环境公共利益在此诉讼中却难以救济。例如，甲省 W 市 Q 企业夜间向某私人承包的水产养殖湖泊偷排污水，导致大量水产品遭受污染无法销售。对此，承包户通常是依据《民法典》侵权责任编的有关规定主张水产品的损害赔偿，但若法律规定的机关和社会组织不提起环境民事公益诉讼，受损害的湖泊生态环境则势必得不到救济。

若针对私益性公益纠纷、公益性私益纠纷，被侵权人、法律规定的机关或社会组织同时提起了环境私益诉讼和环境民事公益诉讼，则可以依据《最高人民法院关于审理环境民事公益诉讼案件适用法律若干问题的解释》（2021 年修正）第 29、30 条处理。第 29 条规定："法律规定的机关和社会组织提起环境民事公益诉讼的，不影响因同一污染环境、破坏生态行为受到人身、财产损害的公民、法人和其他组织依据民事诉讼法第 119 条的规定提起诉讼。"第 30 条规定："已为环境民事公益诉讼生效裁判认定的事实，因同一污染环境、破坏生态行为依据民事诉讼法第 119 条规定提起诉讼的原告、被告均无需举证证明，但原告对该事实有异议并有相反证据足以推翻的除外。对于环境民事公益诉讼生效裁判就被告是否存在法律规定的不承担责任或者减轻责任的情形、行为与损害之间是否存在因果关系、被告承担责任的大小等所作的认定，因同一污染环境、破坏生态行为依据民事诉讼法第 119 条规定提起诉讼的原告主张适用的，人民法院应予支持，但被告有相反证据足以推翻的除外。被告主张直接适用对其有利的认定的，人民法院不予支持，被告仍应举证证明。"

二、环境侵权公益诉讼

环境侵权公益诉讼（或称环境公益诉讼）是指法律规定的机关和有关组织经依法授权，对违反法律、侵犯环境公共利益的行为，向法院提起环境民事公益诉讼、环境行政公益诉讼等诉讼，由法院追究侵权人或者违法者法律责任的诉讼制度。环境侵权公益诉讼不同于环境侵权私益诉讼的私益救济目的，其旨在通过诉讼来督促政府及其有关部门履行生态环境保护职责或者促使环境侵权行为人履行生态环境保护法定义务，从而确保环境公共利益得到维护与实现。目前，中国环境公益诉讼中相对比较成熟的诉讼类型主要是环境民事公益诉讼、环境行政公益诉讼，而生态环境损害赔偿诉讼、海洋自然资源与生态环境损害赔偿诉讼、环境刑事附带民事公益诉讼的性质在学界并未形成普遍共识，争议较大，对此本书设有专章进行阐释，此处不赘述。

（一）环境民事公益诉讼

环境民事公益诉讼属于民事公益诉讼的一种，是指国家规定的机关、符合法律规定条件的社会组织为维护环境公共利益，根据法律的规定对已经或正在实施的环境污染或生态破坏行为提起诉讼并要求承担民事责任，由法院按照民事诉讼程序依法审判的活动。环境民事公益诉讼旨在通过司法手段来规制损害社会公共利益或者具有损害社会公共利益重大风险的污染环境、破坏生态的行为，达致保护或救济环境公共利益的目的。

目前，该类诉讼的提起已经有了比较完备的法律依据，实践中也有了不少案例。现行《民事诉讼法》第55条明确规定法律规定的机关和组织可以针对污染环境损害环境公共利益的行为提起民事公益诉讼和检察机关支持起诉的适用情形；《环境保护法》第58条细化了针对污染环境、破坏生态，损害环境公共利益的行为，社会组织提起环境民事公益诉讼必须满足的条件；《最高人民法院关于审理环境民事公益诉讼案件适用法律若干问题的解释》（2021年修正）对环境民事公益诉讼的起诉主体资格、管辖法院、提交材料、诉讼请求、支持起诉、举证责任、专家辅助人、诉讼调解与和解、裁判执行等内容进行了全面规定；《民法典》侵权责任编第1229～1235条分别规定了侵权人的无过错责任、举证责任、责任分担、惩罚性赔偿、连带责任、修复责任与修复费用，这些规定可以为法律规定的机关和社会组织提起环境民事公益诉讼提供法律依据。据《中国环境资源审判（2021）》报告显示：2021年受理社会组织提起的环境民事公益诉讼案件299件，审结151件；受理检察机关提起的环境公益诉讼5610件，审结4785件，其中环境民事公益诉讼案件847件，审结580件；环境刑事附带民事公益诉讼4151件，审结3695件。[①]

（二）环境行政公益诉讼

环境行政公益诉讼或称环境检察行政公益诉讼是指检察机关在履行职责中发现行政机关在生态环境和资源保护领域违法行使职权或者不作为，致使生态环境公共利益受到侵害的，先行提出诉前检察建议，督促行政机关依法履行职责，在后者不履行法定职责时向人民法院提起诉讼的活动。环境行政公益诉讼旨在通过检察机关检察权的正确行使，督促行政机关依法履行法定职责，迫使行政相对人尽到环境保护义务或者承担法定责任，以及时救济受损害或具有受损害风险的环境公共利益。

目前，环境行政公益诉讼已经由"试点试行"阶段发展至"全面开展"阶段，提起此类诉讼也有了一些相关规定和专门规定，实践中也涌现了一些案例。2015年7月，全国人民代表大会常务委员会授权最高人民检察院在北京、贵州、内蒙古等13个省、自治区、直辖市开展行政公益诉讼试点；2017年5月，最高人民检察院发布《关于做好全面开展公益诉讼有关准备工作的通知》，标志着全面检察公益诉讼工作正式启动。[②]《行政诉讼法》（2017年修正）和《最高人民法院　最高人民检察院关于检察公益诉讼案件适用法律若干问题的解释》（2018年通过、2020年修正）等规定为环境行政公益的全面开展

[①]《中国环境资源审判（2021）》，载中华人民共和国最高人民法院网站，https：//www.court.gov.cn/upload/file/2022/06/05/10/33/20220605103348_49325.pdf，最后访问日期：2022年7月2日。

[②] 王国飞：《环境行政公益诉讼诉前检察建议：功能反思与制度拓新——基于自然保护区生态环境修复典型案例的分析》，载《南京工业大学学报（社会科学版）》2020年第3期，第43页。

提供了重要法律保障。例如，修正后的《行政诉讼法》第25条第4款规定，人民检察院在履行职责中发现生态环境和资源保护领域负有监督管理职责的行政机关违法行使职权或者不作为，致使国家利益或者社会公共利益受到侵害的，应当向行政机关提出检察建议，督促其依法履行职责，行政机关不依法履行职责的，人民检察院依法向人民法院提起诉讼；《最高人民法院 最高人民检察院关于检察公益诉讼案件适用法律若干问题的解释》对环境行政公益诉讼的诉前检察建议、诉讼材料、立案条件、判决类型等作了专门规定。据《中国环境资源审判（2021）》报告显示："受理环境行政公益诉讼案件612件，审结510件。"① 另据《中国环境司法发展报告（2021）》显示：检察建议被大范围应用于诉前程序之中，有效推动了行政机关自我纠错、依法行政，自2015年以来"两高"公布的118件环境公益诉讼案例中，以检察建议并有效解决问题的案例有20件，占比16.95%。

第三节 环境侵权诉讼的沿革与发展

一、环境侵权诉讼的创制

由本章第一节关于环境侵权性质的研究可知，环境侵权脱胎于传统民事侵权制度。由于环境问题不同于传统的民事纠纷，随着环境纠纷的大量涌现，传统的民事侵权法律规范出现了适用上的困难。比较突出的问题表现在：其一，传统的民事侵权责任制度难以全面涵盖环境侵权的内容，因为环境侵权与传统民事侵权存在着从概念到价值取向的巨大差异，不可彼此替代。② 例如，传统民事侵权法律责任制度旨在救济对"人"的损害，环境侵权制度则是以救济对"环境"的损害为根本目的，同时兼顾对"人"损害的救济；传统环境法律责任制度要求存在现实的损害，而环境侵权制度所救济的损害既可以是已经客观化的损害，也可以是已经形成的损害危险状态。其二，传统民事侵权诉讼要求具备诉讼主体资格的当事人必须是其利益受到事实上损害的人，并且要能证明这种损害的存在。③ 因循这种利益相关者理论，一些国家机关或社会组织就会因与受损的环境利益没有直接关联而被排除在诉讼主体资格范围之外。其三，传统民事侵权诉讼实行严格的证明责任，受害人不仅要证明自身受到损害，且要证明加害行为与自身损害间存在因果关系。依据这种传统侵权的严格举证规则，环境侵权中遭受私益损害的被侵权人和受委托维护环境公共利益的代表若不能完成举证将面临败诉的法律后果。

破解上述难题，需要走出传统民事侵权法律制度的"窠臼"，结合环境侵权的特殊性，通过修改相关法律、出台专门司法解释等方式创设出一套系统且具有针对性的诉讼规

① 《中国环境资源审判（2021）》，载中华人民共和国最高人民法院网站，https：//www.court.gov.cn/upload/file/2022/06/05/10/33/20220605103348_49325.pdf，最后访问日期：2022年7月2日。

② 吕忠梅：《论环境法上的环境侵权——兼论〈侵权责任法（草案）〉的完善》，载《清华法治论衡》2010年第1期，第246页。

③ 沈建明：《试论环境侵权行为》，载《法律科学》1991年第2期，第40页。

则。这套诉讼规则在诉讼主体资格、诉讼请求、受案范围、举证规则、损害认定、裁判方式、裁判执行等方面均应具有自身的特色。

二、环境侵权诉讼的完善

以典型的环境侵权相关立法和司法解释出台为标志，中国环境侵权诉讼大致经历了缓慢探索、守成创新、全面发展、入典发展四个阶段

（一）缓慢探索阶段：从《中华人民共和国环境保护法（试行）》（以下简称《环境保护法（试行）》）到《侵权责任法》颁行前

中华人民共和国成立后，随着工业的发展，国家开始重视工业污染防治和资源的综合利用工作。1956年周恩来总理视察鞍钢时指示"一定要搞好除尘"，进入20世纪70年代周总理又一再强调发展工业的同时要搞好环保工作；1972年国务院提出"全面规划，合理布局，综合利用，化害为利，依靠群众，大家动手，保护环境，造福人民"的方针；1973年召开第一次全国环境保护会议，建立各级环保机构，制定了《关于保护和改善环境的若干规定（试行草案）》《防止沿海水域污染暂行规定》等规范文件；第五届全国人民代表大会通过的宪法总纲规定："国家保护环境和自然资源，防治污染和其他公害。"[1]但是，当时的立法不足以满足社会主义现代化建设、保护人民健康、保持生态平衡、造福子孙后代等实践需要，急需制定一部环境保护法。在此背景下，我国先后通过了《环境保护法（试行）》、《中华人民共和国民法通则》（以下简称《民法通则》）和《环境保护法》等有关污染防治的重要立法（见表2-1）。

表2-1   缓慢探索阶段典型法律中环境侵权相关条款

法律名称（颁布时间）	主要相关条文内容
《环境保护法（试行）》（1979）	第31条 国家对保护环境有显著成绩和贡献的单位、个人，给予表扬和奖励。 国家对企业利用废气、废水、废渣作主要原料生产的产品，给予减税、免税和价格政策上的照顾，盈利所得不上交，由企业用于治理污染和改善环境。
	第32条 对违反本法和其他环境保护的条例、规定，污染和破坏环境，危害人民健康的单位，各级环境保护机构要分别情况，报经同级人民政府批准，予以批评、警告、罚款，或者责令赔偿损失、停产治理。 对严重污染和破坏环境，引起人员伤亡或者造成农、林、牧、副、渔业重大损失的单位的领导人员、直接责任人员或者其他公民，要追究行政责任、经济责任，直至依法追究刑事责任。

---

① 马骧聪著：《环境法治：参与和见证——环境资源法学论文选集》，中国社会科学出版社2012年版，第5~6页。

续表

法律名称（颁布时间）	主要相关条文内容
《民法通则》（1986）	第81条　国家所有的森林、山岭、草原、荒地、滩涂、水面等自然资源，可以依法由全民所有制单位使用，也可以依法确定由集体所有制单位使用，国家保护它的使用、收益的权利；使用单位有管理、保护、合理利用的义务。 国家所有的矿藏，可以依法由全民所有制单位和集体所有制单位开采，也可以依法由公民采挖。国家保护合法的采矿权。 公民、集体依法对集体所有的或者国家所有由集体使用森林、山岭、草原、荒地、滩涂、水面的承包经营权，受法律保护。承包双方的权利和义务，依照法律由承包合同规定。 国家所有的矿藏、水流，国家所有的和法律规定属于集体所有的林地、山岭、草原、荒地、滩涂不得买卖、出租、抵押或者以其他形式非法转让。
	第123条　从事高空、高压、易燃、易爆、剧毒、放射性、高速运输工具等对周围环境有高度危险的作业造成他人损害的，应当承担民事责任；如果能够证明损害是由受害人故意造成的，不承担民事责任。
	第124条　违反国家保护环境防止污染的规定，污染环境造成他人损害的，应当依法承担民事责任。
《环境保护法》（1989）	第41条　造成环境污染危害的，有责任排除危害，并对直接受到损害的单位或者个人赔偿损失。 赔偿责任和赔偿金额的纠纷，可以根据当事人的请求，由环境保护行政主管部门或者其他依照法律规定行使环境监督管理权的部门处理；当事人对处理决定不服，可以向人民法院起诉。当事人也可以直接向人民法院起诉。 完全由于不可抗拒的自然灾害，并经及时采取合理措施，仍然不能避免造成环境污染损害的，免予承担责任。
	第42条　因环境污染损害赔偿提起诉讼的时效期间为3年，从当事人知道或者应当知道受到污染损害时起计算。
	第43条　违反本法规定，造成重大环境污染事故，导致公私财产重大损失或者人身伤亡的严重后果的，对直接责任人员依法追究刑事责任。
	第44条　违反本法规定，造成土地、森林、草原、水、矿产、渔业、野生动植物等资源的破坏的，依照有关法律的规定承担法律责任。

1979年9月我国第一部环境保护法律《环境保护法（试行）》诞生。该部法律共7章33条，各章分别是总则、保护自然环境、防治污染和其他公害、环境保护机构和职责、科学研究和宣传教育、奖励和惩罚、附则。其中，第6章"奖励和惩罚"第31条属于环

境保护激励性条款，这一条明确规定对环境保护作出显著成绩和贡献的单位和个人进行褒奖，对企业废物循环利用进行税收优惠；第32条规定了单位污染和破坏环境、危害人民健康时的行政责任，单位领导人员、直接责任人员在严重污染和破坏环境引起人员伤亡、造成重大损失时的行政责任、经济责任和刑事责任。这部法律虽然规定了单位的行政责任和有关责任人员的三种责任，但两个条款均非环境侵权损害的救济性条款而是环境行政主管部门行使环境监管权的行政管理性条款。

《民法通则》（现已废止）于1986年4月颁布，后经2009年8月修正，是我国第一部主要包括民法总则性规定的民法基本法。① 这部法律及其司法解释塑造了我国环境侵权诉讼初期的规则雏形。相关规则条款主要集中在《民法通则》第5章"民事权利"第1节"财产所有权和与财产所有权有关的财产权"第81条和第6章"民事责任"第3节"侵权的民事责任"第123、124条。其第81条明确了自然资源的权属、开采、承包、转让等内容；第123、124条分别规定了高危作业致人损害责任和免责事由、污染环境致人损害责任。1988年4月最高人民法院发布的《关于贯彻执行〈中华人民共和国民法通则〉若干问题的意见（试行）》（现已废止）对第81、123条的法律适用作了进一步明确规定。该司法解释第96条规定："因土地、山岭、森林、草原、荒地、滩涂、水面等自然资源的所有权或使用权发生权属争议的，应当由有关行政部门处理。对行政处理不服的，当事人可以依据有关法律和行政法规的规定，向人民法院提起诉讼；因侵权纠纷起诉的，人民法院可以直接受理。"第154条规定："从事高度危险作业，没有按有关规定采取必要的安全防护措施，严重威胁他人人身、财产安全的，人民法院应当根据他人的要求，责令作业人消除危险。"可见，发生自然资源侵权纠纷的，当事人可以提起侵权诉讼；高危作业严重威胁他人人身、财产安全的，受害人可以提起侵权诉讼，若损害不是受害人故意造成的，从事高度危险作业的责任主体应承担侵权责任；若污染环境的行为人主观上违反了国家防治污染环境的规定造成他人人身、财产损害的应承担侵权责任，反之若行为人没有违反规定，即使他人遭受损害也不承担侵权责任。这些规定共同构成了环境侵权诉讼的基本依据。

经过上述立法实践探索和立法经验的积累，回应国家环境保护现实需求，1989年12月我国颁布了第二部环境保护法律《环境保护法》，该法律在环境侵权规则设置上有了明显进步。主要环境侵权诉讼规则见于第5章"法律责任"第41~44条，分别规定了环境污染损害赔偿和免责事由、诉讼时效、追究直接责任人员刑事责任的情形、破坏资源的责任。主要的进步体现在：第一，明确规定了被侵权人的环境污染损害赔偿请求权和行为人的免责事由。被侵权人可以直接向侵权人主张排除危害和赔偿损失，也可以请求环境保护主管部门或相关部门处理赔偿纠纷，还可以直接向人民法院提起侵权诉讼。行为人要主张免责需要证明环境污染完全是由不可抗拒的自然灾害引起，且已经采取合理措施仍不可避免。第二，明确了环境污染损害赔偿诉讼时效和计算方法。不同于普通民事侵权的2年诉讼时效，被侵权人提起环境污染损害赔偿诉讼的时效延长至3年且从其知道或应当知道污

---

① 杨立新：《从民法通则到民法总则：中国当代民法的历史性跨越》，载《中国社会科学》2018年第2期，第73页。

染损害之日起计算。第三，明确了追究直接责任人员刑事责任的条件。即追究刑事责任需要同时满足三个条件：一是行为人主观上具有违法过错，二是属于重大环境污染事故，三是造成了重大公私财产损失或严重人身伤亡后果。第四，明确了破坏资源的法律责任。对违反本法规定，造成土地、森林、草原、水、矿产、渔业、野生动植物等资源的破坏的，依照有关法律的规定承担法律责任。

（二）守成创新阶段：从《侵权责任法》到《环境保护法》修订前

2009 年 12 月 26 日全国人大常委会公布了《中华人民共和国侵权责任法》（现已废止），这是因应环境时代法律的"绿化"需求，首次将环境污染致人损害作为独立的特殊侵权类型加以规定，体现了民法应对环境问题的回应和努力。[1]《侵权责任法》第 8 章"环境污染责任"共 4 条（第 65~68 条）对环境侵权作出了专门规定（见表2-2），分别涉及归责原则、免责事由、多主体侵权责任确定方法、第三人污染侵权四个方面的内容。

表 2-2 　　　　　　　　　　《侵权责任法》中的环境侵权责任条款

条款	条款内容
第 65 条	因污染环境造成损害的，污染者应当承担侵权责任。
第 66 条	因污染环境发生纠纷，污染者应当就法律规定的不承担责任或者减轻责任的情形及其行为与损害之间不存在因果关系承担举证责任。
第 67 条	两个以上污染者污染环境，污染者承担责任的大小，根据污染物的种类、排放量等因素确定。
第 68 条	因第三人的过错污染环境造成损害的，被侵权人可以向污染者请求赔偿，也可以向第三人请求赔偿。污染者赔偿后，有权向第三人追偿。

从条款内容来看，在沿袭了《民法通则》和《环境保护法》（1989）立法理念的同时，也有了一定的创新。《侵权责任法》的守成体现在没有超出前两部法律均将环境侵权损害等同于污染环境损害的狭隘理解，而生态破坏损害未被纳入。《侵权责任法》关于环境侵权规则的创新之处在于：

一是确立了污染环境损害的无过错归责原则。摒弃了"违法性"要件，采用结果责任可以免除被侵权人对侵权人过错的举证责任以更好地保护受害人，也同时强化了污染者或污染物质的保有者的责任以督促其履行环保义务和防治环境污染。[2]

二是明确了污染者侵权的多元免责事由情形。《侵权责任法》第 66 条区分了不承担责任、减轻责任、因果关系不存在三种免责事由。这里不承担责任的情形主要是指当时生效的《民法通则》（现已废止）第 123 条规定的"受害人故意"和《环境保护法》

---

[1] 吕忠梅、张宝：《环境问题的侵权法应对及其限度——以〈侵权责任法〉第 65 条为视角》，载《中南民族大学学报（人文社会科学版）》2011 年第 2 期，第 106 页。

[2] 王利明、周友军、高圣平著：《侵权责任法教程》，人民法院出版社 2010 年版，第 451 页。

(1989) 第 41 条第 3 款规定的 "完全由于不可抗拒的自然灾害，并经及时采取合理措施，仍然不能避免造成环境污染损害" 的情形；减轻责任的情形主要是指受害人存在一般过失或重大过失的情形，其背后的理论依据是过失相抵，即加害人可以受害人存在过失来主张减轻自己的污染环境损害赔偿责任，因为尽管加害人违背了不得侵害他人的一般义务，但是受害人也存在疏于对自己的利益照顾，加害人的损害赔偿责任应因此得以减轻；[①] 因果关系不存在是指损害结果不是由行为人造成的情形，一般指受害人故意和不可抗力引起且行为人采取了合理措施仍不能避免的情形，但需要注意的是，根据《侵权责任法》第 68 条的规定，第三人过错造成污染环境损害不能成为行为人免责的事由。

三是确定了多主体污染环境侵权的责任划分因素。《侵权责任法》第 68 条体现的是一种按份责任，即在数个污染者间不存在意思联络的情况下，根据排污主体的排污行为对损害发生的原因力大小不同划分各自的责任份额。具体确定方法上，不需要考虑数个污染者各自是否足以引起损害结果的发生，只需要分以下两种情况处理：第一，若数个污染者排放污染物的性质相同或者性质不同但查明其在总体污染中的比例，只需要根据各自排放污染物占比确定责任份额；第二，若数个污染者排放污染物性质不同，且难以查明各自污染贡献占比，可认定其承担均额责任，除非污染者能够证明自身份额大小。[②] 需要注意的是，若数个污染者间存在意思联络，各污染者对外承担的是连带责任，但污染者内部依然是按份责任，内部责任大小可以根据上述方法加以确定。

四是创设了第三人介入型污染环境侵权的责任追究办法。《侵权责任法》第 68 条属于第三人介入型环境侵权，侵权模式上表现为 "第三人作为+污染者不作为"[③]，对于这样一种情形对外责任承担上第三人和污染者承担的是不真正连带责任，被侵权人享有选择第三人或者污染者起诉的权利。若污染者作为被告被起诉承担侵权责任后享有向第三人进行完全追偿的权利，立法赋予污染者内部追偿的权利是考虑到污染者并无过错，而第三人对污染的发生存在过错，如此一方面可以实现及时救济对被侵权人受损利益的目的，另一方面也能通过追偿权的行使体现环境司法的公平正义。

(三) 全面发展阶段：从《环境保护法》(2014) 到环境侵权专门司法解释出台

2014 年 4 月 24 日第十二届人大常委会八次会议完成了对 1989 年《环境保护法》的修订，修订后的《环境保护法》被称为 "史上最严厉环保法"。这部法律的重大突破体现在：其一，被定位于环境保护领域的基础性法律，立足解决环境保护的理念、原则、基本制度和共性问题，重点处理环境保护与经济发展、国内与国际、共性与个性、理论与实际的关系，例如，推动建立基于环境承载能力的绿色发展模式，建立多元共治的现代环境治理体系，新设了若干新制度和完善了一些旧制度，强化了义务与责任；其二，建立了系统

---

① 刘璐、缪宇：《环境污染责任的构成与举证责任的分配——〈侵权责任法〉第 8 章 "环境污染责任" 的理解与适用》，载《政治与法律》2010 年第 5 期，第 32 页。

② 刘璐、缪宇：《环境污染责任的构成与举证责任的分配——〈侵权责任法〉第 8 章 "环境污染责任" 的理解与适用》，载《政治与法律》2010 年第 5 期，第 33~34 页。

③ 冯德淦：《第三人介入型侵权责任构成之检讨》，载《私法研究》2019 年第 1 期，第 60 页。

性的法律机制,诸如环境与发展协调机制、统一监管机制、公众参与机制、决策实施机制、责任追究机制。① 具体到环境侵权诉讼制度上,新《环境保护法》设置了多个相关条款(见表2-3),呈现出以下亮点:

表2-3　　　　《环境保护法》(2014年修订)中的环境侵权责任条款

条款	条文内容
第5条	环境保护坚持保护优先、预防为主、综合治理、公众参与、损害担责的原则。
第6条第3款	企业事业单位和其他生产经营者应当防止、减少环境污染和生态破坏,对所造成的损害依法承担责任。
第30条	开发利用自然资源,应当合理开发,保护生物多样性,保障生态安全,依法制定有关生态保护和恢复治理方案并予以实施。 引进外来物种以及研究、开发和利用生物技术,应当采取措施,防止对生物多样性的破坏。
第58条	对污染环境、破坏生态,损害社会公共利益的行为,符合下列条件的社会组织可以向人民法院提起诉讼: (1)依法在设区的市级以上人民政府民政部门登记; (2)专门从事环境保护公益活动连续5年以上且无违法记录。 符合前款规定的社会组织向人民法院提起诉讼,人民法院应当依法受理。 提起诉讼的社会组织不得通过诉讼牟取经济利益。
第64条	因污染环境和破坏生态造成损害的,应当依照《中华人民共和国侵权责任法》的有关规定承担侵权责任。
第65条	环境影响评价机构、环境监测机构以及从事环境监测设备和防治污染设施维护、运营的机构,在有关环境服务活动中弄虚作假,对造成的环境污染和生态破坏负有责任的,除依照有关法律法规规定予以处罚外,还应当与造成环境污染和生态破坏的其他责任者承担连带责任。
第66条	提起环境损害赔偿诉讼的时效期间为3年,从当事人知道或者应当知道其受到损害时起计算。

第一,损害担责原则被确立为基本原则之一。与《环境保护法(试行)》和《环境保护法》(1989)没有确立环境保护基本原则不同,新《环境保护法》第5条将"保护优先、预防为主、综合治理、公众参与、损害担责"明确为基本原则,其中,损害担责原则不仅蕴含着环境正义的法律价值,还对环境损害法律责任规则的设置具有统御功能。②

第二,环境侵权二元性学说得到了立法确认。吕忠梅教授等环境法学者倡导的环境侵权二元性理论在修法过程中引起了立法者的重视。集中体现在:与《环境保护法(试

① 吕忠梅:《〈环境保护法〉的前世今生》,载《政法论丛》2014年第5期,第58~59页。
② 王江:《环境法"损害担责原则"的解读与反思——以法律原则的结构性功能为主线》,载《法学评论》2018年第3期,第163~164页。

行）》和《环境保护法》（1989）只关注污染环境损害不同，新《环境保护法》第 6 条第 3 款、第 30 条、第 58 条、第 64 条、第 65 条等多个条款均增加了生态破坏、生态破坏损害、生物多样性破坏的表述。

第三，社会组织提起环境侵权民事公益诉讼的资格条件予以了明确。2012 年修正的《民事诉讼法》第 55 条明确赋予了法律规定的机关和有关组织提起污染环境民事公益诉讼的权利，2017 年修正时又在第 55 条基础上增设一款明确规定了检察机关提起公益诉讼的主体资格和支持起诉制度，2021 年再次修正时又将第 55 条全部平移至第 58 条。① 但是，司法实践中社会组织提起环境民事公益诉讼的案件数量曾一度较少，有数据显示 2015 年 1 月至 2018 年 9 月全国共受理此类案件 205 件，其中的原因除了激励性不足，也与符合新《环境保护法》要求的社会组织数量偏少有关②，据民政部民间组织管理局统计，全国生态环保类社会组织约 7000 个，但符合条件的只有 700 家。③

第四，第三方机构与侵权人的连带责任被创设。与前两部环境保护法的不同之处还体现在，新《环境保护法》第 65 条明确了环境影响评价机构、环境监测机构以及从事环境监测设备和防治污染设施维护、运营的机构，在有关环境服务活动中弄虚作假，对造成的环境污染和生态破坏负有责任的，除承担行政处罚责任外，还应当与造成环境污染和生态破坏的其他责任者承担连带责任。该条的创设是对三类主体在实践中（可能）存在的违法现象的回应④：（1）规定受托人环境影响评价机构与委托人间的连带责任是考虑到实践中二者间存在委托法律关系，受托人出现了恶意串通进行环境影响评价结果造假的行为或者虽未恶意串通但明知委托人提供虚假材料依然据此作出有利于委托人的严重失实评价结果。（2）规定受托人环境监测机构与委托人间的连带责任是虑及实践中部分企业不具备安装使用监测设备进行排污自行监测的条件，难以贯

---

① 《民事诉讼法》三次修正后的条文比较如下：《民事诉讼法》（2012 年修正）第 55 条规定，对污染环境、侵害众多消费者合法权益等损害社会公共利益的行为，法律规定的机关和有关组织可以向人民法院提起诉讼。《民事诉讼法》（2017 年修正）第 55 条规定，对污染环境、侵害众多消费者合法权益等损害社会公共利益的行为，法律规定的机关和有关组织可以向人民法院提起诉讼。人民检察院在履行职责中发现破坏生态环境和资源保护、食品药品安全领域侵害众多消费者合法权益等损害社会公共利益的行为，在没有前款规定的机关和组织或者前款规定的机关和组织不提起诉讼的情况下，可以向人民法院提起诉讼。前款规定的机关或者组织提起诉讼的，人民检察院可以支持起诉。《民事诉讼法》（2021 年修正）第 58 条规定，对污染环境、侵害众多消费者合法权益等损害社会公共利益的行为，法律规定的机关和有关组织可以向人民法院提起诉讼。人民检察院在履行职责中发现破坏生态环境和资源保护、食品药品安全领域侵害众多消费者合法权益等损害社会公共利益的行为，在没有前款规定的机关和组织或者前款规定的机关和组织不提起诉讼的情况下，可以向人民法院提起诉讼。前款规定的机关或者组织提起诉讼的，人民检察院可以支持起诉。

② 黄锡生、余晓龙：《社会组织提起环境公益诉讼的综合激励机制重构》，载《法学论坛》2021 年第 1 期，第 93~94 页。

③ 邢世伟、金煜：《700 余家社会组织可提环境公益诉讼》，载《新京报》2015 年 1 月 7 日，第 A06 版。

④ 信春鹰主编：《〈中华人民共和国环境保护法〉学习读本》，中国民主法制出版社 2014 年版，第 261~262 页。

彻底落实新《环境保护法》第 42 条第 3 款规定的自行监测制度,只能依据《国家重点监控企业自行监测及信息公开办法(试行)》第 11 条规定委托省级生态环境主管部门认定的社会监测机构或生态环境主管部门所属环境监测机构进行监测,二者因此也可能形成委托法律关系,二者可能存在恶意串通、弄虚作假,受托人故意隐瞒委托人超过污染物排放标准或者超过重点污染物排放总量控制指标的事实,出具虚假监测数据的现象。(3)规定受托人污染设施维护、运营机构的连带责任是因为现实经济生活中,存在一些企业将所属污染防治设施委托给专业化运营机构运营、维护,后者出现不正常运行设施等弄虚作假行为。

为了正确审理环境侵权责任纠纷案件,最高人民法院根据当时的《侵权责任法》(现已废止)和《环境保护法》《民事诉讼法》等法律的规定,结合环境司法审判实践,出台了专门的环境侵权司法解释。2015 年 6 月 1 日,《最高人民法院关于审理环境侵权责任纠纷案件适用法律若干问题的解释》的发布标志着我国环境侵权诉讼走向全面发展阶段。该司法解释共 19 个条文,系统规定了污染环境侵权中的无过错归责原则、免责事由依据、多污染者共同侵权连带责任、多污染者分别侵权连带责任与按份责任、多污染者责任划分因素、第三人侵权作为(共同)被告的情形、被侵权人举证范围、污染者举证不存在因果关系的情形、司法鉴定意见或检验(检测、评估)报告、专家辅助人、第三方报告与数据(调查报告、检验报告、监测报告、评估报告、监测数据)的质证采纳、证据申请保全与法院裁定、被侵权人的诉讼请求类型、污染者环境修复责任与环境修复费用、第三方环境修复时的费用承担主体、被侵权人对人损害赔偿与预防性合理费用请求权、第三方机构弄虚作假认定、诉讼时效适用的例外情形、环境民事侵权案件与环境民事公益诉讼案件适用依据的不同、审理中案件与再审案件适用依据的不同。但是,本司法解释尽管是在《环境保护法》(2014 年修订)后出台的,但所有条文都是针对污染环境侵权的,生态破坏侵权未被纳入,无疑是当时的一大缺憾。直至 2020 年 12 月 29 日对该司法解释修正时,生态破坏侵权诉讼才被明确纳入,弥补了上述缺憾,这说明环境侵权二元性理论得到了国家最高司法机关的全面确认。

(四)入典发展阶段:从《中华人民共和国民法总则》(以下简称《民法总则》)到《民法典》颁行

第十二届全国人民代表大会第五次会议于 2017 年 3 月 15 日通过的《民法总则》(现已废止)对生态文明建设和环境法发展的重大贡献在于回应了加强环境保护和节约资源的时代需求,确立了"绿色原则"。该原则的法律表达体现在第 9 条"民事主体从事民事活动,应当有利于节约资源、保护生态环境"上。确立这一原则,旨在加强对人的生存环境和资源的特别保护,强调民事主体从事民事活动,应当有利于节约资源、保护生态环境,不得破坏环境和资源,破坏人的生存条件;统领民法典体现"绿色",使人的生存环境和资源利用更符合代际利益保护的要求。① 具体到环境侵权诉讼上,绿色原则是对"自

---

① 杨立新:《从民法通则到民法总则:中国当代民法的历史性跨越》,载《中国社会科学》2018 年第 2 期,第 91 页。

愿原则的必要限制，保障绿色边界内的私人自治"①，对《民法典》各分编（特别是侵权责任编）涉及环境资源保护条款的设计具有指引作用。另外，《民法总则》第8章"民事责任"第177~180条分别规定了按份责任、连带责任、责任承担方式、不可抗力免责事由，条文内容及其背后的法理与上文提及的环境侵权司法解释相关规定基本一致，可以适用于生效后的环境侵权案件。例如，第178条第1款规定："二人以上依法承担连带责任的，权利人有权请求部分或者全部连带责任人承担责任。"这一条在环境侵权领域的具体适用，体现在2015年《最高人民法院关于审理环境侵权责任纠纷案件适用法律若干问题的解释》第2条规定的数个污染者共同侵权时的连带责任和第3条第1款规定的数个污染者分别侵权时的连带责任上。

　　2021年1月1日实施的《民法典》除在第1编总则第9条平移保留了《民法总则》"绿色原则"外，更是在第7编设有第7章"环境污染和生态破坏责任"，共有7个条文（见表2-4）。目前，学界对其中部分条文的理解尚存在诸多争议，本书认为这些条文既有"守成"，也有"创新"。

表2-4　　　　　　　　　　　《民法典》中环境侵权诉讼条款

条款	条款内容
第1229条	因污染环境、破坏生态造成他人损害的，侵权人应当承担侵权责任。
第1230条	因污染环境、破坏生态发生纠纷，行为人应当就法律规定的不承担责任或者减轻责任的情形及其行为与损害之间不存在因果关系承担举证责任。
第1231条	两个以上侵权人污染环境、破坏生态的，承担责任的大小，根据污染物的种类、浓度、排放量，破坏生态的方式、范围、程度，以及行为对损害后果所起的作用等因素确定。
第1232条	侵权人违反法律规定故意污染环境、破坏生态造成严重后果的，被侵权人有权请求相应的惩罚性赔偿。
第1233条	因第三人的过错污染环境、破坏生态的，被侵权人可以向侵权人请求赔偿，也可以向第三人请求赔偿。侵权人赔偿后，有权向第三人追偿。
第1234条	违反国家规定造成生态环境损害，生态环境能够修复的，国家规定的机关或者法律规定的组织有权请求侵权人在合理期限内承担修复责任。侵权人在期限内未修复的，国家规定的机关或者法律规定的组织可以自行或者委托他人进行修复，所需费用由侵权人负担。
第1235条	违反国家规定造成生态环境损害的，国家规定的机关或者法律规定的组织有权请求侵权人赔偿下列损失和费用： （1）生态环境受到损害至修复完成期间服务功能丧失导致的损失； （2）生态环境功能永久性损害造成的损失； （3）生态环境损害调查、鉴定评估等费用； （4）清除污染、修复生态环境费用； （5）防止损害的发生和扩大所支出的合理费用。

① 樊勇：《私人自治的绿色边界——〈民法总则〉第9条的理解与落实》，载《华东政法大学学报》2019年第2期，第123页。

第一，《民法典》第 1229 条明确规定了污染环境、破坏生态致人损害的无过错归责原则，属于环境侵权私益救济条款。《民法典》第 1229 条源于《侵权责任法》第 65 条"因污染环境造成损害的，污染者应当承担侵权责任"、《环境保护法》（2014 年修订）第 64 条"因污染环境和破坏生态造成损害的，应当依照《中华人民共和国侵权责任法》的有关规定承担侵权责任"和《最高人民法院关于审理环境侵权责任纠纷案件适用法律若干问题的解释》（2015 年颁布）第 1 条第 1 款"因污染环境造成损害，不论污染者有无过错，污染者应当承担侵权责任"的规定。四个条文相同点在于均明确规定了环境侵权的无过错归责原则，不同之处体现在《民法典》第 1229 条仅适用于环境侵权已经造成了"他人损害"的情形，不能作为救济生态环境损害的请求权基础[①]，而其他三个条文从文义角度看还蕴含着对"环境损害"救济的解释空间。

第二，《民法典》第 1230 条明确规定了污染环境、破坏生态行为人的举证责任。《民法典》第 1230 条与《侵权责任法》第 66 条一脉相承，在第 66 条基础上增加了"生态破坏"这一侵权类型，相应地把第 66 条中的"污染者"改为了"行为人"以扩大侵权主体的范围。根据《民法典》第 1230 条的规定，行为人需要对以下事项承担举证责任：（1）法律规定的不承担责任情形。实践中，具体情形因环境侵权案件发生的具体环境领域不同而可能存在差异。例如，《中华人民共和国水污染防治法》（以下简称《水污染防治法》）（2017 年修正）第 96 条第 2、3 款分别规定了不可抗力、受害人故意造成水污染损害时排污方不承担赔偿责任。《海洋环境保护法》（2017 年修正）第 91 条规定了有关责任者采取合理措施仍不可避免对环境污染损害的免责情形：战争、不可抗拒的自然灾害以及负责灯塔或者其他助航设备的主管部门，在执行职责时的疏忽或者其他过失行为。（2）法律规定的减轻责任情形。实践中，同样需要看相关环境单行法侵权责任条款中有无明确规定可以减轻行为人侵权责任的情形。（3）自身行为与损害间不存在因果关系。若受害人主张损害赔偿，行为人可以自己的行为与受害人损害间不存在因果关系进行抗辩。

第三，《民法典》第 1231 条列举了数人环境侵权责任大小划分需要考量的因素。根据该条规定，数人污染环境侵权责任大小需要考虑污染物的种类、浓度、排放量和行为对损害后果所起作用等因素；而数人破坏生态侵权责任大小则是需要结合破坏生态的方式、范围、程度和行为对损害后果所起的作用等因素确定。《最高人民法院关于审理环境侵权责任纠纷案件适用法律若干问题的解释》（2020 年修正）第 4 条拓宽了污染环境侵权责任大小的考量因素范围，在《民法典》第 1231 条基础上还列举了"危害性""有无排污许可证""是否超过污染物排放标准""是否超过重点污染物排放总量控制指标"4 种因素。

第四，《民法典》第 1232 条明确了被侵权人的惩罚性赔偿请求权。根据该条规定，被侵权人行使惩罚性赔偿请求权需要满足两个条件：（1）侵权人违反了法律规定且是故

---

① 薄小波：《〈民法典〉视域下生态环境损害归责原则及其司法适用》，载《中州学刊》2021 年第 3 期，第 58 条。

意的。《民法典》第 179 条第 2 款规定："法律规定惩罚性赔偿的，依照其规定。"该款是一个一般性规定，《民法典》第 1232 条是对第 179 条第 2 款的贯彻，侵权人是否"违反法律规定"，仍需要看有无具体的法律依据。目前，《最高人民法院关于审理生态环境侵权纠纷案件适用惩罚性赔偿的解释》已于 2022 年 1 月 20 日实施，可以作为生效后这类纠纷的审理依据，下一节将对此司法解释进行详细分析。另外，需要注意的是，《民法典》第 1232 条中"违法法律规定"是对"故意"的修饰，排除了过失违反法律规定的情况。换句话说，此处的故意限于"违反法律规定"这一种情形，而不能区分认为"违反法律规定"关注对人行为的客观评价，"故意"侧重对人行为的主观评价，二者具有独立的价值。[①]（2）造成了严重后果。根据《最高人民法院关于审理生态环境侵权纠纷案件适用惩罚性赔偿的解释》第 8 条规定，"严重后果"综合判断的因素包括环境侵权行为的持续时间、地域范围，造成环境污染、生态破坏的范围和程度，以及造成的社会影响等。具体认定时，需要在区分不同损害类型的基础上进行认定：对"人"损害的严重后果表现为造成他人死亡、健康严重损害或者重大财产损失；对"环境"损害的严重后果体现为生态环境严重损害或重大不良社会影响。

第五，《民法典》第 1233 条规定了过错第三人和无过错环境侵权人对"人"损害的不真正连带责任。从《民法典》第 1233 条的条文结构中"被侵权人"表述来看，该条和《民法典》第 1229~1232 条均属于环境侵权的私益救济条款。[②]《民法典》第 1233 条是对《侵权责任法》第 68 条的继承与发展，仅在后者条文的基础上增加了"破坏生态"的表述，该条确立了过错第三人和无过错环境侵权人间的不真正连带责任，其价值如同《侵权责任法》第 68 条，此处不再赘述。

第六，《民法典》第 1234 条规定了生态环境损害赔偿诉讼和环境民事公益诉讼中适格主体的生态环境修复请求权。两类诉讼的主要相同点在于：（1）适用情形上均针对生态环境受损；（2）诉讼利益均针对环境公益，且明确排斥私益救济；（3）救济对象上均指向"生态环境本身"，不涉及人身、财产。[③] 再结合《民法典》第 1234 条的条文表述来看，显然可以适用于两类诉讼。生态环境损害赔偿诉讼中的政府和环境民事公益诉讼中的法律规定的机关和社会组织均可以"起诉主体"的身份要求侵权人承担生态环境修复责任或者承担修复费用。这两类诉讼的原理与实务情况将在本书的两个专章进行阐释。

第七，《民法典》第 1235 条规定了生态环境损害赔偿诉讼和环境民事公益诉讼中生态环境损害责任承担的损失和费用范围。《民法典》第 1235 条共有 5 项，分为两类损失

---

① 王国飞：《论社会体育活动中组织者的相应补充责任——兼谈〈民法典〉第 1176 条和第 1198 条之适用》，载《西安体育学院学报》2021 年第 1 期，第 28 页。

② 徐以祥：《〈民法典〉中生态环境损害责任的规范解释》，载《法学评论》2021 年第 2 期，第 146 页。

③ 巩固：《生态环境损害赔偿诉讼与环境民事公益诉讼关系探究——兼析〈民法典〉生态赔偿条款》，载《法学论坛》2022 年第 1 期，第 130 页。

和三种费用。两类损失分别是生态环境能够修复时的期间损失和不能修复时的永久性损失。这两类损失规定实际上是整合了《最高人民法院关于审理生态环境损害赔偿案件的若干规定（试行）》第12条第3款的期间服务功能损失和第13条的永久性损失的规定。三种费用包括摸清生态环境损害状况的费用（如调查、评估等费用）、恢复生态环境质量的费用（如清除污染、修复生态环境费用）和预防损害的费用（如防止损害发生和扩大所支出的合理费用）。这些费用规定基本上吸收了环境民事公益诉讼、生态环境损害赔偿等司法解释中的有关费用条款。①

第四节　环境侵权诉讼的构成要素

一、环境侵权诉讼的原告

环境侵权诉讼的原告是指有资格对环境污染行为、生态破坏行为提起环境侵权诉讼的主体。在现行法律框架下，不同类型的环境侵权诉讼存在原告范围上的差异。

（一）环境侵权私益诉讼的原告

环境侵权私益诉讼的原告是被侵权人，即因侵权人的环境污染、生态破坏而遭受特定损失的人。在私益诉讼的语境下，这里的"被侵权人"是指因环境污染行为、生态破坏行为而遭受人身损害、财产损害、精神损害的主体。《民法典》第1232条和第1233条、《环境保护法》第64条以及《最高人民法院关于审理环境侵权责任纠纷案件适用法律若干问题的解释》（2020年修正）均赋予被侵权人以环境侵权私益诉讼原告资格。例如，2014年修订的《环境保护法》第64条规定："因污染环境和破坏生态造成损害的，应当依照《中华人民共和国侵权责任法》的有关规定承担侵权责任。"《侵权责任法》已经被《民法典》侵权责任编取代，该编第1232条和第1233条分别规定了被侵权人请求惩罚性赔偿的权利、主张索赔时对索赔对象（第三人或侵权人）的选择权。《最高人民法院关于审理环境侵权责任纠纷案件适用法律若干问题的解释》（2020年修正）更是有多个条文明确了被侵权人的赔偿请求权。

（二）环境侵权公益诉讼的原告

环境侵权公益诉讼原告主要包括为环境民事公益诉讼原告和环境行政公益诉讼原告。环境民事公益诉讼原告是指依法享有对污染环境、破坏生态的行为人提起环境民事公益诉讼的主体。根据现行法律规定，可以提起环境民事公益诉讼的主体限于法律规定的机关和法律规定的组织两类（见表2-5）。

---

① 王小钢：《〈民法典〉第1235条的生态环境恢复成本理论阐释——兼论修复费用、期间损失和永久性损失赔偿责任的适用》，载《甘肃政法大学学报》2021年第1期，第2~3页。

表 2-5　　　　　　　　　　　　环境公益诉讼原告的法律依据

法律规范或司法解释	条文	条 文 内 容
《民 事 诉 讼 法》（2021 年修正）	第 58 条	对污染环境、侵害众多消费者合法权益等损害社会公共利益的行为，法律规定的机关和有关组织可以向人民法院提起诉讼。 人民检察院在履行职责中发现破坏生态环境和资源保护、食品药品安全领域侵害众多消费者合法权益等损害社会公共利益的行为，在没有前款规定的机关和组织或者前款规定的机关和组织不提起诉讼的情况下，可以向人民法院提起诉讼。前款规定的机关或者组织提起诉讼的，人民检察院可以支持起诉。
《环 境 保 护 法》（2014 年修订）	第 58 条	对污染环境、破坏生态，损害社会公共利益的行为，符合下列条件的社会组织可以向人民法院提起诉讼： （1）依法在设区的市级以上人民政府民政部门登记； （2）专门从事环境保护公益活动连续 5 年以上且无违法记录。 符合前款规定的社会组织向人民法院提起诉讼，人民法院应当依法受理。 提起诉讼的社会组织不得通过诉讼牟取经济利益。
《最高人民法院关于审理环境民事公益诉讼案件适用法律若干问题的解释》（2020 年修正）	第 1 条	法律规定的机关和有关组织依据民事诉讼法第 55 条、环境保护法第 58 条等法律的规定，对已经损害社会公共利益或者具有损害社会公共利益重大风险的污染环境、破坏生态的行为提起诉讼，符合民事诉讼法第 119 条第 2 项、第 3 项、第 4 项规定的，人民法院应予受理。
《最高人民法院 最高人民检察院关于检察公益诉讼案件适用法律若干问题的解释》（2020 年修正）	第 13 条第 1 款	人民检察院在履行职责中发现破坏生态环境和资源保护，食品药品安全领域侵害众多消费者合法权益，侵害英雄烈士等的姓名、肖像、名誉、荣誉等损害社会公共利益的行为，拟提起公益诉讼的，应当依法公告，公告期间为 30 日。

第一类是法律规定的机关。这里主要是《民事诉讼法》（2021 年修正）第 58 条第 2 款和《最高人民法院 最高人民检察院关于检察公益诉讼案件适用法律若干问题的解释》（2020 年修正）第 13 条第 1 款等现行法律规定的人民检察院。

第二类是法律规定的有关组织。根据《环境保护法》（2014 年修订）第 58 条规定，社会组织提起环境民事公益诉讼需要满足 3 个条件：（1）依法在设区的市级以上人民政府民政部门登记。需要注意，根据《最高人民法院关于审理环境民事公益诉讼案件适用法律若干问题的解释》（2020 年修正）第 3 条规定，"设区的市级以上人民政府民政部门"仅包括设区的市，自治州、盟、地区，不设区的地级市，直辖市的区以上人民政府民政部门。（2）专门从事环境保护公益活动连续 5 年。根据《最高人民法院关于审理环境民事公益诉讼案件适用法律若干问题的解释》（2020 年修正）第 4 条规定，"专门从事环境保护公益活动"的认定，要求社会组织章程确定的宗旨和主要业务范围是维护社会公共利益，且从事环境保护公益活动。社会组织提起的诉讼所涉及的社会公共利益，应与其宗旨和业务范围具有关联性。(3) 5 年没有违法记录。根据《最高人民法院关于审理环境民事公益诉讼案件适用法律若干问题的解释》(2020 年修正) 第 5 条规定,"无违法记录"的认定条件是社会组织在提起诉讼前 5 年内未因从事业务活动违反法律、法规受过行政、刑事处罚。设定上述条件,主要是基于诉讼性质的公益性,防止条件过低出现滥诉、司法资源浪费和影响社会稳定,也防止借助环境民事公益诉讼谋取私利的现象。

环境行政公益诉讼原告是指当生态、环境和资源保护领域负有监督管理职责的行政机关违法行使职权或者不作为,致使国家利益或者社会公共利益受到侵害时,依法向行政机关提出检察建议,督促其依法履行职责,并在行政机关未遵从检察建议履行职责的前提下,依据法定监督权提起环境行政公益诉讼的人民检察院。依据《行政诉讼法》第 25 条第 4 款规定,人民检察院有权提起环境行政公益诉讼。《最高人民法院 最高人民检察院关于检察公益诉讼案件适用法律若干问题的解释》(2020 年修正) 也规定人民检察院是提起环境行政公益诉讼的主体。依据法律和司法解释的规定,目前我国有权提起环境行政公益诉讼的原告具有唯一性,即人民检察院。[1]

针对环境行政公益诉讼原告的唯一性,学界有学者呼吁拓宽环境行政公益诉讼原告范围。黄辉等学者认为,超越法定权益范畴的新型利益(包括私益和公益)保护,需要拓展环境行政公益诉讼原告资格:一是把公民作为环境行政公益诉讼的原告,主要支持理由:赋予公民该类诉讼原告资格是顺应世界公益诉讼的发展趋势,让最易受损的公民提起诉讼可以体现公平正义,比其他提起诉讼的主体更具诉讼激发力与抵抗力,也是国民对美好生活需求的应有之义;二是适度放宽社会组织作为环境行政公益诉讼原告的条件,主要是认为《环境保护法》(2014 年修订) 第 58 条适格社会组织认定条件过于严格,以致符合条件提起环境行政公益诉讼的社会组织非常少,不利于改变环境司法分布不均的现状;三是限缩环境行政机关作为环境行政公益诉讼的原告,在看到行政机关作为环境资源代表人在资金、技术等方面的优势的同时,也要注意不能无限度拓宽。[2] 正如有学者认为,环境行政公益诉讼的完善很大程度上依赖于不同权利主体之间监督权限平衡,多元主体共同监督可以达到优势互补。[3]

二、环境侵权诉讼的被告

环境侵权诉讼的被告是指因自身环境污染行为、生态破坏行为造成损害或者可能造成损害而被法律规定的机关或社会组织依法提起诉讼的主体。在现行法律框架下,不同类型的环境侵权诉讼存在被告范围上的差异。

(一) 环境侵权私益诉讼的被告

环境侵权私益诉讼的被告是侵权人,即对自身污染环境或生态破坏行为引起他人的人

① 竺效主编:《环境公益诉讼实案释法》,中国人民大学出版社 2018 年版,第 132 页。
② 黄辉、沈长礼:《拓展与限缩:环境行政公益诉讼原告资格之确定》,载《合肥工业大学学报(社会科学版)》2020 年第 5 期,第 40~446 页。
③ 曾哲、梭娅:《环境行政公益诉讼原告主体多元化路径探究——基于诉讼客观化视角》,载《学习与实践》2018 年第 10 期,第 26 页。

身损害、财产损害、精神损害负有民事责任的人。根据侵权人人数、对外承担责任主体等方面的不同，环境侵权私益诉讼的被告可以分为单一被告与多个被告。

单一被告是指在环境侵权私益诉讼中仅有一个自然人或者法人等侵权行为责任主体。顾名思义，在环境侵权私益诉讼中，被告一方是唯一或者单一的，不存在数人共同侵权或者分别侵权的情形。例如，甲承包村集体所属的一个鱼塘进行养殖，该鱼塘周边除了乙（一家生产化工产品的企业，具备法人资格）别无其他排污主体，该企业设置暗管深夜将企业污水偷排至鱼塘致使乙养殖的鱼全部死亡。根据案情，若甲主张财产损害赔偿，在起诉时只能将行为主体乙作为被告，而不能对村委会或者村民提起诉讼。

多个被告是指在环境侵权私益诉讼中存在多个自然人、法人等侵权行为责任主体。多个被告的情形又可以分为有意思联络的共同被告与无意思联络的共同被告。有意思联络的共同被告属于典型的环境共同侵权被告类型，是指数个被告基于主观上的关联共同实施污染环境、破坏生态行为，造成他人人身、财产和精神受损对外需要承担连带责任的情形。从环境侵权私益诉讼实践来看，若行为人间存在意思联络，可以减轻受害人对因果关系的举证责任，便于区分连带责任与不真正连带责任，有助于界分环境共同侵权行为与环境共同危险行为。[①]《民法典》对有意思联络共同被告的连带责任予以了确认，体现在第 1168条："二人以上共同实施侵权行为，造成他人损害的，应当承担连带责任"，这一条中"共同实施侵权行为"蕴含了有意思联络共同被告共同实施环境侵权行为的情形。无意思联络的共同被告也是重要的环境侵权被告类型，是指数个被告主观上不存在关联分别实施污染环境、破坏生态行为，造成他人人身、财产和精神受损对外需要承担连带责任、相应责任或者平均责任的情形。这里具体分为三种情形：（1）数个侵权人分别实施污染环境、破坏生态行为造成同一损害，且各侵权人的行为均足以造成全部损害的，被侵权人可以数个侵权人为共同被告主张连带责任。（2）数个侵权人分别实施污染环境、破坏生态行为造成同一损害，且各侵权人的行为均不足以造成全部损害的，被侵权人可以根据《民法典》第 1172 条规定和具体案情区别处理：若能够确定数个侵权人责任大小，被侵权人可以把数个侵权人作为共同被告，主张其各自承担相应的责任；若难以确定数个侵权人责任大小，被侵权人可以把数个侵权人作为共同被告，主张其平均承担责任。（3）数个侵权人分别实施污染环境、破坏生态行为造成同一损害，仅有部分侵权人的行为足以造成全部损害的，被侵权人可以足以造成全部损害的侵权人与其他侵权人为共同被告就其共同造成损害的部分主张连带责任。

（二）环境侵权公益诉讼的被告

环境侵权公益诉讼的被告是指因环境侵权行为造成环境公共利益受损的或者因不履行法定职责致使国家利益或者社会公共利益受到侵害，且经检察机关提出检察建议后仍不履行其职责的，被法定主体依法提起诉讼的人。这一类被告最典型的是环境民事公益诉讼被告和环境行政公益诉讼被告。环境民事公益诉讼的被告可以是单一的自然人或者法人

---

① 参见程啸：《论意思联络作为共同侵权行为构成要件的意义》，载《法学》2003 年第 4 期，第94 页。

（组织）被告，也可以是自然人与自然人、法人（组织）与法人（组织）、自然人与法人（组织）间形成的共同被告。环境行政公益诉讼被告是指检察机关在履行职责中发现行政机关在生态环境和资源保护领域违法行使职权或者不作为，致使生态环境公共利益受到侵害的，先行提出诉前检察建议，督促行政机关依法履行职责，行政机关在法律规定时间没有履行职责的，检察机关依法履行公益诉讼职能，向人民法院提起行政公益诉讼，而由人民法院通知应诉的环境行政主体。本书在环境民事公益诉讼原理与实务、环境行政公益诉讼原理与实务专章分别对环境民事公益诉讼被告、环境行政公益诉讼被告进行了阐释，此处不详细展开。

三、环境侵权诉讼的诉讼请求

（一）环境侵权私益诉讼的诉讼请求

诉讼请求是当事人在诉讼活动中所提出的具体主张。现行《民法典》《环境保护法》《最高人民法院关于审理环境侵权责任纠纷案件适用法律若干问题的解释》（2020年修正）等法律和司法解释明确了环境侵权私益诉讼的诉讼请求。例如，《民法典》第7编"侵权责任"第1章"一般性规定"的第1167条规定："侵权行为危及他人人身、财产安全的，被侵权人有权请求侵权人承担停止侵害、排除妨碍、消除危险等侵权责任。"《最高人民法院关于审理环境侵权责任纠纷案件适用法律若干问题的解释》（2020年修正）第13条以列举的方式明确了被侵权人可以提出的诉讼请求，具体包括停止侵害、排除妨碍、消除危险、修复生态环境、赔礼道歉、赔偿损失。根据诉讼请求的目的与功能的不同，上述诉讼请求大致可以分为预防性诉讼请求、恢复性诉讼请求和填补性诉讼请求，对这三类诉讼请求可作如下理解：

第一，预防性诉讼请求。在环境侵权行为人的行为已经造成一定损害或者没有造成现实的损害，但有扩大损害、妨碍他人利益实现或者具有潜在危及他人利益等"对人"损害可能性的情况下，被侵权人可以提出预防性的诉讼请求。这类请求主要包括停止侵害、排除妨碍、消除危险。其中，停止侵害适用于环境侵权人正在直接或者间接实施侵害他人财产或人身的行为的情形；排除妨碍适用于被侵权人行使其权利受到环境侵权人不法阻碍或妨害时，可以请求其排除或请求人民法院强制排除的情形；消除危险适用于环境侵权人的侵害尚未发生，但他人财产权、人身权面临遭受侵害的危险，潜在被侵权人出于防止侵害、消除既存危险和避免侵害发生的目的，可以请求其消除危险或者请求人民法院强制消除的情形。

第二，恢复性诉讼请求。在环境侵权行为人的行为已经造成他人财产权或人身权受到侵害，需要且能够恢复权利被侵害前原有状态的情况下，被侵权人可以提出恢复性诉讼请求。这类请求体现为修复生态环境、赔礼道歉。修复生态环境不同于恢复原状对原初物理状态的恢复，而是要求侵权人恢复到生态环境的原初功能。侵权人既可以自己修复，也可以委托有能力的第三人修复，第三人修复的费用由侵权人承担；在侵权人自己不修复且不委托第三人委托的情况下，被侵权人可以请求人民法院强制其修复生态环境。例如，《最高人民法院关于审理环境侵权责任纠纷案件适用法律若干问题的解释》（2020年修正）第

14条规定："被侵权人请求修复生态环境的,人民法院可以依法裁判侵权人承担环境修复责任,并同时确定其不履行环境修复义务时应当承担的环境修复费用。侵权人在生效裁判确定的期限内未履行环境修复义务的,人民法院可以委托其他人进行环境修复,所需费用由侵权人承担。"赔礼道歉适用于环境侵权行为人给他人人身权造成损害的情形,被侵权人可以直接要求侵权人赔礼道歉或者向人民法院提出赔礼道歉的请求。在环境侵权私益诉讼中适用赔礼道歉,可以对遭受人身损害的被侵权人进行抚慰和心理补偿,还有助于修复侵权人与被侵权人因环境侵权行为而恶化的关系。①

第三,填补性诉讼请求。侵权人污染环境、破坏生态造成被侵权人的财产损失、人身损害以及被侵权人为防止损害发生与扩大、清除污染、修复生态环境而采取必要措施需要支出合理费用的情况下,被侵权人可以提起赔偿损失的诉讼请求。换言之,赔偿损失的范围主要包括财产损失、人身损害和上述需要支出的合理费用,这一类诉讼请求适用于环境侵权私益诉讼,体现了公平正义理念,对被侵权人而言具有损失填补功能。

(二)环境侵权公益诉讼的诉讼请求

环境侵权公益诉讼的诉讼请求因具体的公益诉讼类型不同而有差异。其中,环境民事公益诉讼的诉讼请求主要包括"停止侵害、排除妨碍、消除危险、修复生态环境、赔偿损失、赔礼道歉"六种具体诉求。对此的系统阐释可参考第3章第4节。环境行政公益诉讼的诉讼请求包括确认行政行为违法或者无效、撤销或部分撤销违法行政行为、履行法定职责等诉讼请求。该类公益诉讼诉讼请求解读可参见第4章第5节。刑事附带民事环境公益诉讼、生态环境损害赔偿诉讼、海洋自然资源和生态环境损害赔偿诉讼的诉讼请求在相应专章中均有涉及,本节对此不予以阐释。

四、环境侵权诉讼的管辖法院

(一)环境侵权私益诉讼的管辖法院

环境侵权私益诉讼的管辖法院依然遵循现行《民事诉讼法》等法律和司法解释关于级别管辖、地域管辖、移送管辖、指定管辖和管辖权转移的有关规定。

第一,环境侵权私益诉讼的级别管辖是处理基层人民法院、中级人民法院、高级人民法院和最高人民法院管辖第一审环境侵权私益诉讼案件的分工问题。根据现行《民事诉讼法》《最高人民法院关于审理环境侵权责任纠纷案件适用法律若干问题的解释》(2020年修正)等有关规定,中级人民法院管辖的第一审环境侵权私益诉讼的案件范围包括重大涉外案件、在本辖区有重大影响的案件和最高人民法院确定由中级人民法院管辖的案件;高级人民法院管辖在本辖区内具有重大影响的第一审环境侵权私益诉讼案件;最高人民法院管辖的第一审环境侵权私益诉讼案件范围包括在全国有重大影响的案件和认为应当由其审理的案件;其他环境侵权私益诉讼案件由基层人民法院审理。

第二,环境侵权私益诉讼的地域管辖以级别管辖为基础,处理同级人民法院管辖第一

---

① 黄娅琴、邹瑶:《环境侵权赔礼道歉责任研究》,载《民间法》2017年第2期,第258页。

审环境侵权私益诉讼案件的分工问题。根据现行《民事诉讼法》《最高人民法院关于审理环境侵权责任纠纷案件适用法律若干问题的解释》（2020 年修正）等有关规定，环境侵权私益诉讼的地域管辖既遵循一般地域管辖规定，也遵循专门的侵权纠纷管辖规定。就一般地域管辖来说，主要包括三种情形：（1）环境侵权私益诉讼的被告是自然人时，由被告住所地人民法院管辖，被告住所地与经常居住地不一致的由经常居住地人民法院管辖；（2）环境侵权私益诉讼的被告是法人或者其他组织时，由被告住所地人民法院管辖；（3）同一环境侵权私益诉讼中多被告住所地、经常居住地在两个以上人民法院辖区的，所涉人民法院均有管辖权。对于环境侵权私益纠纷的专属管辖，根据《民事诉讼法》第 28 条规定，由环境侵权行为地或者被告住所地人民法院管辖。

第三，环境侵权私益诉讼的移送管辖是处理无管辖权人民法院受理环境侵权私益诉讼案件后如何对案件进行移送的问题。根据现行《民事诉讼法》第 36 条等规定，人民法院受理环境侵权私益诉讼案件后发现没有管辖权的，应当将案件移送有管辖权的人民法院，受移送的人民法院应当受理；受移送的人民法院认为不属于本院管辖的，应当报请上级人民法院指定管辖，不得自行移送。

第四，环境侵权私益诉讼的指定管辖是处理有管辖权的人民法院遇到特殊原因或者管辖权发生异议不能对环境侵权私益诉讼案件行使管辖权时如何处理的问题。根据《民事诉讼法》第 37 条规定，有管辖权的人民法院由于特殊原因，不能行使管辖权的，由上级人民法院指定管辖；人民法院之间因管辖权发生争议，由争议双方协商解决，协商不成的，报请其共同上级人民法院指定管辖。

第五，环境侵权私益诉讼的管辖权转移是处理有管辖权的上下级人民法院如何移送第一审环境侵权私益诉讼案件的问题。根据现行《民事诉讼法》及其司法解释等规定，主要分两种情况：（1）上级人民法院把案件交下级人民法院审理。上级人民法院有权审理下级人民法院管辖的第一审环境侵权私益诉讼案件，确有必要将本院管辖的第一审案件交下级人民法院审理的，应当报请上级人民法院批准。（2）下级人民把案件报请上级人民法院审理。下级人民法院对自己管辖的第一审环境侵权私益诉讼案件，认为需要由上级人民法院审理的，可以报请人民法院审理。

（二）环境侵权公益诉讼的管辖法院

环境侵权公益诉讼案件的管辖也存在级别管辖、地域管辖、移送管辖、指定管辖和管辖权转移的问题。目前，《民事诉讼法》、《环境保护法》、《最高人民法院关于适用〈中华人民共和国民事诉讼法〉的解释》（2020 年修正）、《最高人民法院关于审理环境民事公益诉讼案件适用法律若干问题的解释》（2020 年修正）、《最高人民法院 最高人民检察院关于检察公益诉讼案件适用法律若干问题的解释》（2020 年修正）、《最高人民法院关于审理生态环境损害赔偿案件的若干规定（试行）》（2020 年修正）等法律和司法解释已经对环境民事公益诉讼、环境行政公益诉讼、生态环境损害赔偿诉讼等保护环境公共利益的案件的管辖作了明确规定。总体来看，这类诉讼基本上遵循了"以中级人民法院管辖为主，以其他级别人民法院管辖为辅"的原则，以便更好地实现对环境公共利益的救济。对此，留在本书后面有关章节进行详细的阐释。

五、环境侵权诉讼的裁判方式

（一）环境侵权私益诉讼的裁判方式

环境侵权私益诉讼的裁判方式主要包括判决和裁定，判决与裁定的内容取决于当事人的诉讼请求、人民法院采信证据，以及出现法定事由等情况。根据上文可知，这一类诉讼的诉讼请求包括预防性诉讼请求、恢复性诉讼请求和填补性诉讼请求，人民法院在诉讼过程中会根据证据采纳、法定事由等情况，作出判决或者裁定。

环境侵权私益诉讼的判决内容应符合法律的规定。根据《民事诉讼法》第 152 条规定，判决书应当写明判决结果和作出该判决的理由，其具体内容要包括以下事项：（1）案由、诉讼请求、争议的事实和理由；（2）判决认定的事实和理由、适用的法律和理由；（3）判决结果和诉讼费用的负担；（4）上诉期间和上诉的法院；（5）审判人员、书记员署名，加盖人民法院印章。环境侵权私益诉讼的判决书内容也应当包括以上事项，由于该类案件的特殊性，在诉讼请求、事实与理由等事项上也会体现自身特色。例如，人民法院作出侵权人承担修复生态环境责任的判决，这显然不同于传统的民事侵权判决内容。

环境侵权私益诉讼的裁定遵循法定范围。根据《民事诉讼法》第 154 条规定，裁定适用范围包括以下情形：（1）不予受理；（2）对管辖权有异议的；（3）驳回起诉；（4）保全和先予执行；（5）准许或者不准许撤诉；（6）中止或者终结诉讼；（7）补正判决书中的笔误；（8）中止或者终结执行；（9）撤销或者不予执行仲裁裁决；（10）不予执行公证机关赋予强制执行效力的债权文书。环境侵权私益诉讼的裁定适用要严格遵循上述法定范围，但是具体情形的内涵均与环境侵权相关联，这区别于传统的民事侵权裁定适用事由。

（二）环境侵权公益诉讼的裁判方式

环境侵权公益诉讼的裁判方式因公益诉讼类型的不同，在具体的裁判类型上会有所差异。对此，本书分别在环境民事公益诉讼原理与实务、环境行政公益诉讼原理与实务等专章对裁判方式内容作了具体阐释，本节不予以展开。

六、环境侵权诉讼中惩罚性赔偿适用

《民法典》的重要创新之一是确立了环境侵权惩罚性赔偿制度，《最高人民法院关于审理生态环境侵权纠纷案件适用惩罚性赔偿的解释》（2022 年）对该制度的具体适用予以了明确规定。综合《民法典》第 1 编"总则"第 8 章"民事责任"的第 179 条第 2 款"法律规定惩罚性赔偿的，依照其规定"和第 1232 条"侵权人违反法律规定故意污染环境、破坏生态造成严重后果的，被侵权人有权请求相应的惩罚性赔偿"来看，实际上是在环境侵权私益诉讼中确立了惩罚性赔偿制度。该制度的功能定位不在于惩罚，而是为贯彻完全赔偿原则的一项损害填补制度。① 环境侵权私益诉讼实践中如何适用这一制度，《最高人民法院关于审理生态环境侵权纠纷案件适用惩罚性赔偿的解释》对此进行了系统性规定，同时回应了环境侵权公益诉讼能否适用惩罚性赔偿制度的问题。

（一）惩罚性赔偿在环境侵权私益诉讼中的适用

自然人、法人或者非法人组织等被侵权人在环境侵权私益诉讼中主张适用惩罚性赔偿的，需要提供证据证明以下事实：

第一，侵权人污染环境、破坏生态的行为违反法律规定。侵权人污染环境、破坏生态是否违反法律规定，应当以法律、法规为依据，可以参照规章的规定。

第二，侵权人具有污染环境、破坏生态的故意。人民法院认定侵权人是否具有污染环境、破坏生态的故意，应当根据侵权人的职业经历、专业背景或者经营范围，因同一或者同类行为受到行政处罚或者刑事追究的情况，以及污染物的种类，污染环境、破坏生态行为的方式等因素综合判断。《最高人民法院关于审理生态环境侵权纠纷案件适用惩罚性赔偿的解释》明确列举了人民法院应当认定侵权人具有污染环境、破坏生态故意的9种情形：（1）因同一污染环境、破坏生态行为，已被人民法院认定构成破坏环境资源保护犯罪的；（2）建设项目未依法进行环境影响评价，或者提供虚假材料导致环境影响评价文件严重失实，被行政主管部门责令停止建设后拒不执行的；（3）未取得排污许可证排放污染物，被行政主管部门责令停止排污后拒不执行，或者超过污染物排放标准或者重点污染物排放总量控制指标排放污染物，经行政主管机关责令限制生产、停产整治或者给予其他行政处罚后仍不改正的；（4）生产、使用国家明令禁止生产、使用的农药，被行政主管部门责令改正后拒不改正的；（5）无危险废物经营许可证而从事收集、贮存、利用、处置危险废物经营活动，或者知道或者应当知道他人无许可证而将危险废物提供或者委托给其从事收集、贮存、利用、处置等活动的；（6）将未经处理的废水、废气、废渣直接排放或者倾倒的；（7）通过暗管、渗井、渗坑灌注，篡改、伪造监测数据，或者以不正常运行防治污染设施等逃避监管的方式，违法排放污染物的；（8）在相关自然保护区域、禁猎（渔）区、禁猎（渔）期使用禁止使用的猎捕工具、方法猎捕、杀害国家重点保护野生动物、破坏野生动物栖息地的；（9）未取得勘查许可证、采矿许可证，或者采取破坏性方法勘查开采矿产资源的。

第三，侵权人污染环境、破坏生态的行为造成严重后果。人民法院认定侵权人污染环境、破坏生态行为是否造成严重后果，应当根据污染环境、破坏生态行为的持续时间、地域范围，造成环境污染、生态破坏的范围和程度，以及造成的社会影响等因素综合判断。侵权人污染环境、破坏生态行为造成他人死亡、健康严重损害，重大财产损失，生态环境严重损害或者重大不良社会影响的，人民法院应当认定为造成严重后果。

另外，《最高人民法院关于审理生态环境侵权纠纷案件适用惩罚性赔偿的解释》还明确规定了惩罚性赔偿的数额确定方法和责任竞合处理原则。数额确定方法主要涉及如下方

---

① 刘超：《〈民法典〉环境侵权惩罚性赔偿制度之功能剖辨》，载《政法论丛》2022年第1期，第86页。

面：（1）计算基数。人民法院确定惩罚性赔偿金数额，应当以环境污染、生态破坏造成的人身损害赔偿金、财产损失数额作为计算基数，人身损害赔偿金、财产损失数额，依照《民法典》第1179条、第1184条规定予以确定，另有规定的除外。（2）综合考虑因素与数额限制。人民法院确定惩罚性赔偿金数额，应当综合考虑侵权人的恶意程度、侵权后果的严重程度、侵权人因污染环境、破坏生态行为所获得的利益或者侵权人所采取的修复措施及其效果等因素，但一般不超过人身损害赔偿金、财产损失数额的2倍。因同一污染环境、破坏生态行为已经被行政机关给予罚款或者被人民法院判处罚金，侵权人主张免除惩罚性赔偿责任的，人民法院不予支持，但在确定惩罚性赔偿金数额时可以综合考虑。责任竞合处理需要遵循以下原则：（1）侵权人因同一污染环境、破坏生态行为，应当承担包括惩罚性赔偿在内的民事责任、行政责任和刑事责任，其财产不足以支付的，应当优先用于承担民事责任。（2）侵权人因同一污染环境、破坏生态行为，应当承担包括惩罚性赔偿在内的民事责任，其财产不足以支付的，应当优先用于承担惩罚性赔偿以外的其他责任。

（二）惩罚性赔偿在环境侵权公益诉讼中的适用

环境侵权公益诉讼的惩罚性赔偿适用可以参考环境侵权私益诉讼惩罚性赔偿规则，但是损失计算基数不同。例如，《最高人民法院关于审理生态环境侵权纠纷案件适用惩罚性赔偿的解释》第12条规定："国家规定的机关或者法律规定的组织作为被侵权人代表，请求判令侵权人承担惩罚性赔偿责任的，人民法院可以参照前述规定予以处理。但惩罚性赔偿金数额的确定，应当以生态环境受到损害至修复完成期间服务功能丧失导致的损失、生态环境功能永久性损害造成的损失数额作为计算基数。"根据该条规定，在法律规定的机关或社会组织提起环境民事公益诉讼，检察机关提起环境行政公益诉讼以及有关政府提起的生态环境损害赔偿诉讼等环境侵权公益诉讼，起诉主体被赋予了被侵权人代表的资格，其可依据上述司法解释主张惩罚性赔偿，惩罚性赔偿的计算基数是生态环境能够恢复情况下的服务功能丧失期间导致的损失或者生态环境不能恢复情况下的永久性损害造成的损失。需要注意的是，根据该解释第13条规定，侵权行为实施地、损害结果发生地在中华人民共和国管辖海域内的海洋生态环境侵权纠纷案件惩罚性赔偿问题，不适用此司法解释。

第五节　环境侵权法律责任[①]

一、环境侵权民事责任的归责原则与构成要件

我国《民法典》第1229条规定："因环境污染、破坏生态造成他人损害的，侵权人应当承担侵权责任。"通说认为，该条是关于环境侵权责任的一般规定，包括环境污染侵

---

① 需要说明的是，本节主要讨论环境私益侵权的法律责任，而环境公益侵权的法律责任留在后面有关专章的法律责任部分进行系统讨论。

权责任和生态破坏侵权责任两种类型。①

（一）环境侵权责任适用无过错责任原则

从法解释学的分析视角可知，环境侵权民事责任作为一种特殊侵权责任，需要区别于适用过错责任归责原则的一般侵权责任。换言之，环境侵权责任以无过错责任为归责原则，侵权人无论是否存在过错，均应当承担民事责任。侵权人不得以排污符合国家或者地方污染物排放标准为由主张不承担责任。② 环境侵权责任之所以适用无过错责任原则，是因为在司法实务当中造成损害的污染物大多来源于现代工业化生产、作业过程中形成并排放的废水、废气、重金属、固体污染物等有害物质，受害方对此不具备专业知识且难以深入工厂内部进行调查取证，原告方证明侵权人具有过错十分困难。尤其是在侵权人符合法定标准合规排放污染物的情况下，更难以证明侵权人具有过错。因此，为更好地保护受害人的合法权益，强化污染原因控制者的责任，维护环境正义，环境侵权责任采用的是无过错责任归责原则。

（二）环境侵权责任的构成要件

环境侵权民事责任的构成要件可以归纳为以下三个方面：

1. 行为人实施了环境污染或者破坏生态的行为

环境污染是指因产业活动或其他人为活动造成水、土壤、大气、海洋等人类生产、生活环境污染，从而侵害特定或不特定民事主体的生命、身体、健康、财产或其他民事权益的行为。例如：化工企业违反国家规定排放污水导致周围村庄农作物大规模减产、村民养殖的鱼虾大量死亡、附近居民罹患恶性肿瘤等。环境污染的具体类型包括：水污染、土壤污染、大气污染、海洋污染、固体废弃物污染、放射性物质污染、光污染、噪声污染、粉尘污染等。③

生态破坏是指人类社会活动引起的生态退化及由此衍生的环境效应，导致了环境结构和功能的变化，对人类生存发展以及环境本身产生不利影响的现象。④ 生态破坏的类型主要包括：水土流失、土地荒漠化、土地盐碱化、森林锐减、生物多样性减少、湖泊富营养化、地下水水位下降、区域地下水漏斗、地面下沉等。⑤

环境污染与生态破坏行为存在交叉重合，二者既有联系，也有区别。⑥ 一方面，环境污染与生态破坏存在紧密联系，主要表现为：①污染环境和破坏生态的行为都可能侵害他

① 张新宝著：《中国民法典释评：侵权责任编》，中国人民大学出版社2020年版，第207页。
② 《最高人民法院关于审理环境民事公益诉讼案件适用法律若干问题的解释》（2020年修正）（法释〔2020〕17号）第1条规定："因污染环境、破坏生态造成他人损害，不论侵权人有无过错，侵权人应当承担侵权责任。侵权人以排污符合国家或者地方污染物排放标准为由主张不承担责任的，人民法院不予支持。"
③ 窦海阳：《环境侵权类型的重构》，载《中国法学》2017年第4期，第268~270页。
④ 左玉辉主编：《环境学》，高等教育出版社2002年版，第14页。
⑤ 程啸著：《侵权责任法（第三版）》，法律出版社2021年版，第655页。
⑥ 程啸著：《侵权责任法（第三版）》，法律出版社2021年版，第655页。

人的人身、财产权益，造成人身损害和财产损害。例如，工厂违规排放废气造成局部大气污染导致人身损害（如哮喘病）和财产损害（如农作物减产）；非法开采地下水造成地面沉降导致房屋塌陷（财产损害）和人员身亡（人身损害）。②污染环境的行为同时有可能造成生态破坏。例如，向高原湖泊排放大量含有重金属的污水，可能导致周围居民饮水患病，也可能同时导致湖泊生态系统被破坏、生物多样性减少。

另一方面，环境污染与生态破坏的区别也较为明显：①环境污染行为并非都是破坏生态的行为，而破坏生态的行为也并非都属于环境污染行为。例如：光污染和噪声污染是环境污染行为，而非生态破坏行为；滥砍滥伐森林是生态破坏行为，而非环境污染行为。②环境污染行为一般会给特定或不特定多数人带来人身损害或财产损害，而生态破坏的行为不一定会给特定主体的人身、财产造成损害，而是会造成生态环境损害，导致生态的服务功能丧失，给环境公共利益带来难以弥补的损害。例如，在无人区非法采矿导致地面下沉或砍伐原始森林导致森林锐减。

环境污染行为与生态破坏行为最根本的区别在于，环境污染行为的侧重点是在排放，向外输送原本不属于环境的物质或能量，而生态破坏的侧重点则是在索取或不当开发，向环境索取或破坏环境要素。生态破坏行为的重要特征是向环境过度索取物质和能量，不合理地使用自然环境，使得环境要素的数量减少、质量降低，以致生态失衡、资源枯竭而危及人类和其他生物生存与发展。①

2. 行为人污染环境或者破坏生态的行为给他人造成了损害

行为人污染环境或者破坏生态的行为给他人造成的损害一般可以分为两种类型，分别是私益损害和公益损害。② 前一种私益损害类型主要是指由于侵害特定主体的环境民事私益（人身权益和财产权益）所造成的人身损害和财产损害。其中，环境污染造成的人身损害具有持续性、潜在性、滞后性、广泛性和复杂性的特点，环境污染物经由各种途径进入人体，有害物质富集达到一定程度或者说在体内蓄积达到一定阈值最终对健康造成损害。后一种公益损害类型主要是指生态环境损害，这是由于侵害环境公共利益和社会公共利益所造成的损害结果。我国《民法典》第1234条和第1235条所规定的生态环境损害修复责任和生态环境损害赔偿责任都是针对环境公共利益受到损害而确立的民事责任。

3. 加害行为与损害结果之间具有因果关系

该部分详见环境侵权民事责任因果关系的认定。

二、环境侵权举证责任的分配

《最高人民法院关于审理环境侵权责任纠纷案件适用法律若干问题的解释》（2020年修正）（法释〔2020〕17号）第6条规定，被侵权人起诉时需提供证据材料对以下事实进行举证：（1）侵权人排放了污染物或者破坏了生态；（2）被侵权人的损害；（3）侵权人排放的污染物或者其次生污染物、破坏生态行为与损害之间具有关联性。在环境侵权案件当中，由于双方当事人存在信息不对称或"证据偏在"的情况，被告方较原告方更容

---

① 窦海阳：《环境侵权类型的重构》，载《中国法学》2017年第4期，第271页。
② 王利明：《侵权责任法（第二版）》，中国人民大学出版社2021年版，第313页。

易获取科技信息和掌握科学证据，为平衡诉讼结构并从本质上追求诉讼公平，减轻或缓和原告的证明负担势在必行。

《最高人民法院关于审理环境民事公益诉讼案件适用法律若干问题的解释》（2020年修正）（法释〔2020〕20号）第8条规定，原告需要就被告的行为已经损害社会公共利益或者具有损害社会公共利益的重大风险提供初步证明材料。由此可见，原告首先需要提出初步证据证明损害发生或损害危险，在证明度上无须证明达到具有高度盖然性的程度，然后举证责任转移到被告，被告需要就行为未给社会公共利益造成损害或不具有损害社会公共利益之重大风险（如风险设施不存在不合理的安全性或不合理的风险）承担证明责任。倘若被告举证不能，则从法律上推定损害已发生或损害的发生具有现实可能性。同时，该司法解释第13条还规定："原告请求被告提供其排放的主要污染物名称、排放方式、排放浓度和总量、超标排放情况以及防治污染设施的建设和运行情况等环境信息，法律、法规、规章规定被告应当持有或者有证据证明被告持有而拒不提供，如果原告主张相关事实不利于被告的，人民法院可以推定该主张成立。"由此可见，在环境侵权诉讼当中，法律推定得以适用，切实减轻原告方的证明负担。

三、环境侵权民事责任因果关系的认定

在环境侵权诉讼当中，污染企业的生产过程、排污情况以及排放物质是如何形成污染并造成损害等诸多问题具有极强的技术性和专业性，而环境污染受害人一般不具有专业知识和专业能力，且很难深入企业内部进行取证调查和提供关于致害机理的事实证据，以致难以证明加害人的环境污染行为与损害结果之间存在因果关系。基于此，为保护受害人的合法权益，我国《民法典》第1230条规定："因污染环境、破坏生态发生纠纷，行为人应当就法律规定的不承担责任或者减轻责任的情形及其行为与损害之间不存在因果关系承担举证责任。"《最高人民法院关于审理环境侵权责任纠纷案件适用法律若干问题的解释》（2020年）第6条规定，原告需要就侵权人排放的污染物或者其次生污染物、破坏生态行为与损害之间具有关联性进行举证。分析以上条文可知，环境污染和生态破坏的因果关系证明实行因果关系推定规则。在环境侵权责任当中，对于因果关系的证明，并非免除原告的证明责任，而只是减轻或缓和原告的证明责任。

具体而言，原告需要先提出初步证据就加害行为与损害结果之间具有一定的关联性进行证明，然后法律推定因果关系存在（拟制的因果关系），此时证明因果关系不存在的举证责任转移到被告方，被告需要就加害行为与损害结果之间不存在因果关系承担证明责任。倘若能够证明，则因果关系的推定被推翻；倘若不能证明，则认定因果关系成立，行为人应当承担环境侵权责任。值得注意的是，被侵权人对因果关系的证明程度较低，只需要证明污染行为与损害之间具有关联性或可能性，而无须证明到具有高度盖然性的程度。换言之，被侵权人只需要证明因果关系链中的一部分事实，然后法律推定因果关系存在，再由行为人承担证明因果关系不存在的举证责任。

例如，在环境污染、生态破坏导致人身损害的环境侵权事件当中，被侵权人只需要证明：（1）行为人具有排放污染物质的行为或者破坏生态的行为；（2）被侵权人曾接触或暴露于污染物质或被破坏的生态环境之中；（3）被侵权人在接触或暴露于污染物质或被

破坏的生态环境之后受到人身损害（如罹患疾病）。① 在被侵权人对因果关系进行初步证明之后，举证责任便移转到侵权人一方，由其证明因果关系的某一链条环节存在问题进而证明因果关系不存在，否则应当承担环境侵权责任。一般而言，行为人可以从如下几个方面证明行为与损害结果之间不具有因果关系：根据《最高人民法院关于审理环境侵权责任纠纷案件适用法律若干问题的解释》（2020 年）第 7 条规定："侵权人举证证明下列情形之一的，人民法院应当认定其污染环境、破坏生态行为与损害之间不存在因果关系：（一）排放污染物、破坏生态的行为没有造成该损害可能的；（二）排放的可造成该损害的污染物未到达该损害发生地的；（三）该损害于排放污染物、破坏生态行为实施之前已发生的；（四）其他可以认定污染环境、破坏生态行为与损害之间不存在因果关系的情形。"

四、环境侵权民事责任的承担方式

侵权责任的承担方式是指侵权人承担侵权责任的具体形式。尽管环境侵权责任是一种特殊的侵权责任，但究其本质仍属于民事侵权责任的范畴，基于此也应当适用民法上的民事责任承担方式。《最高人民法院关于审理环境侵权责任纠纷案件适用法律若干问题的解释》（2020 年）第 13 条规定，人民法院应当根据被侵权人的诉讼请求以及具体案情，合理判定侵权人承担停止侵害、排除妨碍、消除危险、修复生态环境、赔礼道歉、赔偿损失等民事责任。同时，《最高人民法院关于审理环境民事公益诉讼案件适用法律若干问题的解释》（2020 年）第 18 条也规定，对污染环境、破坏生态，已经损害社会公共利益或者具有损害社会公共利益重大风险的行为，原告可以请求被告承担停止侵害、排除妨碍、消除危险、修复生态环境、赔偿损失、赔礼道歉等民事责任。由此可见，环境侵权行为的民事责任承担方式包括预防性责任方式、恢复性责任和填补性责任。本章诉讼请求部分已经兼及阐释，此处不再重复。

案例与思考

1. 综合案例分析题

曲某诉山东某实业股份有限公司大气污染责任纠纷案②

【基本案情】1995 年，曲某承包一处集体土地种植樱桃。2001 年，山东某实业股份有限公司（以下简称某公司）迁至曲某樱桃园毗邻处从事铝产品生产加工。2009 年 4 月，曲某提起诉讼，请求某公司停止排放废气，赔偿其损失 501 万余元。为证明其主张，曲某提交了烟台市牟平区公证处勘验笔录、烟台市农产品质量检测中心出具的樱桃叶片氟含量检测报告等证据。后经双方共同选定和取样，一审法院委托山东省农业科学院中心实验室对樱桃叶片的氟化物含量予以检测，检测报告表明：距离某公司厂区越近，樱桃叶片氟化

---

① 张新宝著：《中国民法典释评：侵权责任编》，中国人民大学出版社 2020 年版，第 214 页。

② 本案件选自 2015 年 12 月 29 日最高人民法院发布的十大环境侵权典型案例。

物含量越高。某公司提供樱桃树叶氟含量检测报告、厂区大气氟化物含量检测报告、烟台市牟平区气象局出具的 2008 年 2 月至 2009 年 5 月的气候情况等证据,拟证明其不存在排污行为,曲某樱桃园受到损害系气候原因所致。

【裁判结果】 山东省烟台市中级人民法院一审判令某公司停止排放氟化物,赔偿曲某损失 204 万余元。曲某、某公司均不服提起上诉。山东省高级人民法院二审判令某公司赔偿曲某 224 万余元。某公司不服,向最高人民法院申请再审。最高人民法院审查认为,曲某提交的公证勘验笔录和检测报告,与相关科普资料、国家标准以及一审法院委托专业机构出具的检测报告等证据相互印证,足以证明曲某的樱桃园受到损害,某公司的排污行为和樱桃园受到的损害之间具有关联性,已完成举证证明责任。某公司作为侵权人,其提交的樱桃树叶氟化物含量检测报告中距离厂区越近浓度越低的结论有悖常识;厂区大气氟化物含量检测报告系 2010 年 5 月 7 日作出,与本案待证事实不具有关联性;天气原因亦不能否定排污行为和损害之间的因果关系。考虑到确实存在天气恶劣等影响樱桃生产的原因,二审法院酌情判令某公司对曲某的损失承担 70% 的赔偿责任,认定事实和适用法律均无不当。

问题: 请你谈一谈对本案裁判结果的评价。

2. 思考题

(1)简述中国环境侵权法律制度的创设与发展。

(2)论述环境侵权二元性理论。

(3)论述环境侵权民事责任的构成要件。

第三章　环境民事公益诉讼原理与实务

【本章重点内容提示】
1. 环境民事公益诉讼的概念、性质与特征
2. 环境民事公益诉讼的功能
3. 环境民事公益诉讼的构成要素
4. 环境民事公益诉讼的裁判执行

第一节　环境民事公益诉讼的概念、性质与特征

自 20 世纪中期以来，日趋严峻的生态环境问题以及逐渐高涨的环境保护运动，极大地推动了公众环境意识的觉醒，享有在良好环境中生产和生活被视为一项公共利益日益受到公众的重视与关注。为此，欧美国家率先制定相关的法律制度，通过建立完善的生态环境法律规则体系以保护环境公共利益。其中，环境民事公益诉讼制度作为环境司法领域的一项重要规则而成为各国生态环境法律规则体系的重要组成部分，如德国的团体诉讼制度、英国的检举人诉讼制度、美国的集团诉讼制度以及公民诉讼制度等。

一、环境民事公益诉讼的概念

（一）何谓环境公共利益

公共利益是一个高度抽象且不确定的法律概念，其理论内涵自产生之日起就从未停止过争论与辩驳，时至今日仍未形成统一定论。亚里士多德将其视为"最高的善"，西塞罗将其视为"最高的法"，托马斯·阿奎那则提出"公益即正义"[①]。卢梭认为公益是社会契约的基础，国家产生的目的即在于保障基于个人利益之上的公益。那么，究竟何为"公益"？1884 年洛厚德将"公共利益"界定为"一定地域空间范围内关系大多数人的利益"。1886 年，纽曼批判性地继承了洛厚德的观点，认为"公共利益"是"一个不确定之多数成员所涉及的利益"。马克思则认为，"公共利益"的实质是存在于现实中的基于彼此分工的个人之间的相互依存关系。在众多的理论见解中，备受学界青睐的则是德国的"量广质高"理论。所谓"量广"，即数量上极可能地使最大多数人能沾享福利；所谓"质高"，即"以对受益人需求的强度而定，生活愈需要的，即是

---

① 何建华：《托马斯·阿奎那的正义思想》，载《齐鲁学刊》2018 年第 3 期，第 73 页。

'质最高'的"。

由于"公共利益"概念学说的纷繁，环境公共利益的统一界定亦难形成。但基于公共利益所具有的普遍性、不确定性和非特定性等特点，理论上对环境公共利益的价值内涵可达成一个基本共识，即生态环境作为客体，其所包含的各项环境要素及其所独具的生态服务功能（如安全、健康、舒适、审美等）为不特定的社会群体所享有的普遍性利益或福祉，具有"主体数量的不特定多数性、客体性质的非排他性（整体性、不可分割性）、利益主体对利益客体的共同享有性"等特征。① 当这种普遍性利益或福祉受到外界的污染环境和破坏生态行为干扰时，不特定主体所享有的相关生态利益即受到减损，此即环境公共利益。如工业排污行为使周边的大气环境、水环境等基于物理或化学特性受到破坏，进而影响不特定群体安全、健康的生存与生活。

（二）环境民事公益诉讼的概念解析

由于我国的环境民事公益诉讼起步较晚，因此在其发展早期，关于环境民事公益诉讼的概念并没有形成统一认识。有学者认为，环境民事公益诉讼是法定的组织和个人根据法律规定，为了保护社会公共环境权益，对违反环境法律、侵害公共环境权益者，向人民法院提起并要求其承担民事责任，由法院按照民事诉讼程序依法审判的诉讼。② 也有学者认为，环境民事公益诉讼属于环境公益诉讼的一种，是指特定的国家机关、社会组织和公民，为维护环境公共利益，根据法律的规定，对已经或可能污染和破坏环境的行为，针对实施该行为的主体提起诉讼，并要求其承担民事责任，由法院按照民事诉讼程序依法审判的活动。③ 还有学者认为，所谓环境民事公益诉讼，是指有资格的公民、法人、其他组织或者有关国家机关，为了预防可能侵害环境公益之污染或破坏行为的发生，或阻止侵害环境公益之污染或破坏行为的继续进行，或救济已经受损的环境公益，而以环境公益的民事危害者或致害者为被告，向人民法院提出追究其法律责任的请求，并由人民法院按照法定程序依法审判的法律制度。

综合不同学者的表述，学理上对于环境民事公益诉讼的概念解析应至少包含如下共同内涵：第一，诉讼目的，系为了预防可能侵害环境公益之行为的发生，或阻止侵害环境公益之行为的继续进行，或救济受损的环境公益。第二，诉讼对象，为环境公益的民事危害者或致害者，主要指环境污染或生态破坏企业。第三，诉讼客体，指前文所述的环境公益，包括经济性环境公益和生态性环境公益。第四，诉讼请求，即请求人民法院追究环境危害者或者致害者的民事法律责任。其主要分歧在于原告主体，即谁有资格成为环境民事公益诉讼的原告。不同于环境民事私益诉讼存在特定的被侵害人，被侵害人可基于其合法权益受到侵害而提起侵权救济之诉。而环境公益诉讼由于所涉利益乃不特定主体的公共利益，谁能成为公共利益的代表而请求司法救济即成为

① 蔡守秋：《环境公益是环境公益诉讼发展的核心》，载《环境法评论》2018年第1期，第28页。

② 叶勇飞：《论环境民事公益诉讼》，载《中国法学》2004年第5期，第105页。

③ 李艳芳、李斌：《论我国环境民事公益诉讼制度的构建与创新》，载《法学家》2006年第5期，第101页。

核心争点。对此，2012 年修订的《民事诉讼法》虽然首次正式确立了民事公益诉讼制度，根据该法第 55 条的规定，"对污染环境、侵害众多消费者合法权益等损害社会公共利益的行为，法律规定的机关和有关组织可以向人民法院提起诉讼"，但是对于原告主体，即"法律规定的机关和有关组织"并未明确说明，由此也进一步引发了理论纷争。随着 2014 年新《环境保护法》修订，环境民事公益诉讼的概念才基本正式成型。该法第 58 条在 2012 年《民事诉讼法》第 55 条基础上，明确界明了"有关组织"应符合的基本要求，即"（1）依法在设区的市级以上人民政府民政部门登记；（2）专门从事环境保护公益活动连续 5 年以上且无违法记录"。

综上所述，环境民事公益诉讼属于民事公益诉讼的一种，是指国家规定的机关、符合法律规定条件的社会组织为维护环境公共利益，根据法律的规定对已经或正在实施的环境污染或生态破坏行为提起诉讼并要求承担民事责任，由法院按照民事诉讼程序依法审判的活动。该诉讼以维护利益公益性、诉讼主体的广泛性、制度功能预防性和诉讼双方力量的抗衡性等成为公益诉讼中最具代表性的诉讼典型之一。

二、环境民事公益诉讼的价值目标及其本质属性

民事诉讼制度所要承载之"公益"价值目标可一分为二：其一为"集合性公益"，其二为"纯粹性公益"。"集合性公益"的"个体化配置"将其还原为"私益"，从而向社会个体实施具体的利益分配。所谓"同类型个体性利益"，是指可确定数量之多数社会个体基于同种或类似且有关联之私法行为置身于同种或类似且有关联之私法权利义务关系中，从而享有的同种或类似且可分的个体性利益。[1] 所谓"纯粹性公益"，学界亦称其为"扩散性利益"（diffuse interest），即由不特定之多数主体所共同享有的一种超越个体属性、不可具体分配的利益。其利益主体事先未以任何法律上的原因而结合成为任何意义上的利益共同体，仅仅基于特定之原因事实相互间才产生此种利益性关联。[2] 相对于个体性私益而言，纯粹性公益并不属于特定的个体或组织机构，故具有整体性的特征，它亦非私人利益的线性叠加，而是由不特定之多数主体所共享的一种抽象利益状态，其源于抽象社会共同利益，而非私益的集约性整合。所以，该公益目标的实现取决于面临危险之抽象社会共同利益状态的维护和已经受损之抽象社会共同利益状态的修复，而无须（亦不可能）将其还原为私益并实施"个体性分配"。[3] 在以私益救济为本质目标的传统民事诉讼制度体系中，为满足对"集合性公益"之救济的需求，又以普通共同诉讼为基础形成了对应

---

① 丁宝同：《民事公益之基本类型与程序路径》，载《法律科学（西北政法大学学报）》2014 年第 2 期，第 61 页。

② 张伟和：《巴西的集团诉讼制度》，载《人民法院报》2005 年 4 月 25 日。转引自肖建国：《民事公益诉讼的基本模式研究——以中、美、德为中心的比较法考察》，载《中国法学》2007 年第 5 期，第 130 页。

③ 丁宝同：《民事公益之基本类型与程序路径》，载《法律科学（西北政法大学学报）》2014 年第 2 期，第 61 页。

的诉讼模式，如代表人诉讼、选定当事人诉讼、集团诉讼、示范性诉讼（亦称实验性诉讼）① 等。这些诉讼模式开始超越传统民事诉讼模式之私益属性，并承载一定公益属性特征。② 但必须明确指出，其所承载的公益价值目标属"集合性公益"，源自具体的社会个体性利益的集约性整合，并且也必须向社会个体实施具体的利益分配。同类型利益的诉讼是代表人诉讼，其往往需要直接利害关系人提起诉讼，在保护自身私人利益的同时，也保护同阶层同境遇的社会公共利益。

针对民事公益诉讼制度所要承载之两种不同的"公益"价值目标，其承载路径已有所不同。民事公益之承载路径为群体性诉讼与公益侵害阻断程序。其中，群体性诉讼承载"集合性公益"，而公益侵害阻断程序则承载"纯粹性公益"。③ 其中，传统之"群体性诉讼"制度方案与程序规则已被纳入常规意义上之诉讼程序类型的范畴，并以系统的"诉讼信托"或"诉讼担当"程序原理为依托，彻底融入了传统之民事诉讼法学理论体系内部。④ 而扩散性利益的诉讼是个人提起的公益诉讼，其对于个人利益具有救济作用，但是其耗费的成本与原告最后获得的收益往往难成正比。从长远来看，如果设置不顾个人理性、个人偏好的法律，将其作为维护社会公共利益的常态手段，那么这种违背理性的法律规则也会无法常态化。⑤ 与此同时，单纯地认为"私益诉讼在保护私权的同时，客观上也维护了公共利益"，对于民事公益诉讼制度的健康发展会造成巨大的伤害。⑥ 因为，作为与私人利益相对应的范畴，公共利益并非私人利益的线性叠加。⑦ 这里是指不能认为私益诉讼在保护私益之同时也能实现对于公益的保护，进而无须专门的公益诉讼对公益进行救济的想法是错误的。因此，仍然需要赋予特定主体发起环境民事公益诉讼之权利，进而真正实现环境公益之保护。

有学者指出，良好环境是典型的社会公共利益。一方面，环境公益具有"主体数量的不特定多数性、客体性质的非排他性（整体联系性、不可分割性）、利益主体对利益客体的共同享用性（或共同受益性、共同需要性）"等公共特征，需要国家通过环境立法和执法予以整体保护。另一方面，具体环境问题又往往对特定群体产生更直接的影响，从而在执法行动与相关群体之间建立起利益关联。当执法者履职不力放任损害时，若仍要求

---

① 以传统之"群体性诉讼"制度方案为基础，现代民事诉讼制度又开发出了示范性诉讼（亦称实验性诉讼）制度方案。参见丁宝同：《民事公益之基本类型与程序路径》，载《法律科学（西北政法大学学报）》2014年第2期，第61页。

② 有学者亦尝试对共同诉讼与群体性诉讼作严格意义上的学理区分。参见杨严炎：《共同诉讼抑或群体诉讼——评我国代表人诉讼的性质》，载《现代法学》2007年第2期，第99页。

③ 丁宝同：《民事公益之基本类型与程序路径》，载《法律科学（西北政法大学学报）》2014年第2期，第61页。

④ 具体而言，"团体诉讼"以"诉讼信托"之程序原理为基础，而"代表人诉讼""选定当事人诉讼"和"集团诉讼"则以"诉讼担当"之程序原理为基础。

⑤ 白彦、杨斌：《我国民事公益诉讼的经济分析——基于理性的视角》，载《法学研究》2013年第11期，第106页。

⑥ 肖建国：《民事公益诉讼的类型化分析》，载《西南政法大学学报》2007年第1期，第26页。

⑦ 张千帆：《"公共利益"的构成——对行政法的目标以及"平衡"的意义之探讨》，载《比较法研究》2005年第5期，第1页。

受害者等待、忍受，显然不尽合理，尤其在可能危及其生命健康的情况下。此时，受害者诉诸法院、借司法维权，就成为法治社会公民的本能反应与迫切需求，成为现代环境社会运动所着力争取的目标之一。另外，生态环境作为环境公益的现实载体，具有"有体无形"的特点。"有体性"意味着生态环境是由各种客观要素构成的实体，其损害主要以环境质量下降的形式呈现，并随要素受损的存续而持续存在。故对环境公益救济来说，仅仅对致害行为的惩罚和禁限是不够的，修复受损环境才具有根本意义。但是，"无形性"又意味着，生态环境是区别于其构成要素的整体性存在，无法分割和特定化，不能成立传统民法上那种以独占、排他为核心特征的个体所有权，从而也难以当然适用围绕对此种权利的救济所建立的民事责任及其保障机制，而是需要突破传统规则，创设具有公共指向的损害填补责任。环境公益的上述特点，导致其对公益诉讼的需求更为强烈，也使得公益诉讼在环境领域得到更加充分的发展和应用。或因于此，无论在理论上还是实践中，环境领域的民事公益诉讼的数量和热度都远超其他领域。当然，鉴于环境问题的复杂性和国情差异，各国的环境民事公益诉讼制度在具体安排上相当多元，不存在唯一正确的经典模板，但五花八门的表象背后蕴含着诸多共通原理，反映出其作为一种"公法诉讼"的特殊属性与独特规律。[1]

三、环境民事公益诉讼的特征

与传统环境私益民事诉讼相比，环境民事公益诉讼主要有如下特征：

（一）诉讼目的的公益性

诉讼目的的公益性是环境民事公益诉讼的本质属性。如果诉讼目的为救济私益，且胜诉结果没有扩散性，则不能称之为公益诉讼。但是，由于环境所涉利益的不确定性，环境公益和环境私益并非总是泾渭分明而是相互交织，这就给二者的界分造成一定的困境。对此，不必理顺公益和私益的关系，可依循以下利益联系明辨公益之目的：一是公益对私益的辐射性或扩散性。从间接或长远的角度考虑，侵害环境公益亦可能对个体的人身和财产权益产生侵害，也即公益诉讼有着终极维护或有利于私益的功能，但其提起诉讼的目的并非直接或只是为了保护私益，或者说私益的维护只是进行公益诉讼的一种辐射或扩散结果，因此环境民事公益诉讼与私益诉讼有着本质的不同。二是私益和公益具有交叉性，或者说公益对私益具有覆盖性，此时，维护私益只是起诉主体提起公益诉讼的一个理由，但其真正目的仍旨在维护公益。

作为公益诉讼的一种具体类型，环境民事公益诉讼是因应日趋严峻的生态环境形势而应运而生的特定制度，其目的是实现经济社会发展与生态环境保护间的协调与平衡，促进二者间的持续健康发展，维持适宜人们生存和发展的良好生态环境。

（二）原告主体的广泛性

在一般民事私益诉讼中，侵害行为侵害的往往是原告的私人合法权益，且这种侵害已

---

① 巩固：《环境民事公益诉讼性质定位省思》，载《法学研究》2019 年第 3 期，第 127 页。

经成为事实，因此，基于个人合法私益遭受不法侵害，被侵权人依法享有司法救济的主体资格。然而，在环境民事公益诉讼中，由于所涉利益乃环境公共利益且具有辐射性、侵害主体的不确定性，传统的当事人适格理论在这里并不能适用。谁能成为公益诉讼的代表人即成为争议的焦点。为了公共利益的广泛且有效维护，许多国家在立法上并未严格限定环境民事公益诉讼的原告主体资格，基于公共利益的重要性和关联性，只要与环境公共利益有关的公民、法人、组织或特定的国家机关均可以作为原告，这样的设置也符合最广泛的群体利益原则，实现对环境公共利益的及时救济和保护。但是，对原告主体不加任何限制是否会导致滥诉现象、公民和相关组织是否有能力发起环境公益诉讼等问题也引发了理论与实务的担忧，为此，作为环境民事公益诉讼起步较晚、仍处于探索阶段的我国而言，在立法上对其原告主体采用了审慎的限定性原则，即"法律规定的机关和符合条件的组织"才能作为环境民事公益诉讼的原告。

（三）诉讼类型的多样性

根据前述环境民事公益诉讼的定义，提起环境民事公益诉讼的条件，既可以是环境损害结果尚未发生但很有可能发生，也可以是环境损害正在持续进行，还可以是损害结果已经发生。可见，环境民事公益诉讼存在三种基本的类型：一是损害预防类。由于环境损害存在着长期性、潜伏性、积累性、不可逆性等特点，其损害的结果在侵害人实施侵害行为时不一定立即表现出来，可能要经过一段漫长的时间才能发生，而这种结果一旦发生，则会对环境造成很大损害，且不易消除，就算消除其成本也十分巨大。有鉴于此，各国环境法对于"预防为主"这一原则都有具体的体现，并在诉讼机制上做相应的调整，允许在损害结果未发生的情况下提起诉讼，以"防患于未然"。①这正是环境法"预防原则"的体现。当然，为防止滥诉，须以该种损害明显会发生为前提。二是损害阻减类。这主要是指损害环境的行为已经发生，并在继续进行，为阻止该行为的持续进行和减少对环境的损害，就可提起阻却之诉。三是损害救济类。在环境损害的结果已经实际发生的情况下，为了救济受损的环境公益，就环境损害赔偿问题而提起的赔偿之诉。

（四）诉讼双方力量对比的失衡性

在环境民事公益诉讼中，起诉方通常是热衷于环保事业的公民或民间环保组织，而被诉方则很可能是资金实力雄厚、社会地位优越的大型企业或企业集团。因此，起诉主体在诉讼中往往处于弱势，当事人之间在诉讼力量的对比上显现出巨大的差距。为此，环境民事公益诉讼规则的设计应当考虑这种失衡性，通常给予原告一定的制度倾斜。当然，对于检察机关、环保部门等公权性起诉主体而言，他们在地位上明显强于污染企业，对此，我们进行制度设计时也应考虑这种特殊性。

---

① 叶勇飞：《环境民事公益诉讼之概念辨析》，载《河南大学学报（社会科学版）》2004 年第 6 期，第 22 页。

（五）诉讼程序的特殊性

传统的民事诉讼是以原告对被告这一典型的一对一的本人诉讼为模型而构造起来的，诉讼各方当事人之间采取的是辩论原则和处分主义，法官居中裁判。但在环境民事公益诉讼案件中，双方当事人的经济实力、诉讼能力往往并不对等，加之环境损害的发生，有时是瞬间的，证据难以保存；有时又是长期持续的，具有一定的潜伏期，因果关系链条复杂等特点，不能再用传统二元对立的纠纷解决模式和尊重"私法自治"的民法理论来简单的评价。在诉讼构造上，环境公益诉讼在各国立法中具有更多的职权主义色彩，一则因为环境公益诉讼涉及众多社会成员乃至整个社会利益的维护，当事人的诉讼行为影响的不仅仅是参与诉讼的当事人利益，法院代表国家进行审查，可以确保公益不受侵害。二则因为环境纠纷的主体之间力量的不平衡，环境侵权事实复杂，参与主体一般多于普通民事诉讼等特征，如果采行充分辩论的完全当事人主义，可能会导致诉讼程序的过分迟滞，影响诉讼效率。公益诉讼程序采职权主义，已是各国民事诉讼法的通例。因此，在环境民事公益诉讼中，法院拥有更大的职权，行使司法权更为积极。

第二节　环境民事公益诉讼的功能

一、预防环境问题，补偿环境损害

环境民事公益诉讼的提起并不仅限于以发生实质的损害为要件，法律规定的机关和符合条件的社会组织，对于可能危害或者已经危害社会环境公共利益的行为，均可提起诉讼。这在客观上起到防患于未然的效果，改变传统诉讼事后补救的被动性，把危害环境社会公共利益的行为扼杀于萌芽状态，以免造成不必要的损失。此外，环境民事公益诉讼也是一种有效的环境民事补偿机制。当下，随着经济社会的快速发展，生态环境作为一种"生态资产"的价值日益显现。但是，在大量的环境公害事件里，我们仅仅局限于生态环境侵害人对私益主体的人身和财产的损害赔偿，忽略了生态环境自身蕴含的经济价值和生态价值。环境民事公益诉讼制度的设立，即是通过赋权法定机关及符合条件的社会组织，通过民事诉讼的方式，让生态环境侵害人不仅要对遭受侵害的私益主体进行赔付，还要对所造成的生态环境经济价值和生态环境损失进行量化赔付，并且将赔款作为环境恢复或治理的专项资金，以扩大环境保护的资金来源。[1]

二、强化法律监督，促进法律实施

任何一部法律的实施都需要有效的监督。就监督方式而言，有专门国家机关监督和社会监督两种。前者主要指检察机关的监督，后者主要指社会公众的监督。对于与社会公众利益息息相关的生态环境法律的实施，赋予广大公众（环境权人）、社会组织作为公益诉讼的原告适格主体，不失为一种有效的监督方式。将涉及环境公共利益的法律的施行置于

---

①　颜可：《环境民事公益诉讼研究》，重庆大学 2006 年硕士学位论文，第 5～6 页。

全社会的监督之下，从而有效地预防、阻却和减少生态环境违法行为的发生，保证环境法律发挥最大的功效。①

环境法治之所以能在欧美国家得以迅速发展，一个很重要的原因就在于环境公益诉讼推动了法律规则的完善和环境法律的有效实施。事实上，环境公益诉讼作为政府实施环境法律的重要补充，通过公益诉讼激发维权活动，强化了环境公益诉讼对环境污染、生态破坏违法行为的制裁和抑制功能，为环境法的执行提供了一个有效的管道途径，同时也有助于养成积极守法的习惯。从美国公民诉讼制度的创制与实施情况来看，任何不遵守环境法律、排放标准和命令的环境利用行为均可以成为公民诉讼的对象。有研究表明："公民诉讼的确发挥了重要作用。公民诉讼确保了无数的行政机关和数以千计的污染企业能够遵守法律，减少了数以亿吨的污染物，保护了大量的濒危物种和生态栖息地。公民诉讼节省了大量的行政资源和纳税人的税款。"②

相比之下，我国的环境法治实施机制自始存在着"政府主导型"特点，即"重管理，轻公众参与；重行政包揽，轻司法监督"。受制于僵化的环境管理体制，环境管理部门面对大量涌现的环境纠纷和难以回避的地方保护主义时，其权力往往无法充分行使。而环境民事公益诉讼制度的设立，通过赋权符合条件的社会组织和法律规定的机关，对环境行政权形成制衡与监督，从而形成环境公共利益的多重保障机制。

三、弥补行政机制的不足

随着科学技术的日新月异和经济社会的快速发展，政府的公共事务也日渐繁多，这使得政府对整个社会的管理不可能面面俱到，总有些许管理真空或遗漏。为了保证国家对社会生活的管理目标，借"私人检察官"的力量来补充国家力量的不足，即赋权私人和社会组织，在现代社会就显得很有必要了，这也符合当代社会中介组织日趋发达，政府越来越多地将公共事务交由社会中介组织和公民来完成的趋势。实际上，这是国家将维护环境公共利益的责任部分地交了与社会组织和公民个人。同时，在环境管理部门无权或不能有效执行法律的时候，通过提起民事公益诉讼的方式，可以达到与环境行政执法同样甚至更好的效果。有鉴于此，有学者将环境民事公益诉讼形象地称为"补充执法诉讼"或"代位执法诉讼"，其考量即在于当环境行政机关不能或未充分履行环境行政管理职责时，法律规定的机关或符合条件的社会组织即可"补充"或"代位"，弥补环境行政效能的不足。

第三节 环境民事公益诉讼的沿革与发展

一、环境民事公益诉讼的创制

我国的环境民事公益诉讼制度是在实践和理论的共同推动下建立起来的。在该制度尚

---

① 颜可：《环境民事公益诉讼研究》，重庆大学 2006 年硕士学位论文，第 5~6 页。

② James R. May, "Now More than Ever: Environmental Citizen Suit Trends", *Environmental Law Reporter*, 2003. 转引自陈虹：《环境公益诉讼功能研究》，载《法商研究》2009 年第 1 期，第 28 页。

未正式确立以前，我国部分地区率先通过地方试点方式开始了环境民事公益诉讼的探索。2007 年，在贵州省委、最高法院的支持下，贵阳于 2007 年 11 月 20 日在清镇法院成立了全国第一家环境保护法庭，开启了环境司法专门化的先河。随即，贵州、江苏、云南、福建、海南等省以地方立法或者高级法院发布司法规则方式，推动公益诉讼发展。① 但由于缺乏明确具体的法律依据，环境民事公益诉讼的地方实践遭到了诸多质疑。

为此，2012 年 8 月 31 日，全国人民代表大会常务委员会通过了《中华人民共和国民事诉讼法》的修订。修订后的《民事诉讼法》第 55 条首次规定 "对污染环境、侵害众多消费者合法权益等损害社会公共利益的行为，法律规定的机关和有关组织可以向人民法院提起诉讼"，为环境民事公益诉讼 "破冰"，提供了程序法依据。2014 年 4 月 24 日修订的《环境保护法》从实体法上进一步明确了环境公益诉讼制度，该法第 58 条在 2012 年《民事诉讼法》基础上进一步明确了提起环境民事公益诉讼的社会组织资格条件。为了保障环境民事公益诉讼的顺利实施，2014 年 12 月 26 日，最高人民法院、民政部、原环境保护部依据《民事诉讼法》《环境保护法》的规定联合印发了《最高人民法院、民政部、环境保护部关于贯彻实施环境民事公益诉讼制度的通知》，2015 年 1 月，最高人民法院又出台了《最高人民法院关于审理环境民事公益诉讼案件适用法律若干问题的解释》，对环境民事公益诉讼的程序规则和适用又作出了进一步明确的解释，为社会组织提起环境公益诉讼提供了可操作规范。至此，我国的环境民事公益诉讼制度得以确立。②

虽然 "符合条件的社会组织" 相继通过立法及司法解释得到了明确细化，但是围绕 "法定的机关" 究竟指谁却始终没有定论。对此，2015 年 7 月 1 日，全国人民代表大会常务委员会通过《关于授权最高人民检察院在部分地区开展公益诉讼试点工作的决定》，次日，最高人民检察院正式发布《检察机关提起公益诉讼试点方案》，在北京、内蒙古、江苏、贵州、福建等 13 个省、自治区、直辖市的检察院开展提起公益诉讼试点。根据试点方案，检察机关应针对生态环境和资源保护等领域侵害国家和社会公共利益的情况，及时提起公益诉讼，加强对国家和社会公共利益的保护。根据该试点方案，检察院既可以以污染破坏生态环境企业为被告提起环境民事公益诉讼，也可以不积极履行生态环境监管职责的相关行政机关为被告而提起环境行政公益诉讼。由此，通过检察机关开展公益诉讼试点的探索，进一步明确了环境民事公益诉讼中 "法定机关" 的对象，同时，也在我国首次确立了环境行政公益诉讼。2016 年 2 月，最高人民法院发布《人民法院审理人民检察院提起公益诉讼案件试点工作实施办法》，对人民法院审理人民检察院提起公益诉讼案件的受案范围、起诉材料、诉讼请求、诉讼地位、案件管辖、反诉、陪审制、调解、撤诉、二审和再审程序、司法公开、司法建议、诉讼费用等问题作出了明确规定。总体来看，环境民事公益诉讼制度尚在形成过程中。目前，在诉讼类型、原告资格、诉讼程序等方面的理论上还有不少分歧，实践中也还存在不少问题。

---

① 庄庆鸿：《环保法庭的公益诉讼困境》，载《中国青年报》2013 年 11 月 9 日，第 3 版。

② 王明远：《论我国环境公益诉讼的发展方向：基于行政权与司法权关系理论的分析》，载《中国法学》2016 年第 1 期，第 49 页。

二、环境民事公益诉讼的完善

2015 年 7 月，经全国人民代表大会常务委员会授权，13 个省（市）开始试点检察机关提起公益诉讼。2017 年 6 月，全国人民代表大会常务委员会修改《民事诉讼法》和《行政诉讼法》，正式确立了检察公益诉讼制度，环境公益诉讼制度作为检察公益诉讼制度的重要类型得以进一步丰富和完善。环境民事公益诉讼制度实现了诉因由"对人的损害"向"对环境的损害"的重大转变，回应了新时期生态文明建设和绿色发展的现实需求，为以司法的力量保护生态环境提供了法律依据，有力推动了司法参与环境治理的进程，已经成为我国环境法治体系的重要组成部分。

（一）诉讼主体范围不断扩大

1. 提起诉讼的社会组织数量逐步增加

截至 2018 年 9 月，提起环境（民事）公益诉讼的社会组织增加到了 22 家，包括中国生物多样性保护与绿色发展基金会（以下简称"绿发会"）、中华环保联合会、中华环境保护基金会、北京市朝阳区自然之友环境研究所（以下简称"自然之友"）、北京丰台区源头爱好者环境研究所、贵州省青年法学会、贵阳公众环境教育中心、河南省环保联合会、河南省企业社会责任促进中心、成都市河流研究会、重庆两江志愿服务发展中心、常州市环境公益协会、镇江市环境科学学会、淮安市环境科学学会、大连市环保志愿者协会、福建省绿家园环境友好中心（以下简称"福建绿家园"）、安徽省环保联合会、广东省环境保护基金会、上海市环境科学研究院、湘潭环境保护协会、益阳市环境资源保护志愿者协会、山东省环境保护基金会等。这些社会组织涵盖了《最高人民法院关于审理环境民事公益诉讼案件适用法律若干问题的解释》规定的全部 3 种类型，注册地涉及 13 个省（区、市），所提起的公益案件涵盖全国大部分地区，基本实现了生态环境保护的重点地区的全覆盖。

2. 社会组织主体资格判断标准更加清晰

《最高人民法院关于审理环境民事公益诉讼案件适用法律若干问题的解释》细化了《环境保护法》规定的有权提起环境民事公益诉讼的社会组织判断标准。最高人民法院通过提审腾格里沙漠环境污染系列公益诉讼案，以指导性案例的方式进一步明确了社会组织的审查标准。一是明确了审查社会组织是否符合环境民事公益诉讼司法解释规定的"专门从事环境保护公益活动"，应从其章程规定的宗旨和业务范围是否包含维护环境公共利益，是否实际从事环境保护公益活动，以及提起环境公益诉讼所维护的环境公共利益是否与其宗旨和业务范围具有关联性 3 个方面进行认定。二是明确了社会组织章程虽未明确规定维护环境公共利益，但工作内容包含大气、水、海洋、土地、矿藏、森林、草原、湿地、野生生物、自然遗迹、人文遗迹、自然保护区、风景名胜区等环境要素及其生态系统多样性保护的，可以认定该社会组织的宗旨和业务范围是维护环境公共利益。三是明确了社会组织从事植树造林、濒危物种保护、节能减排、环境修复等直接改善生态环境的行为，或者从事与环境保护有关的宣传教育、研究培训、学术交流、法律援助、公益诉讼等活动，可以认定为实际从事环境保护公益活动。社会组织起诉事项与其宗旨和业务范围不具有一一对应关系，但与其所保护的环境要素或者生态系统具有一定的联系，可以认定社会组织提起的诉讼与其宗旨和业务范围具有关联性。

3. 检察机关已成为提起环境（民事）公益诉讼的重要力量

自 2015 年 7 月检察公益诉讼试点工作开始以来，检察机关依法履行职责，积极提起环境民事、行政公益诉讼，案件数量逐步超过了社会组织提起环境公益诉讼案件数量。截至 2016 年 12 月底试点开始半年时，检察机关提起环境公益诉讼 74 件，仅占公益诉讼案件总数的 38%。而到了 2018 年 9 月，在已经受理的全部 2041 件环境公益诉讼案件中，检察机关提起的公益诉讼案件为 1836 件，达到了受理案件总数的 90%。

4. 支持起诉制度有了新的发展

环境民事公益诉讼司法解释依据民事诉讼法的支持起诉原则，创新规定了环境民事公益诉讼中的支持起诉制度。在各类支持起诉主体中，检察机关的地位相对特殊。在检察公益诉讼试点开始前，检察机关不享有公益诉讼的诉权，主要作为支持起诉人参与诉讼，且在各类支持起诉主体中占据主要地位，发挥了积极作用。在检察公益诉讼试点开始后，检察机关更多地作为一方当事人提起诉讼，支持起诉的工作相对弱化。根据《民事诉讼法》第 55 条第 2 款的规定，检察机关提起环境公益诉讼应当以没有法律规定的机关和社会组织，或者上述机关和组织不提起诉讼为前提。因此，实践中还存在检察机关因社会组织提起诉讼而由原告变更为支持起诉人的情形。例如，在盐城市人民检察院诉扬州市寒江腾达化工厂等水环境污染责任纠纷中，在绿发会申请作为共同原告参加诉讼获得许可后，盐城市人民检察院申请撤回起诉并作为支持起诉人参加诉讼。此外，中国政法大学环境资源法研究和服务中心作为中国政法大学的内设机构，担任了自然之友、福建绿家园诉谢某等 4 人破坏林地民事公益诉讼案等多起环境公益诉讼案件的支持起诉人，这表明了司法实践对环境民事公益诉讼支持起诉的鼓励态度。

（二）案件类型日趋多元

1. 保护的环境要素更加广泛

依据《环境保护法》第 2 条的规定，影响人类生存和发展的各种天然的和经过人工改造的自然因素的总体，包括大气、水、海洋、土地、矿藏、森林、草原、湿地、野生生物、自然遗迹、人文遗迹、自然保护区、风景名胜区、城市和乡村，均被纳入环境要素范畴，为司法实践拓展环境公益诉讼的范围提供了法律依据。从已受理案件的情况看，涉大气、水、土壤污染的环境公益诉讼案件始终占据环境公益诉讼案件的主要地位，充分体现了人民法院自觉将打赢污染防治攻坚战、解决突出环境问题作为环境公益诉讼审判重中之重的司法导向。涉及森林、草原、滩涂、湿地生态环境保护以及濒危动植物、矿产、林木等自然资源保护的环境公益诉讼案件逐步增加。特别是绿发会诉郑州市上街区马固村委会、上街区人民政府、峡窝镇人民政府和上街区文广局环境民事公益诉讼案，以及绿发会诉周某、淮安市清河区住房和城乡建设局、淮安市清河区文化广电新闻出版局、淮安市清河区人民政府环境民事公益诉讼案，将不可移动文物也纳入了环境公益诉讼保护的范围。

2. 侵害行为样态更加复杂

在人民法院已经受理的环境公益诉讼案件中，除涉及直接污染环境、破坏生态的行为外，还包括其他损害生态环境的行为类型。例如，在绿发会诉深圳市速美公司、浙江淘宝公司大气污染民事公益诉讼案中，原告主张被告通过生产、销售汽车"年检神器"，帮助车辆逃避年检从而导致大气污染。在重庆市绿色志愿者联合会诉"饿了么"等外卖订餐平台公益诉讼案中，原告主张被告未向用户提供是否使用一次性餐具的选项，致使用户在直接点餐的情况下系统会默认为其配送一次性餐具，造成了巨大的资源浪费和生态破坏。在绿发会诉雅砻江流域水电开发有限公司环境民事公益诉讼案中，原告主张水电站的建设将会对濒危植物"五小叶槭"的生存产生重大风险。在自然之友诉国家电网（甘肃）分公司、（宁夏）分公司大气污染公益诉讼案中，原告则主张未全额保障性收购清洁能源的行为提高了煤电的利用比例，对大气造成了污染，试图通过公益诉讼减少清洁能源的浪费现象。这些案件的起诉和受理，反映了社会组织对间接损害生态环境行为以及重大风险行为的充分关注。

3. 诉讼复合性不断增强

随着检察公益诉讼制度的确立，环境公益诉讼开始从民事诉讼扩张到行政诉讼领域，同时还由于检察机关的刑事公诉职能，与刑事诉讼发生了关联。针对司法实践中检察公益诉讼的线索往往来源于刑事案件的情况，为了提高诉讼效率，特别是针对同一污染环境、破坏生态的行为妥当平衡当事人的刑事、民事责任，《最高人民法院　最高人民检察院关于检察公益诉讼案件适用法律若干问题的解释》第 20 条明确规定了检察刑事附带民事公益诉讼制度。目前，刑事附带民事环境公益诉讼已经成为环境公益诉讼的重要类型，并在逐渐探索具体诉讼规则。此外，一些地方人民法院还受理了部分环境行政附带民事公益诉讼案件，环境公益诉讼的复合性不断增强。

（三）诉讼规则逐步健全

1. 积极探索行为保全和证据保全制度

人民法院积极探索环保禁止令制度，通过颁发禁止令，禁止、限制污染者在诉前或诉中的排污行为，避免了损失持续扩大，取得了良好的预防效果。针对污染物流动、迁移的特点，积极探索证据保全措施，确保证据不致因灭失或错过采证时间而失效。在中华环保联合会诉江阴市长某生猪专业合作社、江阴市长某生猪养殖场水、土壤污染环境公益诉讼案中，人民法院同时适用了行为保全和证据保全，还根据案件实际情况采取了财产保全措施，保证了受损生态环境得以有效修复。

2. 有效发挥专家在事实查明中的作用

人民法院在遵循诉讼制度基本规则的基础上，积极发挥技术专家在证据采样指导、损害事实查明、因果关系认定、修复方案选择、修复成果验收等方面的重要作用。主要方式包括由专家担任人民陪审员直接参与案件审理；作为当事人一方或双方申请的专家辅助人；作为专家咨询委员会或专家库成员，为审判人员提供咨询意见。技术专家的有效利用丰富了事实查明的方法，对司法鉴定形成了有效补充，为审判人员依法妥当行使自由裁量权提供了专业依据和智力支持。

3. 妥当支持生态环境服务功能损失赔偿请求

自《最高人民法院关于审理环境民事公益诉讼案件适用法律若干问题的解释》第 21

条确立生态环境服务功能损失赔偿责任以来，各地人民法院严格按照司法解释的规定，妥当支持原告提出的赔偿请求。泰州"天价"环境公益诉讼案首次将环境容量、环境承载能力等环境法上的重要概念引入生态环境损害的认定中，确立了污染大气、水等具有自净能力的环境要素仍应承担服务功能损失这一重要裁判规则，拓宽了服务功能损失赔偿的适用范围，实现了对环境公共利益的有效维护。

4. 灵活运用替代性修复责任方式

对客观上无法修复或没有必要修复的受损生态环境，各地人民法院按照《最高人民法院关于审理环境民事公益诉讼案件适用法律若干问题的解释》的规定，在法律框架内积极灵活适用"补种复绿""增殖放流""护林护鸟""劳务代偿"等替代性修复责任方式，促进区域环境容量和承载能力的恢复和提升。在中华环保联合会、自然之友诉长安汽车公司大气污染公益诉讼案中，经调解长安汽车公司承诺在公共场所安装 100 根新能源电动汽车充电桩，对替代性修复的责任方式作出了新的探索和尝试。

第四节　环境民事公益诉讼的构成要素

一、环境民事公益诉讼的原告

民事诉讼中的原告，是指为了保护自己的民事权益，以自己的名义向人民法院提起诉讼，要求人民法院行使民事裁判权的人。为了使诉讼在正当的当事人之间进行，从而避免无意义的诉讼程序发生，需要有一定的标准来判断起诉的当事人是否本案的适格原告。一般来讲，判断当事人是否适格应当以当事人是否所争议的民事法律关系（本案诉讼标的）的主体为标准。只要是民事法律关系或民事权利的主体，以该民事法律关系或民事权利为诉讼标的进行诉讼，一般就是适格的当事人。[1] 这里的原告所提起的诉讼，通常都是为了维护自身的利益，这类诉讼因此被称为民事私益诉讼。但在环境民事公益诉讼中，最显著的特点之一，即原告与争议的权利义务并没有直接的利益关系，不是民事法律关系或民事权利的主体，原告提起民事诉讼，是在环境公共利益遭受损害或有遭受损害的可能时，向法院起诉启动环境民事公益诉讼程序，诉讼的受益者并不是原告个人，而是不特定的公众。

学界普遍认为，以 2012 年 8 月修改的《民事诉讼法》第 55 条的规定为标志，我国从法律上正式建立起了环境民事公益诉讼制度。但是，这并不等于说，此前我国没有环境民事公益诉讼。在《民事诉讼法》修改前，面对经济快速发展给环境造成的威胁和压力，全国各地法院积极发挥司法在环境保护、维护公共利益方面的能动作用，在没有明确的法律规定的情况下，为了维护环境公共利益，采取各种措施鼓励环境民事公益诉讼。确定环境公益诉讼的原告资格，是环境公益诉讼实践的关键环节，在环境民事公益诉讼的司法实践中，环保行政机关、检察机关、环保组织甚至公民个人都有向法院提起环境公益诉讼的判例。也就是说，2012 年《民事诉讼法》修改前，在开展环境民事公益诉讼实践与探索

---

[1]　宋朝武主编：《民事诉讼法学》，中国政法大学出版社 2012 年版，第 106~107 页。

的地方法院看来，上述主体都可以成为环境民事公益诉讼的适格原告。

2012 年修改的《民事诉讼法》第 55 条（最新《民事诉讼法》第 58 条）规定："对污染环境、侵害众多消费者合法权益等损害社会公共利益的行为，法律规定的机关和有关组织可以向人民法院提起诉讼。"正如前文所述，该项规定，被视为 2012 年《民事诉讼法》修改的最大亮点，也被视为我国在法律上正式建立公益民事诉讼的标志。但因"法律规定的机关和有关组织"表述过于原则和模糊，在司法实践中并不具有可操作性。例如，2012 年修改的《民事诉讼法》实施后，全国性的社团组织中华环保联合会向法院提起 7 起环境公益诉讼案件，法院均以法律尚未对中华环保联合会作为民事公益诉讼的起诉主体资格作出明确规定为由，未予立案。① 随着 2014 年《环境保护法》、2017 年《民事诉讼法》的修订以及相关环境民事公益诉讼司法解释的出台，我国环境民事公益诉讼原告的主体资格得以明确，具体如下。

（一）社会组织

社会组织在我国正处在不断发展之中，其参与社会管理的能力和积极性与日俱增。赋予社会组织以公益诉权，对于社会组织的培育发展、弥补行政执法的不足、克服实践中对损害公益行为打击不力的状况、缓解转型期日益复杂的社会矛盾，具有积极意义。但是，我国的社会组织众多，发育不太成熟，且情况复杂、良莠不齐。但是，理论界和司法实践中对社会组织作为环境民事公益诉讼的原告，普遍持肯定和赞同的态度，存在的问题在于，什么样的社会组织才可以成为适格原告。基于我国社会组织众多和防止滥诉的考虑，普遍认为应当对社会组织的主体资格进行必要的限制。这样的考虑最终体现在 2014 年 4 月 24 日第十二届全国人民代表大会常务委员会第八次会议修订的《环境保护法》中，该法第 58 条规定："对污染环境、破坏生态，损害社会公共利益的行为，符合下列条件的社会组织可以向人民法院提起诉讼：（一）依法在设区的市级以上人民政府民政部门登记；（二）专门从事环境保护公益活动连续 5 年以上且无违法记录。"该条第 3 款更进一步规定："提起诉讼的社会组织不得通过诉讼牟取经济利益。"如此规定，显然是立法者担心环境公益诉讼原告主体过大，产生滥诉情况；对那些以公益诉讼为名、行牟利之实的社会组织也是必要的限制。但是，符合"在设区的市级以上人民政府民政部门登记，专门从事环境保护公益活动连续 5 年以上"条件的社会组织数量较少。

2015 年 1 月 6 日，最高人民法院发布了《最高人民法院关于审理环境民事公益诉讼案件适用法律若干问题的解释》，就《环境保护法》第 58 条对提起环境民事公益诉讼的社会组织需要具备的条件作了详细解释：

1. 关于社会组织的类型

根据《社会团体登记管理条例》《民办非企业单位登记管理暂行条例》《基金会管理条例》的规定，在民政部门登记的非营利性社会组织目前只有社会团体、民办非企业单位以及基金会三种类型，三类组织均有资格提起环境民事公益诉讼。但本司法解释没有将

---

① 邹春霞：《去年提 8 起公益诉讼，法院均未予立案》，载《北京青年报》2014 年 3 月 1 日，第 3 版。

社会组织限定在上述三种类型之内，而是保持了一定的开放性，今后如有新的行政法规或地方性法规拓展了社会组织的范围，这些社会组织也可以依法提起环境民事公益诉讼。

2. 关于"设区的市级以上人民政府民政部门"的范围

《环境保护法》使用的是"设区的市级"而非"设区的市"，因此，只要在行政区划的等级上与设区的市相当即符合法定要求。具体而言，"设区的市级以上人民政府民政部门"包括民政部，省、自治区、直辖市的民政厅或民政局，四个直辖市的区民政部门，设区的市、自治州、盟、地区的民政部门，以及不设区的地级市的民政部门。

3. 关于"专门从事环境保护公益活动连续5年以上"的界定

只要社会组织的宗旨和主要业务范围是维护社会公共利益，且从事环境保护公益活动的，就可以认定为"专门从事环境保护公益活动"，对社会组织提起诉讼的地域范围则未予限制。同时，社会组织在起诉前的成立时间必须满5年，一些专门为提起某项环境民事公益诉讼而临时成立的社会组织不应赋予其原告资格。

4. 关于"无违法记录"

该司法解释将"无违法记录"限定为社会组织未因从事业务活动违反法律、法规的规定受过行政、刑事处罚，不包括情节轻微的违规行为，也不包括社会组织成员以及法定代表人个人的违法行为，同时，还将违法行为发生的时间限定在提起诉讼前的5年内。

（二）检察机关

2015年7月2日，最高人民检察院颁布了《检察机关提起公益诉讼改革试点方案》，其中规定检察机关在试点期间可以对环境污染、生态破坏类案件提起环境公益诉讼。考虑到检察机关的权力特点，《检察机关提起公益诉讼改革试点方案》对检察机关直接提起环境民事公益诉讼设置了前置条件，即人民检察院拟提起环境民事公益诉讼的，应当依法公告，公告期间为30日。公告期满，法律规定的有关组织不提起诉讼的，人民检察院可以向人民法院提起诉讼。由于在试点期间，检察机关在维护公共利益方面取得了良好的效果。随即，2017年6月颁布的新《民事诉讼法》正式赋予检察机关提起环境民事公益诉讼的权力。但是该法仅仅确立了检察公益诉讼的程序法依据，对于诉讼程序、衔接适用规则并没有详细规定，对此，2018年3月，最高人民法院、最高人民检察院联合出台的《最高人民法院 最高人民检察院关于检察公益诉讼案件适用法律若干问题的解释》，完善了相关程序规则。

至此，我国形成了以"符合条件的社会组织"为主体，"检察机关"为补充的环境民事公益诉讼原告主体的衔接适用规则。

二、环境民事公益诉讼的被告

在环境民事公益诉讼中，原告主体的确定是案件启动的基础，而适格的被告亦是其不可或缺的一部分。改革开放以来，由于我国在经济发展方面的需求，大力发展高耗能产业，再加上环境相关法律法规的缺失导致污染防治等方面的体制机制不健全，致使经济发展与生态环境保护产生极大冲突。在很长一段时期内，在经济利益的驱使下，生态环境遭到了极大的破坏，而公民、法人、社会组织、政府在其中均负有不可推卸的责任。因此，我国环境民事公益诉讼的被告主体，理论上主要是指在生产、生活中，因其行为导致生态环境公共利益遭受破坏的公民、法人、其他组织、政府（机关）。但由于行政机关的公权力属性，当其作为公益诉讼被告时，不能依循民事诉讼程序规则，而应依循行政诉讼程序规则。因此，行政机关因其行政行为而导致生态环境公共利益遭受损害的，不能成为环境民事公益诉讼的被告。因此，我国环境民事公益诉讼的适格被告仅限于因其行为导致生态环境公共利益遭受破坏的公民、法人或其他组织。

三、环境民事公益诉讼的诉讼请求

（一）环境民事公益诉讼之诉讼请求的概念及其价值

诉讼请求是权利具体化的产物，是诉讼目的最直观、最重要的体现。诉讼请求源自民事实体法规范上的请求权。诉讼请求的类型与范围须依赖于当事人双方在存有争议的实体法律关系中享有哪些实体法上的请求权，其还须以法定的责任承担方式范围为限。

在环境民事公益诉讼中，诉讼请求是具体社会公共利益救济主张的表达，以实现受损的社会公共利益法律上的救济效果为目的。原告提出怎样的诉讼请求直接影响着环境民事公益诉讼功能的实现效果，最终也影响着对受损社会公共利益的救济程度。环境民事公益诉讼的诉讼请求是指法定机关或符合条件的社会组织基于生态环境公共利益的损害风险向人民法院寻求司法保护的权利主张。

不同于传统的环境私益诉讼之请求，环境民事公益诉讼之诉讼请求具有如下价值：

首先，诉讼请求是诉讼目的的承载者。诉讼请求就是诉讼之目的的载体[1]，是诉讼人的主观意愿的具体化，为保障其诉讼利益提供可操作性。通过精简的文字表达代替简单的诉讼意愿——获得胜诉，直接明了赋予诉讼目的的形式外衣，从而启动诉讼程序。环境民事公益诉讼的诉讼目的不同于传统民事私益诉讼，基于"公共利益"之维护，其诉讼请求并不在于对人身或财产的"损害填补"或"赔偿"，而是对于存在侵害之风险、正在遭受侵害或已经遭受侵害的生态环境进行权利救济，保护生态环境公共利益。

其次，诉讼请求是审理范围的有限突破者。诉讼请求直接决定着法院进行审理的范围，是法院司法裁判不可逾越的"红线"。尽管环境民事公益诉讼属于公益诉讼范畴，但在法律规定与制度建设中仍属于私益诉讼范畴，是民事诉讼制度的组成部分。在传统民事诉讼理论中，法院必须依照诉讼人所提诉讼请求，依据法律和查明的案件事实，最终作出裁判。但在环境民事公益诉讼案件中却有所突破，因为环境损害赔偿并不是目的，其最终价值是对受损的自然生态环境进行恢复。

最后，诉讼请求是权利主张的表达者。环境民事公益诉讼的诉讼请求表明了原告对"环境公益"的权利主张，可以通过要求被告承担民事责任的方式起到维护环境公共利益的作用，即通过诉讼程序让受到损害危险或者已经处于危险状态的环境实体利益得到程序法的保护。根据最新修订的环境民事公益诉讼的相关司法解释，环境民事公益诉讼中权利

---

[1]　张晋红著：《民事之诉研究》，法律出版社1996年版，第116页。

主张的责任承担形式除却特定的适用情形、条件，主要包括停止侵害、排除妨碍、消除危险、修复生态环境、赔偿损失、赔礼道歉等民事责任，其与私权侵权责任的承担方式并不完全一致，其中，"修复生态环境"是结合生态环境损害的特点在原有"恢复原状"责任承担方式下进行的相应性调整。另外，修理、重做、更换、支付违约金以及继续履行等传统私益诉讼的责任承担方式难以适用于环境民事公益诉讼之中。[①]

（二）环境民事公益诉讼之诉讼请求的类型

根据 2020 年 12 月 23 日最高人民法院修正的《最高人民法院关于审理环境民事公益诉讼案件适用法律若干问题的解释》第 18 条之规定，环境民事公益诉讼的诉讼请求主要包括"停止侵害、排除妨碍、消除危险、修复生态环境、赔偿损失、赔礼道歉"六种具体诉求，根据这六种具体诉求之性质和特点，可将其整合为以下四大类型：

1. 预防性诉讼请求

环境污染和生态破坏所造成的生态环境损害具有不可逆性或者治理修复的难度较大、成本较高，如果能对有生态环境损害之极大发生风险的行为及早采取未雨绸缪之预防措施，把损害危险消除在尚未发生之际，那将使社会公共利益得到最大程度的救济维护。对此，我国《环境保护法》中确立了"预防原则"，并与之相对应，我国的环境民事公益诉讼中也设置了预防性诉讼请求，其具体表现在针对即将发生或正在发生之生态环境损害行为，环境民事公益诉讼的适格原告可请求生态环境损害行为人"停止侵害、排除妨碍、消除危险"之诉求。

"停止侵害"主要是制止侵害人继续实施某种侵害行为，以防止侵害后果扩大，该责任方式的适用以侵害正在进行或者仍在延续为条件。

"排除妨碍"是指侵害人实施的行为妨碍社会公共利益实现的，权利人可以要求加害人排除权益障碍。

消除危险是指侵害人具有损害社会公共利益重大风险的污染环境、破坏生态的行为，权利人有权要求其采取有效措施消除这种威胁。"消除危险"类似美国环境公民诉讼中的预防性禁令，是针对被告对环境公共利益产生威胁时，原告可以请求其采取一定的措施消除这种威胁。

2. 恢复性诉讼请求

恢复性诉讼请求与恢复原状的侵权责任承担方式存在一定的对应关系。在民法中，恢复原状是指将被损害的物体恢复到受到侵害前的状态，无法修复或有比恢复原状更适宜的解决方式时不适用恢复原状责任。在环境民事公益诉讼中，原告的恢复原状请求与民事诉讼法大致相同，即恢复损害发生前的生态环境。自我国确立环境民事公益诉讼以来，在恢复性诉讼请求方面沿用了传统民事诉讼程序中关于诉讼请求方面的规定，即"恢复原状"。然而，由于生态环境所具有的不可逆性，其一旦遭受污染或破

① 张辉：《论环境民事公益诉讼的责任承担方式》，载《法学论坛》2014 年第 6 期，第 58 页。

坏，往往难以恢复到原有状态。因此，沿用"恢复原状"之表述有违生态环境损害的特性。对此，2020年12月23日最高人民法院修正的《最高人民法院关于审理环境民事公益诉讼案件适用法律若干问题的解释》在第18条中对诉讼请求与责任承担方式进行了个别调整，即将"恢复原状"修改为"恢复生态环境"。此外，该司法解释还规定了无法直接修复情形下的替代性修复方案或承担修复生态环境所产生的相关费用。修复生态环境的诉讼请求主要基于保护生态环境目的、尽可能实现其原状或原貌性恢复。在已经发生生态破坏和环境污染的情况下，不能以简单的"一赔了之"①，这样无法实现环境民事公益诉讼的目的和价值。

3. 赔偿性诉讼请求

在环境保护法领域，赔偿性诉讼请求是指环境损害结果已经发生时，原告请求被告以其财产弥补环境本身受到的损害以及原告因主张权利而支出的合理费用。赔偿损失是环境私益诉讼中最主要的责任承担方式，对于赔偿损失是否可以同样适用于环境公益诉讼，理论界尚存争议。赔偿损失不同于修复生态环境下的金钱履行方式。首先，环境民事公益诉讼的主要目的是尽可能恢复环境破坏之前的生态，即最大化恢复至遭受损害之前的状态。然而，由于生态环境的不可逆性，一旦其遭到污染或破坏，很难恢复到原来状态。因此，即便确立了"修复生态环境"的诉讼请求及其责任承担方式，但是，对于受损的生态环境而言，并没有得到充分的损失填补，由于这里的损失包括经济损失和生态损失，但生态环境所蕴含的功能性价值往往受到忽略。此种情形下，"赔偿损失"与"修复生态环境"是完全不同的两种责任承担方式。修复生态环境着眼于受损环境公共利益的完全恢复，而赔偿损失则是以实现受损生态环境经济价值的利益填补为目标。两种诉讼请求和责任承担方式相互补充型构了完整的生态环境公共利益损害的填平责任，不可相互替代。但是，在目前的司法实践中，法院却更多关注的是被告实际应承担的赔偿费用的计算，一定程度上忽略了生态环境修复的价值初衷和意涵。

4. 人格恢复性诉讼请求

所谓人格恢复性诉讼请求，即"赔礼道歉"。传统侵权法中，赔礼道歉是行为人针对人身损害进行道歉的一种道德性责任承担方式。而环境公益诉讼是为了解决公众环境权益的受损，其中是否存在公众精神受损，并以此要求被告向公众赔礼道歉是否有必要，其强制性作用大小以及是否具有实际作用而饱受争议。一般认为，环境民事公益诉讼案件的客体是生态环境，并不是具体特定的人。而作为客体的生态环境是不具有人格属性，没有意志和意识的，不能感知赔礼道歉，因此赔礼道歉并不适用于环境公益诉讼。但也有观点认为，作为一种独立的诉讼请求，"赔礼道歉"的目的在于责令生态环境侵害行为人针对自己的侵害环境公共利益的行为向社会和公众认错，能够很好地起到纠错及警示作用②，能

---

① 丁国峰、马超：《环境侵权案件一赔了之倾向要不得》，载《法制日报》2013年11月13日，第5版。

② 秦鹏：《关于环境公益诉讼制度实施的若干思考——基于国内首例跨省界环境公益诉讼案的分析》，载《环境保护》2015年第13期，第46页。

够有效实现良好的社会效应和内化目的。因此，基于这一目的考量，赔礼道歉也应当是环境民事公益诉讼中一项重要的诉讼请求。

四、环境民事公益诉讼的管辖

（一）我国环境民事公益诉讼管辖制度的改革

无论是在民事诉讼、行政诉讼还是刑事诉讼中，管辖制度都是整个诉讼程序的"入口"与"前奏"，是诉讼制度的核心内容之一，在诉讼制度中具有极其重要的地位。在民事诉讼中，管辖是指各级法院之间和同级法院之间受理第一审民事案件的分工和权限。即在法院内部具体确定特定的民事案件由哪个法院行使民事审判权的一项制度。在学理上，民事诉讼管辖具有多种分类，我国现行《民事诉讼法》第 2 章对民事诉讼案件的级别管辖、地域管辖、移送管辖和指定管辖分别作出了规定。

环境民事公益诉讼是一种新型的诉讼形式，属于民事诉讼的一种特殊诉讼种类和形态。顾名思义，环境民事公益诉讼管辖制度就是指各级法院之间和同级法院之间受理第一审环境民事案件的分工和权限，即在法院内部具体确定特定的环境民事案件由哪个法院行使民事审判权的一项制度。由于环境公益诉讼案件具有与传统民事诉讼案件诸多不同的特点，如环境公益诉讼案件直接受害人不是传统民法意义上的直接受害人，环境公益诉讼案件中所涉污染环境、破坏生态等行为也超出了普通民事诉讼所能救济的范围。

目前，环境民事公益诉讼在我国已具有法律上的依据。尽管我国通过 2012 年《民事诉讼法》以及 2014 年《环境保护法》等法律的修订确立了环境民事公益诉讼制度，但因相关的法律规定不够具体，以致有关环境公益诉讼的起诉条件、管辖、责任类型以及诉讼费用负担等主要内容基本没有涉及，使得许多环境民事公益长期处于司法救济之外。为了解决司法实践中环境民事公益诉讼管辖法律制度缺位问题，2014 年 7 月最高人民法院出台的《最高人民法院关于全面加强环境资源审判工作 为推进生态文明建设提供有力司法保障的意见》（法发〔2014〕11 号）要求"依法确定环境民事公益诉讼的管辖法院"，并明确规定："环境公益诉讼一般由侵权行为地或者被告住所地的中级人民法院管辖。同一原告或者不同原告对同一行为分别向两个或者两个以上有管辖权的人民法院提起环境公益诉讼的，由最先受理的人民法院管辖。共同上级人民法院也可以在有管辖权的法院中指定一个法院集中管辖。"与此同时，我国各地法院尤其是江苏、福建、云南、海南、贵州等环境民事公益诉讼审判试点法院，通过有效的司法实践，积累了大量的审理环境民事公益诉讼案件实践经验。在充分吸收地方司法实践经验的基础上，最高人民法院经过反复调研、论证，广泛征求意见，2014 年 12 月 8 日，经最高人民法院审判委员会第 1631 次会议讨论通过了《最高人民法院关于审理环境民事公益诉讼案件适用法律若干问题的解释》（法释〔2015〕1 号），对环境民事公益诉讼管辖做出了较为详细的规定，该司法解释已于 2015 年 1 月 7 日起施行。2015 年 2 月 9 日由最高人民法院审判委员会第 1644 次会议通过《最高人民法院关于审理环境侵权责任纠纷案件适用法律若干问题的解释》（法释〔2015〕12 号），2015 年 4 月 30 日最高人民法院通过《最高人民法院关于调整高级人民法院和中级人民法院管辖第一审民商事案件标准的通知》（法发〔2015〕7 号），这两个文件也涉及环境民事公益诉讼管辖相关制度内容。

根据《全国人民代表大会常务委员会关于授权最高人民检察院在部分地区开展公益诉讼试点工作的决定》和《检察机关提起公益诉讼试点方案》，最高人民检察院第十二届检察委员会第四十五次会议于 2015 年 12 月 16 日通过了《人民检察院提起公益诉讼试点工作实施办法》，其中对人民检察院提起民事公益诉讼的管辖分工进行了规定，规定同样适用于人民检察院提起环境民事公益诉讼管辖。

总之，目前我国环境民事公益诉讼管辖方面的有关制度的内容，主要体现在《民事诉讼法》《最高人民法院关于适用〈中华人民共和国民事诉讼法〉的解释》《最高人民法院关于审理环境侵权责任纠纷案件适用法律若干问题的解释》《最高人民法院关于全面加强环境资源审判工作 为推进生态文明建设提供有力司法保障的意见》《最高人民法院关于调整高级人民法院和中级人民法院管辖第一审民商事案件标准的通知》《人民检察院提起公益诉讼试点工作实施办法》之中。这些法律、司法解释和规范性文件，既是环境民事诉讼管辖制度不可或缺的组成部分，也反映了环境民事管辖制度动态发展的轨迹，并为我国环境民事公益诉讼管辖制度的科学化、系统化奠定了基础。

（二）我国环境民事公益诉讼管辖制度主要内容

民事诉讼管辖制度主要包括级别管辖制度、地域管辖制度、专属管辖制度、管辖转移制度、指定管辖制度以及特殊管辖制度等。从理论上讲，环境民事公益诉讼管辖制度是民事诉讼管辖制度在生态环境领域的具体体现。它既包括民事诉讼管辖的一般制度规定，也包括环境民事公益诉讼管辖特殊制度。这里，主要结合我国环境民事公益诉讼实践和有关法律法规及规范性文件，重点对环境民事公益诉讼的级别管辖制度、地域管辖制度和指定管辖制度及相关问题进行分析和阐述。

1. 环境民事公益诉讼级别管辖制度

在我国，环境民事公益诉讼级别管辖制度主要是对上下级法院之间受理第一审环境民事公益诉讼案件的分工以及相应权限进行规范。从法院职能角度看，我国有基层人民法院、中级人民法院、高级人民法院和最高人民法院四级法院，都可以受理第一审环境民事公益诉讼案件。按照案件性质、繁简程度和影响范围构成的"三结合"标准，《民事诉讼法》及其司法解释对四级法院受理第一审民事诉讼案件的范围作出明确的界定。根据《民事诉讼法》《环境保护法》等法律的规定，结合我国环境民事公益诉讼的审判实践，《最高人民法院关于审理环境民事公益诉讼案件适用法律若干问题的解释》规定了环境民事公益诉讼级别管辖。

首先，第一审环境民事公益诉讼案件原则上由中级以上人民法院管辖。鉴于公益诉讼案件覆盖面广，影响力大，涉及社会公共安全和社会稳定，环境民事公益诉讼尚处于初步施行阶段，为保证案件审理效果，原则上应由中级人民法院受理，最高人民法院这一考虑不无道理。原则上将环境民事公益诉讼案件一审的审级定位于中级以上人民法院，可在一定程度上有利于长期以来全国各地司法机关在探索审理环境民事公益诉讼案件存在的组织形式杂乱无章问题的解决。同时，也符合环境民事公益诉讼的案件特点，即环境民事公益诉讼维护的是"社会公共利益"，案件涉及面广、案件审理及执行影响范围及程度都远超于一般民事案件。相对于基层法院而言，中级人民法院审理案件的数量较少，审判工作压力也小，重要的是，中级人民法院人员素质和审判水平要更高一些，更能符合环境民事公益诉讼的审理要求。

其次，中级人民法院认为确有必要的，可以在报请高级人民法院批准后，裁定将本院管辖的第一审环境民事公益诉讼案件交由基层人民法院审理。鉴于"目前基层人民法院环境法庭在全国各级人民法院设置环境资源专门审判机构数量中占78.3%，如果将环境民事公益诉讼案件一概提级管辖，不仅不利于当事人行使诉权，也不利于环境资源审判专业化的可持续发展"。因此，中级人民法院认为确有必要的，可以在报请高级人民法院批准后，裁定将本院管辖的第一审环境民事公益诉讼案件交由基层人民法院审理。这主要是考虑到一些基层人民法院较早建立了专门的环保法庭，在审理环境民事公益诉讼方面已经积累了一定经验，故中级人民法院可以依照《民事诉讼法》第38条的规定，在报请高级人民法院批准后，将本院管辖的第一审环境民事公益诉讼案件通过一案一指的方式裁定交给基层人员法院审理。"报请高级人民法院批准"，主要是防止中级人民法院滥用裁量权，随意将第一审环境民事公益诉讼案件"踢给"基层人民法院，不利于高级人民法院对环境民事公益诉讼案件移送管辖的监督，甚至有损于案件的公平、公正的审理。

最后，经最高人民法院批准，高级人民法院可以根据本辖区环境和生态保护的实际情况，在辖区内确定部分中级人民法院受理第一审环境民事公益诉讼案件。中级人民法院管辖环境民事公益诉讼案件的区域由高级人民法院确定。相对于一般民事案件而言，环境民事公益诉讼案件往往涉及人民群众的环境公共利益。同时，在环境民事公益诉讼案件中，有些生态环境问题不局限于某一特定行政区划范围内，而是呈现出跨越地区的情形，环境污染对环境公益的损害也呈现出广泛的地域性特点。出现这种情况时，传统的民事诉讼管辖规则要么不能给予法院足够的管辖权限，要么就是由于管辖权规定缺位而使得多地人民法院争夺管辖权，从而使得环境民事公益诉讼案件迟迟无法进入实际的审理阶段。因此，必须赋予高级人民法院对相关环境民事公益诉讼管辖权的调整分配权力。尤其是针对跨地区的案件，高级人民法院可以根据本辖区环境和生态保护的实际情况，在辖区内确定部分中级人民法院受理第一审环境民事公益诉讼案件，从而更好地解决那些具有"广域性"特点的环境民事公益诉讼案件。最高人民法院关于环境民事公益诉讼级别管辖的规定，是对我国地方司法实践经验的总结。

2. 环境民事公益诉讼地域管辖制度

在我国，环境民事公益诉讼地域管辖制度主要是对同级人民法院之间受理第一审环境民事公益诉讼案件的分工以及相应权限进行规范。如果说环境民事公益诉讼级别管辖是从纵向划分上、下级人民法院之间受理第一审环境民事公益诉讼案件的权限和分工，解决某一环境民事公益诉讼案件应由哪一级人民法院管辖的问题，那么，环境民事公益诉讼的地域管辖则是从横向划分同级人民法院之间受理第一审环境民事公益诉讼案件的权限和分工，解决某一环境民事公益诉讼案件应由哪一个人民法院管辖的问题。从纵向和横向两个角度，二者共同构筑了一张环境民事公益诉讼管辖之网，使得所有环境民事公益诉讼案件都能够被确定管辖法院。与此同时，二者之间又有着密切的联系。环境民事公益诉讼地域管辖是在其级别管辖的基础上划分的，只有在级别管辖明确的前提下，才能确定地域管辖，从而最终确定案件的受诉法院。也就是说，对于一起环境民事公益诉讼案件而言，只有在首先确定了该案件的级别管辖之后，再依据环境民事公益诉讼案件地域管辖规则，最后才能确定该案件的具体受诉法院。

一般而言，第一审民事诉讼地域管辖确定，主要根据当事人住所地、诉讼标的物所在地或者法律事实所在地等因素综合判断后来确定。环境民事公益诉讼本质上属于环境侵权纠纷，故应适用于我国《民事诉讼法》关于侵权案件地域管辖的规定，即该类案件第一审应由环境侵权的行为地或者被告住所地人民法院管辖。其中，环境民事侵权行为地包括污染环境、破坏生态行为发生地和损害结果地。对此，《最高人民法院关于审理环境民事公益诉讼案件适用法律若干问题的解释》第 6 条规定："第一审环境民事公益诉讼案件由污染环境、破坏生态行为发生地、损害结果地或者被告住所地的中级以上人民法院管辖。"这是我国《民事诉讼法》有关地域管辖制度在环境民事公益诉讼中的具体体现。

由污染环境、破坏生态行为发生地、损害结果地或者被告住所地的中级人民法院管辖，有利于环境民事公益诉讼案件的审理。从环境侵权行为及其造成危害的特点来看，污染环境、破坏生态行为发生地的人民法院能够比其他法院更易于充分掌握环境污染和生态破坏行为的主要证据。具体司法实践中，由于环境民事公益诉讼被告人的所在地往往与环境污染行为发生地为同一地点，在目前我国司法环境还不是十分健康的状况下，政府的地方保护主义色彩极有可能对当地法院公正审理案件造成一定负面的影响。同时，就环境损害结果发生地而言，该地的人民法院也更容易认定环境污染危害的具体损害结果。因此，由污染环境、破坏生态行为损害结果地人民法院管辖，更有利于案件的审理。但与此同时，在有些涉及跨地区和跨区域的环境污染案件中，因环境污染行为和环境污染结果不在同一地，即二者之间具有异地性的特点，从而使得查清案情具有复杂性以及更大的难度。这时，就有必要赋予原告对环境民事公益诉讼案件管辖法院的选择权，在法律规定的框架内，根据自己对案件的具体判断，自由选择该案件的管辖法院，自行承担该案件审判带来的可能性利益和风险。

3. 环境民事公益诉讼的管辖权冲突

在环境民事公益诉讼中，往往会产生管辖权的冲突问题。所谓"管辖权的冲突"，并不是指环境民事公益诉讼管辖制度设计上的冲突。由于环境资源具有不可分割的整体性，而我国现行法院则是依照行政区划体制进行设置的，客观上就存在环境资源固有"整体性"和法院行政区划设置"分割性"的内在冲突。因此，在一些特殊性的环境民事公益诉讼案件管辖问题上，就不可避免产生管辖权的冲突。如在一些区域性、流域性的环境污染公益诉讼案件中就会面临法院管辖权冲突问题。对此，《最高人民法院关于适用〈中华人民共和国民事诉讼法〉的解释》试图进行相关制度创新来解决这一问题。如果同一原告或者不同原告对同一个污染环境、破坏生态行为分别向两个以上有管辖权的人民法院提起环境民事公益诉讼的，则由最先立案的人民法院管辖，必要时由共同上级人民法院指定管辖。为减少或避免出现管辖权冲突现象，提高诉讼效率，《最高人民法院关于审理环境民事公益诉讼案件适用法律若干问题的解释》还规定人民法院在受理环境民事公益诉讼后，应公告案件受理情况。这一方面是保障公众的知情权，另一方面也便于符合法定条件的其他主体作为共同原告参加诉讼。当然，上述主体应在公告之日起 30 日内申请参加诉讼，逾期提出的，原则上丧失另行起诉的权利。

4. 环境民事公益诉讼跨行政区划集中管辖

现实中一些环境因素具有极强的流动性，而目前我国的环境资源监管则是把行政区划作为政府相关行为实施的边界，这种对环境监管的行政权力配置模式，往往割裂了环境生态系统的整体性，这不仅不利于环境资源的有效利用，也使得许多跨行政区域的环境污染和生态破坏行为得不到有效的遏制，相关的环境资源纠纷难以得到有效的解决，广大人民群众的环境权益也得不到有效的保护。现实生活中，许多环境资源类的案件具有跨行政区域的特点，一个具体的环境污染行为和事件，往往就可能导致大面积的跨区域环境污染和生态损害。如果按照传统民事诉讼案件管辖的规则对这类案件进行管辖选择，往往不利于纠纷的解决和环境资源的保护。因此，对于这一类案件，有必要探索一套新的管辖制度。党的十八届三中全会提出，要"探索建立与行政区划适当分立的司法管辖制度"，十八届四中全会决定进一步提出，要"探索设立跨行政区划的人民法院"。在总结我国地方司法实践经验的基础上，借鉴国际上有益的做法，《最高人民法院关于审理环境民事公益诉讼案件适用法律若干问题的解释》专门规定了"环境民事公益诉讼案件实行跨行政区划集中管辖"，即对特定环境民事公益诉讼案件按照流域和生态环境实行跨行政区划集中管辖制度。《最高人民法院关于审理环境民事公益诉讼案件适用法律若干问题的解释》规定，经最高人民法院批准，高级人民法院可以根据本辖区生态环境保护的实际情况，在辖区内确定部分中级人民法院受理第一审环境民事公益诉讼案件，中级人民法院管辖环境民事公益诉讼案件的区域由高级人民法院确定。依法对跨地区案件实行集中管辖，是人民法院探索破解地方保护主义对审判工作干扰的一项重大改革性措施。

在"探索建立与行政区划适当分离的司法管辖制度"和"探索设立跨行政区划的人民法院"等重要改革问题上，我国地方的司法实践已经取得了一定的效果。根据中共中央司法体制改革的要求和安排，上海和北京在全国率先建立与行政区划适当分离的司法管辖制度、设立跨行政区划的人民法院。2014 年 12 月 28 日，上海市第三中级人民法院的揭牌，标志着我国首家专门审理跨行政区划案件的新型人民法院正式成立，其受案范围之一是上海市范围内跨行政区划的重大环境保护案件。在原北京铁路运输中级人民法院基础上新挂牌成立的北京市第四中级人民法院，其受案范围之一是全北京市范围内跨地区的重大环境资源保护案件，这也是全国第二家专门审理跨行政区划案件的新型人民法院。作为在全国较早实施环境民事公益诉讼司法体制改革探索的地区，如前文所述，贵州省法院规定集中管辖生态环境保护民事、行政案件的贵阳、遵义、黔南、黔西南四个中级人民法院集中管辖相应区域环境民事公益诉讼第一审案件。此项规定的出台，是贵州解决省一级区域内跨行政区划环境民事公益诉讼的专属管辖问题所作出的一个有益尝试，在全国范围内产生了积极的影响，也得到最高人民法院的高度评价。清镇市人民法院环境保护法庭受理的"中华环保联合会诉某化工公司水污染案"，是该法庭按照贵州省高级人民法院指定，集中管辖贵阳、安顺、贵安三地涉环保行政、民事案件受理的第一例跨区域管辖的案件，同时也成为我国司法实践中跨区域的环境案件从上级法院指定管辖向专属管辖发展的一个发端。再如，昆明市中级人民法院的环保法庭、无锡市中级人民法院的环保法庭，也是分别充分考虑到云南的滇池流域和江苏太湖流域环境资源保护的需要，充分体现了对跨区域水资源环境案件统一集中管辖的理念创新和制度创新，取得了较好的司法效果和社会效益。

5. 环境民事公益诉讼的专属管辖

鉴于海洋污染和海事诉讼程序的特殊性，根据《最高人民法院关于适用〈中华人民共和国民事诉讼法〉的解释》的规定，因污染海洋环境提起的公益诉讼，由污染发生地、损害结果地或者采取预防污染措施地海事法院管辖。

第五节　环境民事公益诉讼的裁判执行

一、环境民事公益诉讼的责任承担方式与免责事由

（一）环境民事公益诉讼的责任承担方式

民事责任是环境民事公益诉讼的落脚点，而民事责任形式又是民事责任的落脚点。也可以说，民事责任形式是民事责任的载体。不同的责任形式体现责任性质和程度轻重的区别。民事责任（包括违约责任和侵权责任）的表现形式，在《民法典》中规定有停止侵害，排除妨碍，消除危险，返还财产，恢复原状，修理、重作、更换，赔偿损失，支付违约金，消除影响、恢复名誉，赔礼道歉等 10 种。具体到环境民事公益诉讼中，根据 2020 年 12 月 23 日最新修订的《最高人民法院关于审理环境民事公益诉讼案件适用法律若干问题的解释》第 18 条规定，其责任形式主要有停止侵害、排除妨碍、消除危险、修复生态环境、赔偿损失和赔礼道歉六种。

1. 停止侵害

停止侵害是要求环境侵权行为人停止实施环境侵权行为，结束侵权行为或侵权危险状态的法律责任形式，是环境侵害者以“不作为”的方式所承担的一项民事责任。如果被告的行为严重危及环境安全，法院可以裁定责令违法者立即停止侵害。这类责任形式适用于侵害还在继续进行的情况，以防止损害的进一步的扩大。最新修订的《最高人民法院关于审理环境民事公益诉讼案件适用法律若干问题的解释》第 19 条规定：“原告为防止生态环境损害的发生和扩大，请求被告停止侵害……人民法院可以依法予以支持。”由此，基于风险预防原则，在环境民事公益诉讼中，停止侵害责任的适用既包括正在进行的生态环境侵害行为，也包括对生态环境具有重大风险的行为。作为环境民事公益诉讼中最基本的责任承担方式，其目的在于尽可能地阻却环境侵权行为导致的环境公共利益损害的发生或扩大，及时保护环境公共利益和经济社会发展。因此，停止侵害也被视为环境民事公益诉讼中的首要责任承担方式。

2. 排除妨碍

排除妨碍是指权利人的合法权利受到不法阻碍或妨害时，加害人应承担排除妨碍的责任方式。例如，违章建筑物妨碍相邻权人的通风、采光，将有害液体泄漏在河流中等，应由环境加害人排除。需要承担排除妨碍责任的，通常针对的是在环境侵害行为正在发生或停止后，其对环境权益仍然存在妨碍、损害或危险的情况。环境污染和生态破坏的行为发

生或停止后，如果其危害影响不予以排除，便会使公众环境权益继续受到侵害。例如，某企业将危险废渣废料掩埋于饮用水源地的四周和上游，造成饮用水污染。如果仅仅要求该企业停止在此地掩埋危险废物，则无法消除环境污染危害。因此，需要该企业承担排除妨碍的民事责任，消除已掩埋的废渣废料和受到污染的土壤，然后治理已经被污染的水体。排除妨碍的费用由该固体排污责任人承担。与"停止侵害"一样，在环境民事公益诉讼中，"排除妨碍"责任还可以适用于制止具有损害社会公共利益重大风险的行为。有的环境侵害行为虽然尚未造成实际侵害后果，但给公众的环境公共利益构成了重大威胁。此时，权利人有权请求环境侵害人采取有效措施对环境危险予以排除。

3. 消除危险

消除危险是当存在环境污染、生态破坏之情形，相关权利人要求责任人消除其侵害行为之危险的一种民事责任方式。其适用分为两种情形：一是责任人的行为尚未对环境权益造成实际损害后果，但已对环境权益构成危险或确有可能发生环境侵害之风险；二是环境侵害行为已经发生，暂时中止后尚有继续扩大环境损害危险的情况。消除危险能够防患于未然或防止环境危险事故的进一步扩大，是一种积极的民事责任形式。例如，某煤矿开矿采煤，无视采矿的环保要求，没有采取任何环保措施而直接抽干地下水，结果使当地的水位大幅下降，居民无水可饮，森林和其他植被全部枯死。此时，在煤矿开始抽取地下水时，当地的民众便可以提起环境公益诉讼要求消除环境危险，法院则可以针对公众的诉求依法判决该煤矿消除危险，控制抽水作业，保护水源。

4. 修复生态环境

根据最新修订的《最高人民法院关于审理环境民事公益诉讼案件适用法律若干问题的解释》，其将传统民事责任中的"恢复原状"调整为"修复生态环境"。修复生态环境是指将已经遭受侵害的生态环境通过可行的技术性手段，尽可能修复到原有状态。其蕴含双重内涵：一是外观样态上的恢复，即"恢复原貌"；二是功能上的恢复，即生态功能的恢复。相较于"恢复原状"的理想状态，"修复生态环境"这一调整也契合了生态环境损害的自身特点，也更具有实践可操作性。因为，生态环境问题往往具有不可逆性，一旦遭到污染或破坏，从技术层面上基本难以"恢复到原有状态"。而且，"原状"往往侧重于外观样态层面，却容易忽视生态环境内在的功能价值。在环境民事公益诉讼中，修复生态环境的责任实施方式主要有：

第一，直接修复。直接修复是指将生态环境修复到损害发生之前的状态和功能。它往往发生在环境污染、生态破坏后，在现有经济技术条件下能够修复到原有状态的情况。"直接"不是指修复的主体，由谁来恢复，而是指有无修复的可能，有可能修复环境状态和功能的，称为直接修复。因此，直接修复又可分为自己直接修复和代履行直接修复。代履行是指委托具有相关资质的机构来履行"修复"，包括人民法院通过招标等市场方式委托第三方治理机构修复生态环境。被侵害的环境能否修复是一个专业性的问题，其需要具有一定资质的专业机构进行评估或鉴定。经评估或鉴定，如果不能直接修复，或直接修复的可能性极小，可以考虑替代性修复方式。

第二，替代性修复。经评估或鉴定，如果环境污染、生态破坏在现有的技术条件下很难恢复，或者恢复代价太高，这时就需要用其他形式代替恢复原状。替代性修复的方式很多，因情况而异。例如，以异地种树、恢复植被等来代替在原地种树和对土地的环境污染的恢复。许多司法实践证明，采用这类替代性修复的方式，保护环境的效果也很好。

5. 赔偿损失

赔偿损失是传统民事诉讼中运用最为广泛的一种责任承担方式。环境民事公益诉讼中的"赔偿损失"则主要是指，环境侵害人对其行为所造成的环境污染或生态破坏用金钱等财产加以补救的责任形式。其主要适用于其行为所造成的危害无法通过修复方式进行补救或者不能完全补救之情形。2014 年新修订的《环境保护法》、2017 年修订的《民事诉讼法》、2020 年编纂的《民法典》以及相关司法解释，对生态环境破坏的损害赔偿责任均做了相应规定。但是，对于在环境民事公益诉讼中如何适用这一责任形式，依然存在争议：

首先，关于"赔偿损失"能否作为环境民事公益诉讼中的一种民事责任形式。2020 年 12 月新修订的《最高人民法院关于审理环境民事公益诉讼案件适用法律若干问题的解释》已经做了肯定的回答："原告可以请求被告承担……赔偿损失……民事责任。"其与"修复生态环境"中的收取修复费用是彼此相互独立的不同责任承担形式。因为，在环境民事公益诉讼中，即使污染者承担了修复生态环境的责任，但损害至修复完成期间的生态功能损失却没有得到补偿和救济。因此，此处的"赔偿损失"，更多的是填补生态环境损害期间所造成的生态功能损失。

其次，关于在环境公益诉讼中如何赔偿环境"公益"的损失。在过去的不少环境污染案件中，大量生态修复和损失最后是由政府来承担的，造成环境损害的恶性循环。因此，在环境民事公益诉讼中迫切需要对赔偿损失责任的实施方式进行创新，将环境的经济价值、生态价值、潜在价值等多种价值属性进行综合评估，将赔偿损失的范围扩大到对环境的间接损失，使违者承担恢复生态环境的全部损失。

6. 赔礼道歉

"赔礼道歉"是环境侵权人对自己侵权行为向环境公益受害人承认过错，表示歉意的自我否定和认错行为。在民事法律责任体系中赔礼道歉完成了由道德范畴向法律范畴的转换，成为具有强制性的责任承担方式，具有法的强制性。它与责任人发自内心的"真诚道歉"不同，民事判决的"赔礼道歉"是一种惩罚性责任。道德上的"真诚道歉"虽然也可以在精神上恢复受害人所受的损害，但它首先是侵权人为了实现对自己行为的补救。民事责任的"赔礼道歉"是当侵权人不愿意赔礼道歉时，而由法院强制适用的法律责任形式。所以，法律上的"赔礼道歉"便构成了对侵权人的一种惩罚。赔礼道歉是对精神损害的恢复，不仅可以在特定的个体上适用，也应该可以对不特定的社会公众适用。为了适应损害类型多元化的变化，赔礼道歉的适用范围也需要适当扩大，包括适用于环境侵权的责任。

(二) 环境民事公益诉讼民事责任的免责事由

1. 不可抗力

不可抗力指的是一种不能预见、不能避免、不能克服的客观力量。环境民事公益诉讼中免责事由所指的不可抗力，是指生态环境损害的发生是不能预见、不能避免并不能克服的客观情况导致的，因而可以免于承担民事责任的法定事由。由于自然或社会不可抗力导致的生态环境损害，如果法律强制要求行为人来承担法律责任，不但有失公允，也不利于发挥法律责任的教育警示作用。我国多部民事法律对不可抗力"免责"都作了规定。《民法典》第180条规定："因不可抗力不能履行民事义务的，不承担民事责任。法律另有规定的，依照其规定。不可抗力是不能预见、不能避免且不能克服的客观情况。"其他如大气污染防治法、水污染防治法、海洋环境保护法等，都有类似规定。据此规定，若环境纠纷是由不可抗力灾害造成并经采取合理措施仍然不能避免的，环境民事公益诉讼被告应当免于承担责任。反之，虽然属于不可抗力的灾害，若行为人未及时采取合理措施的，由此造成环境污染损害的，依然不能免除责任人的环境民事责任。

2. 受害人过错

受害人过错指的是环境公益受害人因为自己的故意或者过失，即未尽到自身应尽的注意义务而致其环境公共权益遭受损失的情况。法律责任与法定义务对应，有义务才有责任，无义务者无责任。生态环境公共利益损害是因为受害人自己未尽到自身应尽的注意义务，其责任则相应由自己承担。对此，《民法典》第1174条规定："损害是因受害人故意造成的，行为人不承担责任。"《水污染防治法》第96条规定："水污染损害是由受害人故意造成的，排污方不承担赔偿责任。水污染损害是由受害人重大过失造成的，可以减轻排污方的赔偿责任。"但是，当排污者对于损害结果也有过失，即污染损害是由排污方与受害方双方的混合过错造成时，排污者不能完全免责，而是由排污方与受害方根据各自过错程度承担相应民事责任。

3. 第三人过错

第三人过错是指生态环境损害是因第三方的过错行为造成的，即因第三人的故意或过失，而使生态环境公共利益遭受了损害。根据民事责任的原理，第一，因第三人过错致损，应该由第三人承担民事责任；第二，同时免除无过错排污者的法律责任。这样一方面符合法律公平与正义理念，不让无责任者无辜承担法律责任；另一方面也更能体现法治的严肃，避免第三者逃脱应负的法律责任。在我国的《民法典》《水污染防治法》《海洋环境保护法》等法律均作出了相应性规定："损害是因第三人造成的，第三人应当承担侵权责任。"但是，当行为人对于损害结果也有过错时，该行为人也不能完全免责。此时，生态环境损害行为人应该与第三人按照各自过错程度共同承担相应民事责任。

二、环境民事公益诉讼的执行措施

（一）法院主动移送执行

目前，我国有关民事执行的主要法律依据是《民事诉讼法》，其中对生效的民事判决、裁定规定了当事人申请执行与法院移送执行两种渠道。根据《最高人民法院关于人民法院执行工作若干问题的规定（试行）》规定，审判庭仅对具有给付赡养费、扶养费、抚育费内容和刑事附带民事的法律文书采取由法院移送执行的方式。因此，在一般的民事案件中，生效法律文书的执行，基本上是由当事人依法提出申请，由审判庭直接移送执行的案件甚少。自2014年我国确立环境民事公益制度以后，这种情况有了新的变化。2015

年《最高人民法院关于审理环境民事公益诉讼案件适用法律若干问题的解释》第 32 条规定："发生法律效力的环境民事公益诉讼案件的裁判，需要采取强制执行措施的，应当移送执行。"2020 年修订时依然沿用了这一规定。此外，在地方环境民事公益诉讼实践中，2017 年 9 月，贵州省高级人民法院出台的《贵州省高级人民法院关于推进环境民事公益诉讼审判工作的若干意见》第 22 条规定："对发生法律效力的环境民事公益诉讼案件的判决书、裁定书、调解书确定的义务……需要采取强制执行措施的，人民法院应当依职权移送执行。"民事判决首先应由当事人自愿履行，如果当事人不履行判决的义务，一是可以由胜诉方权利人申请法院强制执行，二是法院可以依职权强制执行。对上述最高人民法院的司法解释，最高人民法院环境资源审判庭负责人答记者问时作了如下解释："环境民事公益诉讼生效裁判的执行关系到环境公共利益能否得到及时维护，因此，无需原告申请，应由人民法院依职权移送执行。即由审判人员直接移送执行人员。"在执行环境公益裁判中，只要败诉方拒不执行法院裁判，就是"需要采取强制执行措施"的情况，就应由法院依职权移送法院执行机构强制执行，在执行机构的主持和监督下履行裁判中确定的义务，省去了申请执行的环节。这样，一是提高了执行的效率，二是防止申请主体的缺位，三是法院可以依职权代表公共利益。所以，上述司法解释，使法院主动移送执行有了法律依据，减少了环境民事公益诉讼裁判执行的困难。

（二）先予执行

先予执行是指为了及时、有效地维护当事人的合法权益，不基于生效判决就可以申请对义务人进行强制执行的一种制度。人民法院在诉讼过程中，根据当事人的申请，为解决一方当事人生活或生产的紧迫需要，可以裁定对方当事人先给付申请一方当事人一定的金钱或其他财产，或者是实施或停止某种行为。先予执行制度对及时保护当事人的合法权益，维护社会稳定都具有重要作用。我国《民事诉讼法》第 106 条规定了三种适用先予执行的情形，其中包括"因情况紧急需要先予执行的"。即当情况紧急时，经当事人申请可以裁定先予执行。根据 2015 年《最高人民法院关于适用〈民事诉讼法〉的解释》（2021 年修改），可以申请先予执行的"紧急情况"包括以下五种：一是需要立即停止侵害、排除妨碍的，二是需要立即制止某项行为的，三是追索恢复生产、经营急需的保险理赔费的，四是需要立即返还社会保险金、社会救助资金的，五是如果不立即返还款项，将会严重影响权利人生活和生产经营的。由于环境污染和生态破坏具有不可逆性，诉讼过程经过举证、立案、开庭、判决到执行往往需要数月甚至更长的时间，在这段时间内，环境公共利益被侵害的状态一直在持续，如果不进行干预和及时制止，环境污染和生态破坏将会进一步地加剧。因此，在环境公益诉讼中，为了维护环境公共利益，有"需要立即停止侵害、排除妨碍的"和"需用立即制止某项行为的"，原告主体可以运用这项权利，申请先予执行。在地方实践中，贵阳市中级人民法院率先在环境公益诉讼案件中对先予执行进行了有益探索，取得了较好的实施效果。"先予执行"措施的实施，对于及时维护环境公共利益、有效制止环境污染和生态破坏有着极大的促进作用，进而实现了生态环境公共利益高效保护之目的。

环境民事公益诉讼中先予执行措施的实施须以"紧急情况"为前提。对此，生态环境损害的"紧急情况"之认定，应参考如下因素进行甄别：一是是否有毒污染，二是是否大范围污染，三是是否涉及公共利益，四是是否超过常规。原则上，只要是涉及大范围的、公共利益的环境污染或生态破坏，且造成的后果已经明显呈现，如河水的污染、噪声干扰、气味异常等，不需要经过专门的检测就可以很直观地观察、感受到。在这种情况下，如果允许污染行为继续进行下去，侵害后果必然会严重扩大，可以认为是"紧急情况"，而裁定先予执行，责令排污企业停止排污，消除对环境的影响，及时制止污染行为。

此外，先予执行由于是法院在作出裁判前就进行的程序，其适用范围必须符合法定条件。根据我国《民事诉讼法》的规定，适用先予执行的条件，一是当事人之间权利义务关系必须明确，如果不裁定先予执行将严重影响申请人的生活或者生产经营；二是被申请人必须具有履行能力，否则不能实现立即先予执行。在先予执行中，为了平衡申请执行人和被执行人的利益，做到公平合理，《民事诉讼法》第107条和第108条还规定了以下三点规则：第一，申请先予执行者要提供担保，防止申请人败诉时无法赔偿申请人先预支付的损失；第二，最后判决申请人败诉的，先予执行申请人应当赔偿被申请人因先予执行遭受的财产损失；第三，当事人对先予执行的裁定不服，可以向法院申请复议，但只能申请复议一次，并且在复议期间不停止裁定的执行。

（三）司法强制令

我国《民事诉讼法》第107条规定，裁定先予执行的条件之一是"当事人之间的权利义务关系明确，不先予执行将严重影响申请人的生活或生产经营"。然而，在环境民事公益诉讼中，由于受到侵害的是环境公共利益，而申请先予执行人个人的生活或生产经营并不一定受到了严重的影响，因此有时环境民事公益诉讼中即使有紧急情况，囿于无法满足先予执行的条件，而难以适用先予执行制度。据此，2015年作为环境民事公益诉讼试点法院的贵州省高级人民法院首创了"司法强制令"制度，为环境民事公益诉讼执行增加了新的强制手段。根据2017年贵州省高级人民法院颁布的《贵州省高级人民法院关于推进环境民事公益诉讼审判工作的若干意见》第16条规定："为避免环境公共利益遭受进一步的损害，对正在实施或者即将实施的危害环境公共利益的行为，有关国家机关、社会组织在提起环境民事公益诉讼前及诉讼中，均可以申请人民法院发出司法强制令，禁止行为人作出一定行为或者责令行为人作出一定行为。提起诉讼后原告没有提出申请的，人民法院在必要时也可以直接向行为人发出司法强制令。情况紧急的，人民法院应当在48小时内发出司法强制令。"如果是当事人在诉前申请法院颁发司法强制令的，人民法院必须要求申请人提供担保；如果是在诉讼中申请法院颁发司法强制令的，人民法院则可视情况决定是否要求其提供相应的担保。这种司法强制令是法院为避免环境公共利益遭受进一步的损害，根据环境公益诉讼请求人的申请或者依职权作出，禁止行为人作出一定行为，或者责令行为人作出一定行为的强制措施，所强制的对象仅限于"行为"。

虽然司法强制令不是对裁判的执行制度，但这一强制措施可被视为实现"停止侵害""排除妨碍""消除危险"等环境侵权责任的一种执行关联制度。环境司法强制令的要点包括：（1）强制令根据环境公益诉讼请求人的申请而作出，无申请时法院也可直接作出。

(2) 强制令的对象是行为,包括正在实施危害环境公共利益的行为,或者即将实施的危害环境公共利益的行为。(3) 强制令既可以在起诉前提出,也可以在诉讼中提出。(4) 强制令的实施方式,包括作为和不作为两种,一是禁止行为人作出一定行为,二是责令行为人作出一定行为。(5) 颁发强制令的时限,情况紧急的,人民法院应当在 48 小时内发出司法强制令。(6) 区分不同情况要求申请人承担担保义务。当事人诉前申请司法强制令的,应当提供相应的担保;诉讼中申请司法强制令的,法院视情况决定是否要求其提供相应的担保。这一制度的适用有待进一步完善。此外,早在 2010 年,昆明市中级人民法院与昆明市人民检察院曾联合制定的一份司法文件中,也规定有"环保禁止令"的创新之举。在环境公益诉讼中,只要被告的行为可能严重危及环境安全,可能造成环境难以恢复时,环境民事公益诉讼原告就可以申请法院颁发环保禁止令,强行责令停止正在进行的环境污染。昆明市中级人民法院设立的"环保禁止令"与贵州省高级人民法院创立的"司法强制令"本质上是相同的,但司法强制令更好,它包括的内涵更全面,不仅有禁止的不作为,也有责令强制怎样的作为。当前,最高人民法院也正在组织研究讨论生态环境"司法禁令"制度的可行性及其具体制度设计。

(四) 代履行

民事判决的"代履行"是对可替代行为的执行制度,是指在被执行人不履行裁判文书确定的义务时,法院可委托第三人代位履行完成,代为履行的费用由被执行人负担的强制执行制度。代履行完成后被执行人拒绝负担有关费用的,可按照金钱债权的执行程序对被执行人强制执行。可替代行为是指行为人可由被执行人自己实施或由第三人实施,对于执行申请人的效果并无实质差别的行为。我国《民事诉讼法》和《最高人民法院关于人民法院执行工作若干问题的规定(试行)》都有关于代履行的一般规定。它完全适用于环境公益诉讼裁决的执行,环境民事公益诉讼被执行人拒不履行时,可以由法院委托相关专业机构对污染源等进行改造,替代被执行人履行,使其符合环保要求,履行的费用由败诉的被执行人承担。

环境民事公益诉讼适用代履行必须遵守的规则包括:第一,依法选定环境修复等执行义务的代履行人。首先,法院可以选定环境义务代履行人,如果法律、行政法规对履行该环境义务有资格限制的,法院应当从有资格的单位和个人中选定。其次,通过招标方式确定合适的环境义务代履行人。再次,可由环境公益诉讼申请执行人推荐代履行人。申请执行人可以在符合条件的人中推荐代履行人,也可以申请自己为代履行人,是否准许,由人民法院决定。第二,代履行费用的数额由法院确定,被执行人必须在指定期限内先行支付,不先行支付的,法院可以强制执行。责令被执行人负担费用应制作裁定文书,并以此裁定文书为执行依据对被执行人强制执行。第三,环境执行义务代履行结束以后,环境公益诉讼被执行人可以查阅、复制费用清单以及主要凭证。第四,"代履行"是对可替代行为的执行制度,并非一切环境执行义务都可以代履行。如果该执行行为只能由被执行人完成的,则必须由环境公益诉讼被执行人亲自履行。此时被执行人拒绝履行的,按照《民事诉讼法》第 111 条第 1 款第 6 项规定予以罚款、拘留;构成犯罪的,依法追究刑事责任。

应该说明的是，这里讲的替代履行与环境责任中的替代性修复方式不是一回事。在环境责任形式中，无论"直接修复"或者"替代性修复"的责任主体都是环境侵权责任人，即环境公益诉讼的被告，不存在另外的替代承担侵权的第三人。而在替代履行中，则是由第三人来代位履行。"替代性修复"是责任形式制度，而"替代履行"却是一种判决的执行制度。

三、环境民事公益诉讼损害赔偿金的管理

（一）环境民事公益诉讼损害赔偿金管理的理论争议

环境民事公益诉讼于我国而言是一个新生制度，所涉的相关内容和制度规则依然存有阙如或不足，仍需通过实践进行探索和完善。其中，对于损害赔偿金的使用和管理即是一项备受关注和争议的问题。目前，国内关于环境损害赔偿金管理及使用的研究，主要存在以下三种理论争议。第一种观点主张环境损害赔偿金应当归于国库。如周晨认为，环境损害赔偿金是基于对生态环境恢复的目的，因此受偿的对象应该是国家。[1] 张黎认为，环境损害复杂性的特征决定了在环境损害鉴定评估中一些资源是不可或缺的，这其中包括具有专业资质的评估人员以及合理的技术标准。同时，环境民事公益诉讼常伴随巨额诉讼费用，因此一般环保组织难以应对。他提出，如果国家出资组织以上活动，案件判决以后获得的赔偿金归入国家财政，此种方式可以有效地统筹环境损害赔偿金的管理与使用。[2] 第二种观点主张环境损害赔偿金应当归于环保部门管理。如于文轩提出赔偿金可归入政府财政账户交由环境保护部门管理。他认为，一方面，环保部门与环境保护组织相比是公共利益的当然代表，且其在专业技术与人力财力等方面具有天然优势。在设置适当的赔偿金管理、使用以及监督规则的前提下，由环境保护部门管理赔偿金可以保证环境修复更加专业。另一方面，在我国当前的司法实践中，各地也大多是由环保部门对环境损害赔偿金进行管理，因此该方式更加合理可行。[3] 第三种观点主张环境损害赔偿金应当由环保基金会管理。如李丹建议把某个环境公益基金作为环境公益诉讼损害赔偿金的受偿者。[4] 中华环保联合会课题组认为环境损害赔偿金选用专门化的基金管理模式似乎更为有效。[5] 蔡守秋教授提到在原告胜诉情形下，胜诉后的赔偿金不应当由原告支配使用，而应将赔偿金交由公益组织或者公益基金会真正落实到环境修复之中。同时，蔡守秋认为一个案件是否真正将赔偿金纳入公共环保基金，以及赔偿金是否真正用来环境修复，是判断该案是否成功的

---

① 周晨：《环境损害概念的内涵与外延——从松花江污染事故说起》，载《学术交流》2006 年第 9 期，第 45 页。

② 张黎：《论我国环境公益诉讼》，载《山东省农业管理干部学院学报》2012 年第 2 期，第 143 页。

③ 于文轩：《论我国生态损害赔偿金的法律制度构建》，载《吉林大学社会科学学报》2017 年第 5 期，第 188 页。

④ 李丹：《论环境损害赔偿立法中的环境公益保护》，载《法学论坛》2005 年第 2 期，第 35 页。

⑤ 中华环保联合会课题组：《环境公益诉讼损害赔偿金研究》，载《中国环境法治》2014 年第 2 期，第 144 页。

一个重要标准。[1]

综上可知，我国当前对于环境民事公益诉讼损害赔偿金的研究基本聚焦于环境损害赔偿金的管理，且在环境损害赔偿金的管理方面存在较大的理论分歧。环境民事公益诉讼能否实现其诉讼目的，很大程度上取决于作为配套制度的环境损害赔偿金是否有成熟的理论支撑。但我国当前对于环境损害赔偿金额的认定、执行等问题均缺乏详细的理论探讨，这导致在司法实践里环境损害赔偿陷入诸多困境。

（二）环境民事公益诉讼损害赔偿金管理的实践

现行法律法规及司法解释对公益诉讼赔偿款项的使用管理还不十分明确。根据 2020 年最新修改的《最高人民法院关于审理环境民事公益诉讼案件适用法律若干问题的解释》第 24 条之规定，其仅明确了环境公益诉讼案件赔偿款项的用途，即法院判决被告承担的生态环境修复费用、生态环境受到损害至恢复原状期间服务功能损失等款项，应当用于修复被损害的生态环境。其他环境民事公益诉讼中败诉原告承担的调查取证、专家咨询、检验、鉴定等必要费用，可以酌情从上述款项中支付。但对公益诉讼案件赔偿款项归属、如何使用、谁来监督、谁来评估等一系列问题都没有细致规定。此外，《人民检察院提起公益诉讼试点工作实施办法》《人民法院审理人民检察院提起公益诉讼案件试点工作实施办法》对民事公益诉讼案件赔偿款项的使用管理也未作细致规定。

由于法律没有明确统一的规定，实践中各地对环境公益诉讼赔偿款的管理和使用也存在不同做法，归纳起来大体有以下四种模式：

第一种管理方式是纳入政府财政资金。从司法实践来看，纳入政府财政资金有两种形式，其一是由政府设立环境公益诉讼专项资金，环境损害赔偿资金只能专款用于治理生态环境。例如在山东省东营市环保机关起诉华益溶剂化工厂环境污染公益诉讼案中，法院最终判决被告承担 633 万元环境修复费用，最终该赔偿款项划入环境保护部门专项账户，该笔赔偿金只能用于该案所涉受损环境的修复工作。其二是将赔偿金上缴国库进行统一预算，并不规定具体用途。例如在广州市番禺区人民检察院诉番禺博朗五金厂水污染环境公益诉讼案中，法院判决被告承担环境损害赔偿金共 8.83 万元，该笔赔偿金最终如数上缴国库。当前在司法实践中将赔偿款纳入政府财政资金进行管理是最主流的方式之一，在本书的 63 起案例样本中，环境损害赔偿金直接进入国库或者财政专门账户的就有 40 起。

第二种管理方式是纳入法院执行款账户。纳入执行款账户的管理方式是指环境损害赔偿金由法院执行局落实到受损环境的修复。在该种管理方式下将环境损害赔偿金的专门账户直接设在法院，由法院规范赔偿金的管理与使用。司法实践中将环境损害赔偿金存放于法院执行款专门账户的做法也较为常见，例如在 2017 年曾引起社会广泛关注的腾格里沙漠污染案中，法院最终判决被告支付 5 亿多元用于被污染土壤的修复工作，同时承担服务功能损失费 600 万元，该 600 万元最终纳入法院的执行账户。

第三种管理方式是将赔偿金放入环境公益基金会运行，即将环境损害赔偿金交予公益基金会加以管理并且用于环境修复工作。如在中华环保联合会诉安顺鸿盛化工有限公司水

① 蔡守秋：《论环境公益诉讼的几个问题》，载《昆明理工大学学报》2009 年第 9 期，第 1 页。

污染公益诉讼案中，原被告双方最终达成一致调解结案。被告提出将会加大对企业的污染物处理设备的资金投入保证将企业污染风险降到最低，同时还承诺给付一笔资金用于生态环境修复。贵州省清镇市人民法院为了使该笔款项能够真正落到实处发挥环境保护的效果，与中国生物多样性保护与绿色发展基金会（以下简称绿发会）联合成立了环境损害修复专项基金。该基金委托绿发会代为保管款项，同时负责案件的法官也作为该基金的管理人员参与基金的日常运营，这种科学高效的管理方式可以让环境损害赔偿金更好地用于受损环境的修复。

第四种管理方式是将赔偿金交付环境公益信托机构打理，即将当事人所支付的环境损害赔偿金交由公益信托加以管理运作。如在环保组织自然之友诉江苏中丹化工有限公司水污染一案中，被告自愿出资 100 万元设立信托基金。该慈善信托设立了专门的决策委员会负责对赔偿金的使用，同时设立了监察人，其资金使用的目的仅限于对生态环境的治理和修复。

综上所述，对于环境损害赔偿金的管理，我国实际存在以上四种管理方式，但依据管理主体的性质而言，又可以进一步将其划分为以公权力主导的资金管理模式和以民间力量主导的资金管理模式两大类。其中政府财政和法院执行款专户为公权力主导，公益基金会和环境公益信托为民间力量主导。但是基于当前的司法实践状况，无论是以公权力主导的资金管理模式还是以民间力量主导的资金管理模式，具有可取之处的同时，或多或少还存在一些弊端以及现实困境，其主要表现在：（1）资金使用审批程序烦琐，效率低下。根据目前的实践来看，环境公益赔偿资金都是专款专用，对于用款的立项、审核、拨付、验收等环节把控得相当严格，在规范用款的同时，也易造成资金使用效率低下、环境修复治理效果不明显等问题。（2）对资金监管困难。流入财政账户的赔偿金，一般要纳入预算统一管理，除了有明确用途且法院判决授予监督职能外，作为胜诉方的环保组织基本不能参与赔偿金的使用，外界也难以对该类款项进行有效的监督。（3）缺少资金补给来源。各地制定的公益诉讼资金管理法规，大多规定了资金的来源，主要包括：财政拨款、人民法院判决无特定受益人的环境损害赔偿金、侵害环境案件中的刑事被告人自愿捐赠的资金和存款利息等。但实践中，账户的资金基本上全是判决的赔偿款，财政配套补贴和捐赠明显不足，可能影响专用资金的可持续使用。

四、环境民事公益诉讼中惩罚性赔偿的适用

惩罚性赔偿原本属于英美法系特有的侵权赔偿制度。传统环境侵权的损害赔偿以损失补偿为核心而展开，强调对被侵权人实际损失的补偿性，而惩罚性赔偿是相对于补偿性赔偿而言的。按照美国《侵权行为法》重述第二版第 908 节的表述，惩罚性赔偿是指在补偿性赔偿或名义上的赔偿之外，为惩罚该赔偿交付方的恶劣行为并阻遏他与相似者在将来实施类似行为而给予的赔偿。

从我国法制实践看，将源于英美法系的惩罚性赔偿制度引入我国，并非学理论证的结果，而是出于解决现实问题的需要，旨在通过惩罚性赔偿制度的引入来发挥其特定功能以更好地解决社会问题。我国引入惩罚性赔偿制度肇始于 1993 年颁布的《中华人民共和国

消费者权益保护法》，现今，我国已相继在《中华人民共和国消费者权益保护法》《中华人民共和国旅游法》《中华人民共和国商标法》《中华人民共和国专利法》《中华人民共和国著作权法》《中华人民共和国产品质量法》等法律中规定了惩罚性赔偿制度。

《中华人民共和国民法典》在第 1232 条正式确立了环境侵权惩罚性赔偿制度。它是指因故意污染环境、破坏生态造成严重后果，法院在弥补受害人所受损害之外，为了惩罚生态环境侵权人的不法行为，遏制类似侵权行为的再次发生，判决侵权人支付给受害人的一笔高额金钱赔偿。该条款的确立，是我国当前在民法体系中贯彻落实最严格的生态环境保护制度的体现，对于惩戒环境污染、生态破坏等违法行为具有重要意义。但是，由于该条规定较为原则，导致其适用范围指向并不明确，即其仅适用于环境侵权私益诉讼还是限于环境公益诉讼或"私益、公益"均可适用。对此，关于在环境民事公益诉讼中能否实施惩罚性赔偿，在学界引发了极大的争议，形成了三种典型学说。

"私益适用论"者从传统民法的结构体系以及权益规范视角，认为《民法典》第 1232 条中所指称的"被侵权人"应限定为环境侵权中遭受人身、财产损害的特定民事主体；与之相对应，惩罚性赔偿的适用范围应限定于环境侵权私益诉讼。[1] 其原因在于：其一，作为生态环境损害的两种司法救济机制，在当前法律体系下，无论环境民事公益诉讼还是生态环境损害赔偿诉讼均缺乏明确的权利基础；其二，生态环境公共利益保护乃公法职能，可以寻求私法协助，但更应倚重公法，且救济方式应以修复责任而非赔偿责任为中心。[2]

"公益适用论"者认为，在环境侵权私益诉讼中，一方面，对于遭受人身或财产侵害的"被侵权人"而言，遵循传统的民事损害填补原则即可较好实现全面救济；另一方面，对于侵权行为人的教育和惩戒，亦可通过对已较为完备的环境行政责任与环境刑事责任体系立法加以完成。但与环境侵权私益损害交杂相伴的生态环境公共利益损害，却往往因得不到有效填补而转化为政府乃至公众的负外部性负担。因此，为了进一步强化生态环境损害的内部责任，最大程度修复（或赔偿）因环境侵权所遭致公共利益之损害，惩罚性赔偿应仅适用于生态环境公益诉讼。环境侵权私益诉讼因欠缺客观适用条件而应排除于其适用范围之外。[3]

"混合适用论"者则认为，由于环境侵权损害下公益与私益常常交织相伴，而建立在传统损害填补原则基础上的惩罚性赔偿意在针对恶意侵权行为实施加重处罚[4]，借助这一"额外利益"激励机制，既能充分救济因恶意环境侵权行为遭受严重私益损害的普通民事

---

① 王利明：《〈民法典〉中环境污染和生态破坏责任的亮点》，载《广东社会科学》2021 年第 1 期，第 216~225 页。

② 李丹：《环境损害惩罚性赔偿请求权主体的限定》，载《广东社会科学》2020 年第 3 期，第 246~253 页。

③ 王树义、刘琳：《论惩罚性赔偿及其在环境侵权案件中的适用》，载《学习与实践》2017 年第 8 期，第 64~72 页。

④ 申进忠：《惩罚性赔偿在我国环境侵权中的适用》，载《天津法学》2020 年第 3 期，第 42~47 页。

主体，同时亦能弥补公共利益所受之损害，强化恶意环境侵权行为的内部责任，从而对其形成有效阻遏与惩戒。可以说，环境侵权惩罚性赔偿是我国实行最严格的生态环境保护制度在民法中的延伸。因此，其适用范围不应区分公益与私益，二者均可适用。

尽管学理上对环境民事公益诉讼惩罚性赔偿的适用存有分歧，但已经有了先行的司法实践探索。例如，2021 年 1 月 29 日，青岛市人检察院起诉的崂山区某中心非法收购、出售珍贵、濒危野生动物民事公益诉讼一案，法院公开审理并当庭宣判被告赔偿破坏生态行为造成的野生动物损失 83 000 元、生态环境服务功能损失 907 500 元；承担惩罚性赔偿 99 050 元。此案系《民法典》正式实施后全国首例适用生态环境损害惩罚性赔偿责任的民事公益诉讼案件。目前，最高人民法院已经出台了《最高人民法院关于审理生态环境侵权纠纷案件适用惩罚性赔偿的解释》，该司法解释回应了惩罚性赔偿的适用问题，可参见第 2 章第 4 节。

案例与思考

1. 综合案例分析题

徐州市人民检察院诉徐州市鸿顺造纸有限公司环境民事公益诉讼案①

【基本案情】2013 年 4 月 27 日，徐州市铜山区环保部门监察发现鸿顺公司高强瓦楞纸项目存在污水处理设施不能正常运转，私设暗管将废水直接排放等问题。后经调查发现，鸿顺公司于 2014 年 4 月 5 日至 6 日，将未经处理的生产废水排入连通京杭运河的苏北堤河，排放量为 600 吨；2015 年 2 月 24 日至 25 日，再次将未经处理的生产废水排入苏北堤河，排放量为 2000 余吨。经检察机关委托，环保专家根据鸿顺公司 2014 年 4 月、2015 年 2 月两次废水排放情况，分别出具了环境污染损害咨询意见，该意见确定鸿顺公司违法排放废水所造成的生态环境损害数额共计 269 100 元。

2015 年 12 月 28 日，徐州市人民检察院以徐检民公诉〔2015〕191 号民事公益诉讼起诉书向徐州市中级人民法院提起环境民事公益诉讼。请求法院：（1）判令被告鸿顺公司将污染的苏北堤河环境恢复原状，并赔偿生态环境受到损害至恢复原状期间的服务功能损失。如被告无法恢复原状，请求判令其以环境污染损害咨询意见所确定的 26.91 万元为基准的 3~5 倍承担赔偿责任；（2）承担本案专家辅助人咨询费用 3 000元。被告所赔偿的环境损害费用应支付至徐州市环境保护公益基金专项资金账户，用于修复生态环境。

问题：检察机关能否作为本案的原告，若检察机关作为环境民事公益诉讼的原告应符合哪些条件？如何理解生态环境服务功能？"恢复原状"与"赔偿损失"责任的适用关系

---

① 本案出自淮安市清江浦区人民检察院：《徐州市人民检察院诉徐州市鸿顺造纸有限公司环境民事公益诉讼案》，http://haqjp.jsjc.gov.cn/zt/dxal/201712/t20171211_215407.shtml，最后访问日期：2022 年 8 月 12 日。

如何？

2. 思考题

（1）谈一谈对环境公共利益的理解。

（2）简述环境民事公益诉讼的功能。

（3）试论环境民事公益诉讼的构成要素。

第四章 环境行政公益诉讼原理与实务

【本章重点内容提示】

1. 环境行政公益诉讼的性质
2. 环境行政公益诉讼的功能
3. 环境行政公益诉讼的特点
4. 环境行政公益诉讼的程序
5. 环境行政公益诉讼的裁判方式

行政公益诉讼是为督促行政机关依法行政、严格执法，维护国家和社会公共利益，检察机关发挥法律监督职能作用，针对行政机关的违法行为提起的公益诉讼。2015年7月，全国人民代表大会常务委员会授权最高人民检察院在生态环境和资源保护、国有资产保护、国有土地使用权出让、食品药品安全等领域开展提起公益诉讼试点工作。经过为期2年的试点，2017年6月27日，全国人民代表大会常务委员会修改了《行政诉讼法》，该法第25条规定，检察机关在履行职责中发现行政机关在生态环境和资源保护、食品药品安全、国有财产保护、国有土地使用权出让等领域违法行使职权或者不作为，致使国家利益或者社会公共利益受到侵害的，应当向行政机关提出检察建议，督促其依法履行职责。行政机关不依法履行职责的，人民检察院依法向人民法院提起诉讼。据此规定，检察机关提起行政公益诉讼，履行检察公益诉讼职能，依法向人民法院提起行政公益诉讼，已经成为一项正式法律制度。行政公益诉讼制度的具体实施，成为新时代检察事业的增长点和助推器，有利于督促行政机关依法履职，建设法治政府，有利于保护国家利益或者社会公共利益。五年来，统计数据表明，环境行政公益诉讼在公益诉讼中占比最多，环境行政公益诉讼对推进美丽中国、生态文明建设具有重大而深远的意义。

第一节 环境行政公益诉讼的概念、性质与特征

一、环境行政公益诉讼的概念

环境侵权是当今世界各国所面临的一个新型侵权问题。引起环境侵权的因素不仅是一些企业的生产活动，还包括其他一些人为原因，诸如都市居民的活动、农业活动、山村、

92

原野等的开发。① 其中行政机关的违法行使行政职权或不履行法定职责也会引起生态环境公共利益的损害。环境行政违法行为是指行政机关违反环境行政法律规范作出的行政行为，如行政机关违法进行环境资源规划、环境资源使用权审批及土地征用等行为；不履行法定职责是行政机关应当履职而因为主客观原因没有履职，如行政机关与污染企业勾结，放任企业污染或破坏环境的行为，在符合法定的环境管制权限的要件时仍不行使其法定职权等情形。一些国家认识到了这一点，并纷纷通过立法加强对政府管理部门或行政执法机关的环境行政行为的行政法调整，建构了比较完善的环境行政公益诉讼制度。我国于2017 年 6 月 27 日，修改《行政诉讼法》，确立了行政公益诉讼制度。

一般而言，环境行政公益诉讼是指检察机关在履行职责中发现行政机关在生态环境和资源保护领域违法行使职权或者不作为，致使生态环境公共利益受到侵害的，应先行提出诉前检察建议，督促行政机关依法履行职责，行政机关在法律规定时间没有履行职责的，检察机关依法向人民法院提起行政公益诉讼。作为一种新型的行政诉讼形式，其具有独特之处：一是案源方面，主要是检察机关在履行监督职责中发现的生态环境领域公益受损；二是案件的监督对象方面，针对的是环境行政机关违法行使职权或行政不作为；三是特殊程序方面，设置了诉前检察建议程序；四是行政公益诉讼主体方面，检察机关是公益诉讼起诉人，被告是环境行政机关。

二、环境行政公益诉讼的性质

（一）"刚柔并济"性公益诉讼

发现案件线索后，检察机关办理环境行政公益诉讼案件首先采用的是柔性法律督促手段——诉前检察建议。这种督促方式可以缓解检察机关与行政机关间的紧张关系，提高问题解决效率，节约一定的司法资源。② 但是，在司法实践中，由于缺乏强制力，诉前检察建议的接受与否完全取决于行政机关的"自觉、自愿、自主决定"③，因此可能导致督促实效充满不确定性，推诿延迟、敷衍回复或者选择性回复等现象发生，环境公共利益便无法得到及时、全面救济。规制这种现象以救济环境公共利益，还需要具有强制性的刚性法律监督手段——环境行政公益诉讼。在诉前检察建议督促功能失效后，检察机关可以针对有关行政机关不履行法定职责或者不正确履行法定职责的情形提起环境行政公益诉讼。

（二）检察权督促环境行政机关依法行使行政权的诉讼

环境行政公益诉讼的实质是检察权借助诉讼方式督促环境行政机关依法正确履行法定职责的活动。也就是说，人民检察院首先通过提出检察建议督促环境行政机关依法履职，诉前程序的设置既体现了司法对行政的尊重，有利于发挥检察机关监督环境行政机关依法

① 汪劲著：《中国环境法原理》，北京大学出版社 2000 年版，第 89 页。
② 王国飞：《环境行政公益诉讼诉前检察建议：功能反思与制度拓新——基于自然保护区生态环境修复典型案例的分析》，载《南京工业大学学报（社会科学版）》2020 年第 3 期，第 49 页。
③ 吕涛：《检察建议的法理分析》，载《法学论坛》2010 年第 2 期，第 108~114 页。

行政的灵活性与实效性，又赋予环境行政机关主动纠正行政违法行为或依法履行职责的自我纠正的机会。在诉前检察权监督实效情况下，检察机关再通过诉讼方式强化检察权监督，以最终起到检察权对环境行政机关的行政权的切实督促。

三、环境行政公益诉讼的特征

（一）起诉主体是检察院

传统法学理论认为，侵权是加害人对受害人的财产和人身的侵害。即侵权行为的构成必须以受害人享有物权法或者人格权法上的权益为要件。受这种观念的影响，在程序法上对原告的规定也严格限制在财产和人身受到侵害的人之上，是一种以当事人一对一的本人诉讼结构。然而，环境污染和生态环境破坏等问题日益凸显，涉及的利益范围广、波及范围大，如按照传统理论，公共利益不但不能得到保护，反而会产生一系列的社会问题，诸如公民对法律的不信任，自力救济泛滥，污染企业逍遥法外等。因为检察院是法律监督机关，具有督促行政机关维护环境公益的职责，所以检察院作为起诉主体具有正当性。

（二）诉讼对象恒定性

环境行政公益诉讼是由行政机关的作为或不作为引起的，如违法许可企业排污，没有对未达到国家排污标准的企业责令其限期纠正或吊销营业执照。因此，环境行政公益诉讼的诉讼对象是行政机关。因行政机关行为对环境公益造成损害，如果是现实的危害，即进入环境行政公益诉讼；如果是潜在的危害，也可提起预防性环境行政公益诉讼。

（三）诉讼目的的公益性

环境权是一项具有公共利益属性、带有集体性的"社会性权利"，各种层次的环境法律规范都以环境公益的实现和环境秩序的维护为主要目的。作为一项独立的权利，当然而且应该能够通过环境诉讼的方式得以实现。所以，环境行政公益诉讼的目的不仅是保证环境法律的正确实施，更重要的是保护社会的环境公共利益不受侵犯，使人们能够在良好、舒适的环境中健康生活。这也是环境行政公益诉讼区别于环境私益诉讼的一个重要特征。

（四）诉讼双方力量的对等性

如果说行政诉讼是"民告官"的话，行政公益诉讼属于"官告官"的诉讼，环境行政公益诉讼起诉人是人民检察院，被告是行政机关，都是掌握国家公共权力的机关，检察机关是法律监督机关，享有公益诉讼的职能，行政机关是执行法律，实施政策，二者都是具备精湛的法律专业知识，拥有公权力的机关，诉讼双方力量具有对等性。

（五）诉讼作用的预防性

环境的破坏不仅是对受害人的人身、财产的侵害，同时也会对生态环境造成破坏和污染，影响人们对美好生活的追求。因为环境侵害具有间接性、复杂性、缓慢性和难以恢复性等特点，由此环境行政公益诉讼的诉讼理由不能局限于"已构成现实的损害和破坏"，而应当是只要行政行为有造成环境损害的危害就可以提起诉讼，把有损环境公益的行为消灭在萌芽状态，防患于未然。

（六）诉前检察建议是必经程序

环境行政公益诉讼中的诉前检察建议是在提起公益诉讼前，先行向相关行政机关提出检察建议，督促其纠正违法行政行为或者依法履行职责，以减少诉讼环节和节约司法资源。在司法实践中，诉前检察建议逐渐显现出其具有主动性、约束性、独立性的特质。诉前程序具有统筹协调、督促多个职能部门综合治理的独特优势，保护公益效果十分明显，以最小司法投入获得最佳社会效果，彰显了中国特色社会主义司法制度的优越性。解决违法行为不必诉至法院，这是环境行政公益诉讼与普通民事诉讼、行政诉讼的重要不同之处。

第二节　环境行政公益诉讼的功能

一、矫正环境行政监管失灵

当前，生态环境日益影响人民生活，行政机关执法不作为、慢作为、乱作为时有发生，甚至造成了公益的损害，针对国家利益和公益损害的救济显得十分必要。发挥新时代检察机关的公益诉讼职能，强化司法权对行政权的控制和制约是法治政府建设的必然要求。在环境领域，有些企业虽然拉动了当地经济发展，但是污染较为严重，如果政府对之放松监管，怠于履职，就会导致政府失灵。[①]可以说环境行政公益诉讼制度的确立，形成了一种司法维护公益的强有力机制，检察机关通过公益诉讼起诉人的角色，督促行政机关增强依法行政意识，维护环境公共利益，促进社会美好生活。

二、强化检察权对环境行政权的监督

环境行政公益诉讼是检察机关以积极主动方式实施对相关行政机关行政行为的监督，这种监督方式具有更深入、更细致、更全面、"接地气"的优势，增强了对环境行政管理活动的监督效果。特别是在群众反映强烈的涉及环境公共利益的社会热点问题上，检察机关可以积极督促行政机关依法用权，及时修补行政管理漏洞，强化有权必有责、用权受监督的行政法治要求。在当下优化营商环境的背景下，检察机关办理环境行政公益诉讼案件可以在督促行政机关整改的同时，帮助企业通过技术升级、规范经营，实现优质高效发展。

三、维护环境公共利益

环境行政公益诉讼是在检察建议的监督方式难以实现监督效果的情况下，通过提起诉

---

① 韩业斌：《行政公益诉讼试点助推地方法治政府建设的功能、困境与出路》，载《黑龙江省政法管理干部学院学报》2017 年第 4 期，第 9 页。

讼启动诉讼程序，由人民法院对行政行为是否违法作出实体裁判。① 检察机关维护环境公共利益，办理环境行政公益诉讼案件呈现出三个阶段。由立案调查到检察建议再到后续的诉讼组成有机的整体，在诉前以检察建议的方式督促行政机关，一方面能及时保护受损公益，也保障了行政机关履职的效率；另一方面行政公益诉讼作为兜底性的保障手段，与检察建议形成监督的合力，为检察建议提供支持与保障，在检察建议无法起到良好作用的时候，由检察机关提起公益诉讼。实践中，检察机关提起环境行政公益诉讼比较严格，要求对拟决议向法院提起公益诉讼的案件实施层层报批方法，其最终目的就是要维护环境公共利益。

第三节　环境行政公益诉讼的沿革与发展

一、环境行政公益诉讼的创制

2015 年 7 月，全国人民代表大会常务委员会授权最高人民检察院在北京、贵州、内蒙古等 13 个省、自治区、直辖市开展公益诉讼试点工作；2017 年 5 月，最高人民检察院发布《最高人民检察院关于做好全面开展公益诉讼有关准备工作的通知》（高检发民字〔2017〕5 号文），标志着全面检察公益诉讼工作正式启动。2017 年 6 月 27 日，全国人大常委会修改了《行政诉讼法》，该法第 25 条规定，检察机关在履行职责中发现行政机关在生态环境和资源保护、食品药品安全、国有财产保护、国有土地使用权出让等领域违法行使职权或者不作为，致使国家利益或者社会公共利益受到侵害的，应当向行政机关提出检察建议，督促其依法履行职责。行政机关不依法履行职责的，人民检察院依法向人民法院提起诉讼。据此规定，环境行政公益诉讼制度正式建立。

应当说，早在 2005 年 4 月 25 日，律师陈岳琴起诉北京市园林局案是我国环境行政公益诉讼的肇端，该案因此被誉为中国环境行政公益诉讼的"破冰之诉"。陈岳琴律师在华清嘉园小区绿地实测案中要求北京市园林局根据我国《城市绿化条例》第 16 条和相关强制性国家标准在 1 个月内履行对华清嘉园绿化工程进行验收，并出具绿化工程竣工验收单，该案最终于 2005 年 6 月 17 日以和解的方式圆满结案。它的成功之处在于，它实现了私益诉讼向公益诉讼的转化，即把绿地审批监管部门的行政不作为作为诉讼对象。尽管这一公益诉讼并非当下法定的环境行政公益诉讼，但是它开了我国公民提起环境行政公益诉讼之先河。

二、环境行政公益诉讼的完善

根据《行政诉讼法》的规定，行政公益诉讼存在着三个阶段。但是，现行法律对诉前、诉中、诉后制度并没有具体详细明确的规定。虽然 2018 年《最高人民法院　最高人民检察院关于检察公益诉讼案件适用法律若干问题的解释》规定了行政公益诉讼诉前检

---

① 徐全兵：《检察机关提起行政公益诉讼的职能定位与制度构建》，载《行政法学研究》2017 年第 5 期，第 79 页。

察建议要求行政机关的履职期限、应提交的起诉材料、立案、判决类型等①，但是行政公益诉讼实践中依然存在环境行政公益诉讼线索发现难、调查取证难、公益损害鉴定难等问题。

（一）存在的问题与实践困境

1. 关于诉前调查取证的具体规定不充分

检察机关在办理诉前程序过程当中，要对行政机关的履职情形及公益的侵害范围进行调查核实，对行政机关在法律过程中产生的行政执法卷宗等资料，检察机关需要进行调阅、复印，行政机关拒不配合的，检察机关怎样处置法律规定尚不明确。除了查阅、调阅相关执法卷宗外，对于专业性的问题，检察机关需要对损害情况进行委托鉴定，比如需要对环境的损害范围、程度、修复费用等进行鉴定，但是鉴定费动辄数十万甚至上百万元，鉴定费用由哪个部门承担，还无法可依。②

2. 关于检察院启动诉权的规定不明确

在诉前程序中，依据 2019 年《人民检察院检察建议工作规定》第 23 条，行政机关对检察建议有提出异议的权利，检察机关有复核权。然而，实践中"行政机关对检察建议不予理睬、将检察文书束之高阁"的情形极为常见。③ 尽管检察机关的诉前检察建议不能为行政机关创设法律规定之外的义务④，但是作为被监督对象的行政机关，往往对检察机关的检察建议合法性持质疑态度。为了避免在检察建议无效的情况下，出于各方面顾虑或压力长期不提起诉讼⑤的现实弊端，也为了避免某些地方检察机关出于各种考量，刚到 2 个月的回复时间便迫不及待地提起诉讼，建议对于人民检察院启动环境行政公益诉讼的具体诉讼时效标准加以明确。另外，对检察建议内容是否整改到位，目前尚无明确的标准和可操作的指引，需要明确公益诉讼诉前程序落实标准及成效评估制度，对是否整改到位的客观评价，对能否启动诉权，是否有必要启动诉权应适时引入第三方评估机制等。⑥ 换句话说，对于满足何种形式及实质条件下应当启动行政公益诉讼确保人民检察院行政监督权落实，应进行细致规定，避免其作为司法保障手段沦为纸老虎

①　2018 年 2 月 23 日最高人民法院审判委员会第 1734 次会议、2018 年 2 月 11 日最高人民检察院第十二届检察委员会第 73 次会议通过，根据 2020 年 12 月 23 日最高人民法院审判委员会第 1823 次会议、2020 年 12 月 28 日最高人民检察院第十三届检察委员会第 58 次会议修正。

②　李坤辉：《行政公益诉讼诉前程序研究——以检察权与行政权的关系为视角》，载《理论观察》2019 年第 5 期，第 111 页。

③　贾永健：《中国检察机关提起行政公益诉讼模式重构论》，载《武汉大学学报》2018 年第 5 期，第 155 页。

④　张晋邦：《论检察建议的监督属性——以行政公益诉讼中行政机关执行检察建议为视角》，载《四川师范大学学报（社会科学版）》2018 年第 3 期，第 71～78 页。

⑤　林仪明：《我国行政公益诉讼立法难题与司法应对》，载《东方法学》2018 年第 2 期，第 156 页。

⑥　李坤辉：《行政公益诉讼诉前程序研究——以检察权与行政权的关系为视角》，载《理论观察》2019 年第 5 期，第 110 页。

的不利局面。①

3. 关于变更诉讼请求的监督制度不健全

根据《最高人民法院　最高人民检察院关于检察公益诉讼案件适用法律若干问题的解释》的规定，行政机关有效整改以使人民检察院的诉讼请求全都实现的，人民检察院有选择撤诉或者请求确认原行政行为违法的权利。换言之，环境行政公益诉讼起诉后判决前，行政机关整改到位的，是撤回起诉还是请求法院判决确认行政行为违法皆由人民检察院决定。如果检察机关为了追求"胜诉率"，把起诉后判决前整改到位的案件，变更诉讼请求为确认违法，以此来赢得检察机关"胜诉"。这不利于充分激发环境行政机关的整改积极性，也不利于充分发挥行政权在保护公益上的专业性职能。

4. 案件线索发现不易

提起公益诉讼首先要有案源，尽管目前大多数人对自身权利的保护越来越重视，但是整个社会对于兴起的"环境公益诉讼"认识不够，即使发现国家利益或公共利益受到侵害，但为减少麻烦，依然不会选择向有关机关举报。实践中，行政机关离严格、规范、公正、文明执法仍有差距，不作为和乱作为的情形时有发生。

5. 诉前检察建议质量不高

《人民检察院检察建议工作规定》规定了诉前公益诉讼检察建议的适用范围、调查办理和督促落实、监督管理等，然而实践中部分检察建议在未对违法事实进行全面调查核实的情况下就发出检察建议，导致建议内容和实际情况存在较大的偏差。检察机关要把握好检察建议的详略度，诉前检察建议的内容要明确具体，不能过于详细，不能越位，不得对行政权的正常行使造成干扰，检察机关尽量避免过早地介入行政权的运行，更不能替代行政机关行使行政权。检察权与行政权的互动应遵循司法独立、公开等基本原则，以有效维护公共利益和国家利益。②

6. 公益诉讼办案力度不够

在国家机构改革大背景下，中央已探索在检察机关内部增设公益诉讼检察机构，为专业化参与行政公益诉讼提供了组织保障。2018 年 7 月，习近平总书记主持召开了中央全面深化改革委员会第三次会议，会议提出在最高人民检察院内将新设公益诉讼检察厅。以检察机关内设机构改革为契机，设立检察机关提起公益诉讼的司法制度，既能成为检察业务新的增长点，也有助于推动检察院职能的转型。③ 行政公益诉讼作为保障公共利益的重要制度，可以预见它在将来会发挥更大作用，这也成为检察机关职权上的增量。然而，公益诉讼队伍建设还需要进一步加强，干警的司法办案能力、专业化办案水平有待进一步提升。

---

① 参见沈岿：《检察机关在行政公益诉讼中的请求权和政治责任》，载《中国法律评论》2017 年第 5 期，第 80 页。

② 李坤辉：《行政公益诉讼诉前程序研究——以检察权与行政权的关系为视角》，载《理论观察》2019 年第 5 期，第 112 页。

③ 程雪阳：《行政公益诉讼与人民检察院的转型》，载《南方周末》2017 年 6 月 29 日，第 7 版。

（二）完善环境行政公益诉讼制度

1. 明确诉前调查取证的具体规定

检察机关发起检察建议要以证据为依据。诉前程序阶段中以调取行政机关执法证据为主[1]，目前行政公益诉讼的取证固证多是依赖行政机关的配合，但实际上很多的行政机关担心会对其自身带来违法的风险，因而在被调查过程中往往不配合[2]，恐于出具书面材料会对自身造成不良影响而只愿口头配合调查，在诉前调查阶段配合度低甚至隐瞒部分证据。而且行政机关在行政执法中所形成的材料比较笼统，而要想作为证据使用，通常是要求证据极具精确性的，所以经常导致行政机关提供的证据证明力不高，与案件关联性不强，无法确定破坏事实。另外，目前行政公益诉讼监督事项多为破坏发生后的事后监督，但取证还要求对破坏发生前的状况进行调查，这就会导致取证的先天不足。行政公益诉讼证据，往往需要检察人员依职权主动调查，并且通常受调查的领域限制，取证难度较大，需要大量专业知识。在生态环境保护领域，部分环境污染不能仅凭肉眼判断，还需要明确的数据支撑。受专业知识、调查手段、证据保存即时性等影响，取证、固证十分困难，尤其在环境监测、检材提取、实地考察等方面需要更多技术支持。[3] 同时，必要的经费支撑也有助于保障检察机关取证的进行，有利于证据的取得和固定。为此，必须创新取证方式，由被动地接受材料转为主动调查取证，并普遍建立针对办案费用的保障机制，设立针对环境行政公益诉讼的专项资金，该资金不仅单纯用于支付专家咨询、鉴定评估费用[4]，还可以用来恢复被破坏的生态环境。现行《人民检察院检察建议工作规定》第14条虽然提到检察机关的调查权限，但没有对行政机关违反调查中的配合义务的法律后果予以明确。所以，应当明确行政机关予以配合的义务，对拒不配合的，检察机关可以向党委、政府、监委通报。而且有必要适度赋予检察机关部分强制调查权，允许其在不采取强制性措施可能导致公共利益严重受损或是主要证据面临毁损、灭失的情况下对相关物品进行查封、扣押或者冻结相关账户。调查权的合理设置将有利于检察机关更加有效地发现和纠正行政机关的违法行为和不作为，督促其依法积极履职，从而加快法治政府建设的进程。[5]

2. 明确检察院起诉条件

检察机关发起审查建议是为了催促行政机关依法履责。检察建议的发出只是诉前程序的启动，检察机关应加强与行政机关的联系，及时掌握行政机关在整改中出现的新问题，跟踪观察检察建议的落实效果。诚然，任何事物的整改都不是一蹴而就的，需要给予其充

---

① 王万华：《完善检察机关提起行政公益诉讼制度的若干问题》，载《法学杂志》2018年第1期，第96~108页。

② 孔祥稳、王玎、余积明：《检察机关提起行政公益诉讼试点工作调研报告》，载《行政法学研究》2017年第5期，第87~98页。

③ 王俊娥、刘慧：《行政公益诉讼诉前检察建议质效问题研究》，载《中国检察官》2019年第4期，第22~24页。

④ 罗书臻：《规范环境公益案件审理 切实维护环境公共利益》，载《人民法院报》2015年1月7日，第4版。

⑤ 渠滢：《行政公益诉讼助推法治政府建设》，载《学习时报》2019年8月21日，第3版。

分的落实建议的时间，不能静止地看待问题，学会适时"回头看"①，行政机关如果没有按期改正违法行为或履行法定职责，致使国家和社会公共利益仍处于受损害状况的，人民检察院应当提起行政公益诉讼保护国家利益和社会公共利益，督促行政机关依法行政、严格执法。依据《最高人民法院　最高人民检察院关于检察公益诉讼案件适用法律若干问题的解释》的规定，行政机关接到检察建议后履行职责的期限是 2 个月。在实际操作中，特别是在生态环境破坏案件中，此类案件多为植被等被毁坏，急需恢复②，2 个月的时间并不足以恢复原状，甚至连基本的设备更换都无法完成，社会公益仍处于被侵害状态，难以确认行政机关是否已经依法履职，检察机关也就无法判断此情况下是应当终结审查还是提起行政公益诉讼。在实践中，行政机关履职还出现了介于违法行使职权和不作为两种类型之间的违法行为，即行政机关仅部分履职而未充分履职的情形。③ 因而，法律要明确检察机关提起公益诉讼的具体条件。从起诉的程序前提来讲，检察机关首先要已履行诉前程序；从起诉实质条件而言，检察机关提请行政公益诉讼的条件，是行政机关拒不纠正违法行为或没能积极有效履行职责，或是公益仍然受到侵害，抑或二者兼备。只有明确了检察院诉讼条件，才能够对检察机关自由裁量权的行使进行限制制约。这样既可以杜绝行政机关的违法行为及遏制其虚假整改，又可以监督检察院的随意不起诉和限制恣意滥起诉。

3. 明确法院对撤诉行为的合法性监督

依据《最高人民法院　最高人民检察院关于检察公益诉讼案件适用法律若干问题的解释》第 24 条规定，对判决前整改到位的，要撤回起诉或判决确认违法皆由人民检察院的诉请选择。据此规定，是不是只要检察机关提出撤诉，法院就应当裁定撤诉？那么对未整改到位社会公共利益仍处于受损状态的撤诉，是否准许，必须由法院裁定吗？在审理中，对被告改正违法行为或依法履行职责而使人民检察院的诉讼请求全都实现的判定主体到底是法院还是检察院？在行政公益诉讼中，检察机关是公益诉讼起诉人，不完全等同于原告，法院有权不予准予吗？根据法理，对未整改到位的社会公共利益仍处于受损状态的撤诉，法院应当依法不予准许。对起诉后判决前整改到位的案件，检察机关撤回起诉的，法院应当依法准许。这有利于充分激发行政机关的整改积极性，也有利于充分发挥行政权在保护公益上的专业性职能，还有利于节省司法资源。只有法院对撤诉行为的合法性进行监督，才能保证国家利益和社会公共利益得到切实保护。

4. 拓宽案源渠道

案件线索发现难、取证难，会使得大量公益诉讼案件被扼杀在摇篮之中，检察院的职能不能充分体现，公共利益不能得到充分保障，公益诉讼的初衷就不能实现。因此，需要在案件线索方面进行突破，拓宽线索来源渠道。首先，可以建立相应的举报机制，鼓励广大公民、法人或其他组织通过控告、申诉、举报、信访等方式提供案件线索，同时完善相

---

① 佟海晴：《检察建议发挥作用关键靠落实》，载《检察日报》2019 年 6 月 24 日，第 1 版。
② 潘如新：《行政公益诉讼诉前程序探索》，载《检察日报》2019 年 7 月 11 日，第 3 版。
③ 刘艺：《检察公益诉讼的司法实践与理论探索》，载《国家检察官学院学报》2017 年第 2 期，第 3~18 页。

应的保密机制，保护相关检举人的隐私以及人身安全。其次，要逐步完善检察机关与行政机关的信息互通机制，随时掌握行政机关工作的最新动态，实时对行政行为进行监督，增强线索发现的准确性和及时性。再次，检察院应当经常派相关工作人员走访社区，与群众进行沟通，主动发现线索。最后，在我国监察体制改革的大背景下，监察机关在办案过程中发现的案件线索或可成为检察院公益诉讼的线索之一，因此，在捋清相关责任的同时，可以完善检察机关与监察机关的相关案件对接，这或将成为公益诉讼的案件线索的重要来源。在办理行政公益诉讼案件中，牢固树立"监督者更要接受监督"的意识，积极主动向党委、人大汇报工作，真诚接受政协民主监督、舆论监督。

5. 提高诉前检察建议质量

检察建议是建议而不是命令，并不具备强制执行力，行政机关在接到检察建议后是否依法履职完全依赖于该行政机关的主观意愿[1]，并且其作为前置程序的核心内容一定程度上决定了诉讼程序能否启动。这就对发起检察建议应建立在调查核实的基础上，且与提起公益诉讼时诉讼请求的主要内容根本相同。首先需要建立说理释法制度，保证检察建议的合理性和正当性，提高检察建议的说服力和执行力。保证出具的检察建议有理有据，同时被监督者也能够理解建议的作出。检察机关在作出检察建议时应当注重调查案件事实，尽量做到事实阐述的清楚明晰，并且进行充分的法律说理，确保提出建议的精准性和可操作性，这样的检察建议更能被行政机关接受，取得良好整改效果。根据规定，发起诉前检察建议应载明认定的行政违法事实和依法履职的具体要求。这就要求在提出检察建议时必须提供翔实的、确认公共利益受损的证据，而不能单纯提供初步证据，其需要证据可以全面、精准地判断行政机关有无正确履职，准确的检察建议甚至可以影响到诉讼提起后的审判结果，缩小检察机关的诉讼风险。[2]为提高诉前检察建议质量，2018年12月最高人民检察院修订了《人民检察院检察建议工作规定》，针对2009年试行规定对检察建议适用范围、内容、制发程序等规定较为粗疏，难以满足新时代检察建议工作实践需要的问题，进行了全面修改，主要体现在：一是明确了适用范围，对以往实践中混用检察建议书、检察意见书和纠正违法通知书的现象进行了统一规范；二是规范了检察建议的制发和管理，改变了一些地方检察建议的制发主体、文书编号不统一，文书格式、审批程序不规范，内部管理较为混乱的问题；三是强调检察建议的高质量，重视检察建议质量，强调检察建议的严肃性和实效性，杜绝缺乏深入调研论证、建议内容空泛、对策措施缺乏针对性、可行性的一些检察建议的制发；四是强化跟踪监督，以前一些检察建议发出后，对被建议单位的落实情况怠于了解和督促，导致检察建议的回复和采纳情况不理想，修订后的《人民检察院检察建议工作规定》以提高检察建议质量和效果为导向，对监督事项的调查核实和检察建议书的制发程序、督促落实机制等进行了细化完善，为检察建议工作的规范有序开展提供了更加明确具体的依据。

---

① 王晓冬、刘亚楠：《构建检察机关提起环境行政公益诉讼制度》，载《中国环境管理干部学院学报》2016年第2期，第9~11页。

② 王万华：《完善检察机关提起行政公益诉讼制度的若干问题》，载《法学杂志》2018年第1期，第96~10页。

6. 增强办案能力

以深化司法体制改革为契机，按照检察机关内设机构改革的统一部署，结合公益诉讼工作办案专业化需求，单独设立公益诉讼案件办理的专门机构，应选配熟悉调查核实和出庭应诉业务的检察官充实公益诉讼队伍，进一步优化人员配备，增强专业化办案组织建设，全面落实法律责任办案制度。严明司法办案纪律，严格规范行使法律赋予的公益诉讼职权，努力打造一支政治坚定、理念先进、能力突出、专业精通的过硬队伍。强化素能培训，选派业务骨干参加公益诉讼培训班，加强与先进地区的交流学习，强化干警在调查取证、文书制作、出庭应诉等方面的知识储备，提高办案实务技能。强化实训教育，有针对性地补齐业务短板，切实提升线索发现能力、调查取证能力、庭审应诉能力。加强科技支撑，配备智能帮助办案体系、技术侦查设备、无人机等技术装备，推动科技技术与公益诉讼工作的深度合作，提高公益诉讼办案能力。

第四节　环境行政公益诉讼的诉前程序

一、环境行政公益诉讼诉前程序的功能

《行政诉讼法》规定，人民检察院首先通过提出检察建议督促行政机关依法履职，这种诉前程序的设置既体现了司法对行政的尊重，有利于发挥检察机关监督行政机关依法行政的灵活性与实效性，又赋予行政机关主动纠正行政违法行为或依法履行职责的自我纠正的机会。因而可知，环境行政公益诉讼案件大多数在诉前程序得到解决，既节省了司法成本，又保障了行政高效。

《人民检察院检察建议工作规定》第 5 条规定，根据适用对象和目的的不同，将检察建议划分为再审检察建议、纠正违法检察建议、公益诉讼检察建议、社会治理检察建议四类，其中，公益诉讼检察建议旨在保护国家利益和社会公共利益，是由检察机关针对行政机关违法行使职权或者不作为，在提起行政公益诉讼前向行政机关提出的检察建议。从以上梳理来看，现行规定将行政公益诉讼诉前检察建议的功能普遍定位于"督促"。从语义学视角来看，督促有"监督催促"或者"监督推动"之意。"督促"对象仅指向行政机关的不作为或者违法行使职权，其中，"不作为"是指行政机关负有实施某种或某些特定的积极行为的义务且有能力而不实施的行为，如法定期限内"不予答复"或者超过法定期限的答复；"违法行使职权"则是行政机关负有法定职责而"拒绝履行""怠于履行"或者"不予答复"的行为①，其认定以法定职责依据、权力清单、责任清单为前提，以是否采取有效制止违法行为的措施、穷尽法定行政监管手段、有效保护国家利益或社会公共

---

① 尹昌平：《审理行政机关不履行法定职责案件若干问题探讨》，载《行政法学研究》2002 年第 2 期，第 76~78 页。

利益为标准。①

诉前检察建议旨在通过督促行政机关及时履责以制止和减少环境公共利益受到损害，其实质是检察权对行政权的干预。合法、合理的干预有助于这种目的的实现，而检察机关不尊重行政机关专业判断，甚至逾越、取代环境行政主管部门和相关部门作出决定，则是对环境行政主管部门和相关部门正常的监督、管理活动的不当介入。检察机关要正确、审慎把握诉前检察建议适用的前提条件与限制，如更充分的沟通、适宜的诉前检察建议提出时间、符合实践需要的履责合理期限、合理地终结案件、必要时的诉讼方式选择等。

二、环境行政公益诉讼诉前程序的启动

《人民检察院检察建议工作规定》规定了诉前公益诉讼检察建议的适用范围、调查办理、督促落实、监督管理等内容，明确了检察建议"制发""调查核实""送达""回复""变更或撤回""异议""通报和报告"等要素。在诉前程序中，环境行政公益诉讼诉前检察建议的提出需要满足三个条件：首先，行政机关负有特定的法定职责；其次，行政机关存在不履行法定职责或不作为；最后，国家利益和社会公共利益因行政机关的上述行为持续处于受侵害状态。

三、环境行政公益诉讼诉前程序的失效

诉前程序既及时解决问题又节约司法资源，而通过诉讼程序强化了公益保护的刚性，两种程序刚柔并济，使国家利益和社会公共利益得到更加及时有效的保护。显然，设置这种诉前程序旨在节约司法成本、提高问题解决效率和及时保护受侵害的国家利益和社会公共利益。创新检察监督手段，以"柔性"检察建议督促行政机关履行法定职责，这实际上是检察机关的一种"理想"，因为对行政机关而言，诉前检察建议督促是一种不具有法律拘束力的外部压力。环境行政机关可以选择接受并在法定期限内履行法定职责，也可以拒绝履行或不予回复选择进入检察机关提起的公益诉讼程序来解决纠纷。对行政机关的后一选择，检察机关却不能以督促无效为由进行强制执行，而只能启动诉讼程序。在诉前检察建议督促失效时，法律赋予检察机关提起行政公益诉讼，由人民法院对被诉行政行为作出实体裁判。

实践中，环境行政公益诉讼诉前检察建议制发前，检察机关与行政机关间缺少充分、有效的沟通，调查工作流于形式，检察建议制发决定往往简单、粗暴，导致检察建议失去了高效解决问题以及及时维护受侵害的国家和社会环境公共利益的应有作用，出现环境行政公益诉讼诉前程序的失效状态，进而只有启动环境行政公益诉讼。因此，当环境行政机关在规定期限内无法有效制止发生的环境违法行为、环境公共利益仍处于受侵害状态，或者环境行政机关虽已积极采取措施但是不足以消除环境公共利益受侵害状态或恢复生态环

---

① 参见《最高人民检察院、生态环境部及国家发展和改革委员会、司法部、自然资源部、住房城乡建设部、交通运输部、水利部、农业农村部、国家林业和草原局关于印发〈关于在检察公益诉讼中加强协作配合依法打好污染防治攻坚战的意见〉的通知》（高检会〔2019〕1号）。

境状态的情况时，即是环境行政公益诉讼诉前程序的失效。

第五节　环境行政公益诉讼的构成要素

环境行政公益诉讼参加人，是指依法参加环境行政公益诉讼活动，享有诉讼权利，承担诉讼义务，并且与诉讼案件或诉讼结果有利害关系的人。环境行政公益诉讼参加人，包括公益诉讼起诉人、被告、诉讼中的第三人①以及诉讼代理人。环境行政公益诉讼参加人不同于行政诉讼参与人，环境行政公益诉讼参与人比环境行政公益诉讼参加人的范围更为广泛，它除诉讼参加人外，还包括证人、鉴定人、翻译人员、勘验人等。② 诉讼参加人之外的诉讼参与人，虽然依法参加行政诉讼活动，并在诉讼中享有相应的诉讼权利和承担相应的诉讼义务，但是他们在法律上与本案的诉讼结果并无利害关系。

当事人在不同的诉讼阶段有不同的称谓，在第一审程序中，称为公益诉讼起诉人、被告和第三人；在第二审程序中称为上诉人和被上诉人（一审中的公益诉讼起诉人和被告既可能是上诉人，也可能是被上诉人）；在审判监督程序中，称为申诉人和被申诉人；在执行程序中，称为申请执行人和被申请执行人。环境行政公益诉讼当事人具有以下的特征：

（1）以自己的名义参加诉讼。只有以自己名义参加诉讼的才是诉讼当事人，不以自己名义而是以他人名义参加诉讼的，则不属于当事人，如诉讼代理人。

（2）参加诉讼的原因不同。在环境行政公益诉讼中，公益诉讼起诉人是为了维护环境公共利益而参加诉讼活动；被告是行政机关因为在生态环境和资源保护领域违法行使职权或者不作为，致使生态环境公共利益受到侵害，拒不改正；第三人是与环境行政公益诉讼案件的处理结果有利害关系的人。③

（3）受人民法院裁判的拘束。人民法院的裁判是针对诉讼当事人的权利和义务的争执所作出的，直接设定了当事人相应的权利和义务。因此，当事人受裁判所确定的权利和义务直接约束，并有义务保证裁判的顺利执行。

一、环境行政公益诉讼的公益诉讼起诉人

环境行政公益诉讼的公益诉讼起诉人是人民检察院。根据《行政诉讼法》第25条第4款规定，检察机关在履行职责中发现行政机关在生态环境和资源保护领域违法行使职权

---

① 从法院判决的实践来看，行政公益诉讼中第三人涉及行政行为的相对人或者利害关系人、行政权行使主体、违法行为侵害主体三类。

② 诉讼参与人的含义目前尚有争议。有人认为，诉讼参与人仅指证人、鉴定人、翻译人员等，不包括诉讼参加人，当事人仅指原告、被告和第三人，而当事人和诉讼代理人、法定代表人和诉讼代表人合称诉讼参加人。

③ 不仅理论上第三人参加行政公益诉讼存在诸多争议，而且司法实践中审判机关与检察机关看法不一。如最高人民检察院原行政检察厅行政检察二处徐全兵处长认为，允许第三人参加诉讼不符合行政公益诉讼的客观诉讼属性。但各地法院对于行政公益诉讼中第三人的认识也是不尽一致的，部分法院判决书中涉及第三人问题，但处理方法却存在差异。

或者不作为，致使生态环境公共利益受到侵害的，先行提出诉前检察建议，督促行政机关依法履行职责，行政机关在法律规定时间没有履行职责的，检察机关依法履行公益诉讼职能，向人民法院提起行政公益诉讼，成为环境行政公益诉讼的公益诉讼起诉人。环境行政公益诉讼的公益诉讼起诉人具有以下特征：其一，环境行政公益诉讼的公益诉讼起诉人是检察机关。其二，环境行政公益诉讼的公益诉讼起诉人提起公益诉讼以履行诉前程序为前提。《最高人民法院　最高人民检察院关于检察公益诉讼案件适用法律若干问题的解释》第 21 条规定，行政机关应当在收到检察建议书之日起 2 个月内依法履行职责，并书面回复人民检察院。出现国家利益或者社会公共利益损害继续扩大等紧急情形的，行政机关应当在 15 日内书面回复。行政机关不依法履行职责的，人民检察院依法向人民法院提起诉讼。所以，检察机关向行政机关提出检察建议是法定的诉前程序。诉前程序是检察机关通过对行政机关违法履职和行政不作为的监督，督促其依法履行职责，能够使行政机关纠正、整改违法行使职权或者不作为问题，节约司法资源，及时有效地保护国家利益和社会公共利益。其三，环境行政公益诉讼的公益诉讼起诉人提起公益诉讼应当提供初步的证明材料。根据《最高人民法院　最高人民检察院关于检察公益诉讼案件适用法律若干问题的解释》第 22 条规定，检察机关提起环境行政公益诉讼需要提交被告违法行使职权或者不作为，致使国家利益或者社会公共利益受到侵害的证明材料，以及检察机关已经履行诉前程序，行政机关仍不依法履行职责或者纠正违法行为的证明材料。

二、环境行政公益诉讼的被告

所谓环境行政公益诉讼的被告，是指检察机关在履行职责中发现行政机关在生态环境和资源保护领域违法行使职权或者不作为，致使生态环境公共利益受到侵害的，先行提出诉前检察建议，督促行政机关依法履行职责，行政机关在法律规定时间没有履行职责的，检察机关依法履行公益诉讼职能，向人民法院提起行政公益诉讼，而由人民法院通知应诉的环境行政主体。环境行政公益诉讼的被告具有以下基本特征：

第一，被告具有行政主体资格。行政主体中的工作人员、受行政机关委托的组织或者个人在行政诉讼中不具有相应的诉讼能力，不能作为被告。

第二，被告是在生态环境和资源保护领域违法行使职权或者不作为的行政机关。既包括积极的违法作为也包括消极的不作为。只有在生态环境和资源保护领域违法行使职权或者不作为的行政机关，才有可能当被告。从层级管理的角度看，行政机关内设机构的行为即便未经行政机关授权或同意或超出行政机关授权或同意的范围，也应视为行政机关的行为，被告仍应确定为行政机关。

第三，被告须经人民法院通知应诉。一般来说，人民法院通知应诉的行政主体即为被告。没有公益诉讼起诉人的起诉，不可能有被告；但被告地位的确定不源于公益诉讼起诉人的起诉，不能认为原告起诉书上所列的行政机关或者被授权组织即为被告，而必须经法院审查认为其适格后，确定某个（些）行政机关或者被授权组织为（共同）被告并通知其应诉时，被告的特征或者说其要件才全部具备。

三、环境行政公益诉讼第三人

根据《行政诉讼法》第 29 条规定，第三人是公民、法人或者其他组织同被诉行政行为或者案件处理结果有利害关系。环境行政公益诉讼中的第三人，是指因与涉诉行政机关的行政行为或者案件处理结果有利害关系，通过申请或者由人民法院通知而参加到诉讼中来的公民、法人或者其他组织。行政行为相对人或者利害关系人作为第三人参加到环境行政公益诉讼活动中，是为了维护自己的合法权益。它在法律上具有独立的法律地位，既不依附公益诉讼起诉人，也不依附被告，它在诉讼中有独立于公益诉讼起诉人或被告之外的利益。第三人在环境行政公益诉讼中有权提出与本案有关的诉讼主张，对一审判决不服有权提出上诉并享有其他诉讼权利。环境行政公益诉讼的第三人并没有民事诉讼中的有独立请求权第三人、无独立请求权第三人之分。

从环境行政公益诉讼实践来看，在下列情形下，有关公民、法人或者其他组织可以作为第三人[1]：（1）环境行政机关违法行使职权的行政相对人。（2）与涉诉环境行政机关的不作为行政行为有法律上的利害关系的行政相对人。（3）行政权的行使主体[2]，这些主体参与诉讼的目的应是维护行政行为的合法性，维护的是客观法秩序，属于客观诉讼范畴，应是与行政公益诉讼的目的相一致。

四、环境行政公益诉讼的诉讼请求

根据《检察机关行政公益诉讼案件办案指南》《人民检察院公益诉讼办案规则》[3] 等规范性文件，检察机关可以提出确认行政行为违法或者无效、撤销或部分撤销违法行政行为、履行法定职责等诉讼请求。

（1）确认行政行为违法或无效，主要适用于以下三种情形：一是行政行为应当撤销，但撤销会给国家利益或者社会公共利益造成重大损害；二是行政行为违法，但不具有可撤销内容；三是行政行为有实施主体不具有行政主体资格或者没有依据等重大且明显违法情形。该诉请一般表述成"确认被告未依法履行某职责行为违法"。在要求确认违法的同时，可以一并要求行政机关采取补救措施。

（2）撤销或部分撤销违法行政行为，适用于行政行为主要证据不足，适用法律、法规错误，违反法定程序，超越职权，滥用职权，明显不当六种情形；符合《中华人民共和国行政诉讼法》第 70 条规定情形的，可以一并要求行政机关重新作出具体行政行为。

（3）责令履行法定职责，适用于行政机关不履行或不全面履职法定职责，判决履行

---

① 参见练育强：《行政公益诉讼第三人制度的实证反思与理论建构》，载《行政法学研究》2019年第 4 期，第 67~85 页。

② 参见 2018 年《最高人民法院关于适用〈中华人民共和国行政诉讼法〉的解释》第 26 条："应当追加被告而原告不同意追加的，人民法院应当通知其以第三人的身份参加诉讼，但行政复议机关作共同被告的除外。"

③ 2020 年 9 月 28 日最高人民检察院第十三届检察委员会第五十二次会议通过，自 2021 年 7 月 1日起施行。

仍有意义的情形。在诉讼请求中一般无须列明要求行政机关履行职责的期限，可由法院在裁判中确定合理期限。该诉请一般表述为"责令被告依法履行某某职责"。

（4）变更行政行为，适用于被诉行政机关作出的行政处罚明显不当，或者其他行政行为涉及对款额的确定、认定确有错误的，可以提出变更行政行为的诉讼请求。

检察机关提起行政公益诉讼的诉讼请求核心是督促行政机关履行职责以维护国家利益和社会公共利益。如果在诉讼过程中，行政机关履行职责，国家利益或者社会公共利益得到维护并使得检察机关的诉讼请求全部实现的，检察机关可以将责令履职的诉讼请求变更为确认违法。

五、环境行政公益诉讼的管辖法院

行政诉讼管辖，是指人民法院之间受理第一审行政案件的分工和权限。行政诉讼的受案范围，解决了哪些行政争议可以提交人民法院进行审判的问题，而行政诉讼管辖则是解决第一审行政案件具体应当由何地、何级法院受理的问题。在行政审判体制改革背景下，法院对行政公益诉讼的管辖与法院对一般行政诉讼案件的管辖权配置应保持基本一致，做到内在衔接。[1]《最高人民法院　最高人民检察院关于检察公益诉讼案件适用法律若干问题的解释》第5条第2款规定，基层人民检察院提起的第一审行政公益诉讼案件，由被诉行政机关所在地基层法院管辖；该司法解释第26条规定，本解释未规定的其他事项，适用民事诉讼法、行政诉讼法以及相关司法解释的规定。即该司法解释无规定的情形下，行政公益诉讼可以适用行政诉讼法、民事诉讼法等规定。行政诉讼法中有关行政诉讼案件的管辖一般规定基本可以适用于行政公益诉讼案件。

环境行政公益诉讼管辖解决的是人民法院之间受理第一审环境行政公益诉讼案件的分工和权限问题。也就是说，环境行政公益诉讼管辖解决第一审环境行政公益案件具体应当由何地、何级法院受理的问题。具言之，环境行政公益诉讼管辖包括"纵""横"两方面内容：上下级人民法院之间受理第一审环境行政公益案件的权限分工，称为"级别管辖"；同一级人民法院之间受理第一审环境行政公益案件的权限分工，称为"地域管辖"。

级别管辖方面，我国人民法院分为最高人民法院、高级人民法院、中级人民法院和基层人民法院四级，除专门人民法院外，都有环境行政公益诉讼案件的管辖权。《行政诉讼法》第14条规定："基层人民法院管辖第一审行政案件。"结合《行政诉讼法》关于管辖的其他规定，基层人民法院管辖的第一审行政案件，是中级人民法院、高级人民法院和最高人民法院管辖的第一审行政案件以外的所有行政案件。基层人民法院在我国法院体系中属于最低一级的人民法院，数量多，分布广，大量的行政纠纷往往是基层行政机关执法引起的，即原告与被告的所在地、行政争议的发生地，大多在基层人民法院的辖区内，由基层人民法院受理该类行政案件，便于当事人参加诉讼，便于法院调查取证，便于及时处理行政案件。同样的道理，环境行政公益诉讼案件一般由基层人民法院管辖，但是管辖法院又受制于起诉主体的级别。例如，根据《最高人民法院　最高人民检察院关于检察公益

---

① 李瑰华：《行政公益诉讼与行政诉讼管辖之衔接》，载《检察日报》2020年11月17日，第3版。

诉讼案件适用法律若干问题的解释》第 5 条规定，市（分、州）人民检察院提起的第一审民事公益诉讼案件，由侵权行为地或者被告住所地中级人民法院管辖；基层人民检察院提起的第一审行政公益诉讼案件，由被诉行政机关所在地基层人民法院管辖。但是，《最高人民法院　最高人民检察院关于检察公益诉讼案件适用法律若干问题的解释》未明确中级以上人民法院管辖行政公益诉讼案件的具体范围。结合《行政诉讼法》第 15 条和《最高人民法院关于适用〈中华人民共和国行政诉讼法〉若干问题的解释》第 5 条等规定，对本辖区内重大、复杂的环境公益诉讼案件应由中级人民法院管辖，这里的"本辖区内重大、复杂的行政案件"主要包括以下情形：（1）社会影响重大的共同诉讼案件。（2）涉外或者涉及香港特别行政区、澳门特别行政区、台湾地区的案件。（3）其他重大、复杂案件。

上述级别管辖是从纵向的角度来确定不同级别的人民法院对第一审案件的管辖权限划分，而地域管辖则是从横向的角度来确定同级人民法院之间对第一审案件的管辖权限划分。环境行政公益诉讼的地域管辖是指同级人民法院在受理第一审环境行政公益案件上的权限分工。根据《行政诉讼法》第 18 条的规定，行政诉讼案件由最初作出具体行政行为的行政机关所在地基层人民法院管辖。环境行政公益案件由被诉行政机关所在地法院管辖，这是《行政诉讼法》有关一般地域管辖在行政公益诉讼中的具体化体现，与一般行政诉讼不同的是行政公益诉讼不涉及行政复议程序。当然，环境行政公益诉讼案件管辖也实行跨区域管辖。

六、环境行政公益诉讼的裁判方式[①]

环境行政公益诉讼不仅会有力释放行政诉讼制度的能量，而且将积极拓展司法对环境行政机关违法行为监督的空间，开启司法维护环境公共利益的中国模式。[②] 优化其裁判方式有利于督促环境行政机关依法行政；有利于进一步发挥公益诉讼起诉人的职能；有利于厘清法院承担环境规制职能的边界与作用。

一般而言，环境公益诉讼主要有判决和裁定两种方式。其中，裁定主要适用于当检察院认为被告已经依法履行了职责，撤回起诉的情形；[③] 法院裁定终结诉讼的情形；[④] 裁定驳回公益诉讼起诉人的起诉。[⑤] 环境行政公益诉讼判决方式的适用较为复杂，下面予以具

---

① 夏云娇、尚将：《环境行政公益诉讼判决方式的检视及其完善》，载《南京工业大学学报（社会科学版）》2021 年第 3 期，第 29~41 页。

② 黄学贤：《行政公益诉讼回顾与展望——基于"一决定三解释"及试点期间相关案例和〈行政诉讼法〉修正案的分析》，载《苏州大学学报（哲学社会科学版）》2018 年第 2 期，第 46~58 页。

③ 详见〔2018〕鲁 0323 行初 16 号、〔2018〕鲁 0406 行初 37 号、〔2018〕鲁 1603 行初 28 号、〔2019〕粤 0704 行初 40 号、〔2019〕内 0124 行初 4 号裁定书。

④ 详见〔2018〕苏 0211 行初 195 号、〔2018〕苏 1181 行初 123 号、〔2019〕晋 0781 行初 174 号裁定书。

⑤ 详见〔2019〕川 0722 行初 14 号、〔2019〕川 07 行终 104 号裁定书。该案中公益诉讼起诉人发出检察建议的时间是 2018 年 1 月 10 日，提起诉讼的时间是 2019 年 1 月 14 日。一审法院以超过起诉期限为由裁定驳回公益诉讼起诉人的起诉。检察院认为其不属于起诉期限所规范的对象，且基于行政公益诉讼的特殊目的，其也不应该受到起诉期限的限制，于是提起上诉，但二审法院依然维持了原裁定。

体阐释。

（一）环境行政公益诉讼判决方式的法定依据

现行《行政诉讼法》第69~78条规定了普通行政诉讼案件的判决方式（见表4-1），《最高人民法院　最高人民检察院关于检察公益诉讼案件适用法律若干问题的解释》第25条规定了行政公益诉讼案件的判决方式。据此司法解释，行政公益诉讼案件除了没有给付判决之外，判决类型与普通行政诉讼案件相同。环境行政公益诉讼作为行政公益诉讼案件之一，法定的判决方式包括确认违法判决、确认无效判决、撤销判决、补救判决、履行判决、变更判决和驳回判决。

表4-1　　　　　　　　　　　行政诉讼判决方式的法律规定

判　决　方　式	法　条　依　据	学理划分
驳回原告的诉讼请求	《行政诉讼法》第69条	驳回判决
（部分）撤销行政行为，并可判令重作行政行为	《行政诉讼法》第70条	撤销判决
被告限期履行	《行政诉讼法》第72条	履行判决
被告履行给付义务	《行政诉讼法》第73条	给付判决
行政行为确认违法	《行政诉讼法》第74条	确认违法判决
行政行为确认无效	《行政诉讼法》第75条	确认无效判决
变更处罚（或款额）	《行政诉讼法》第77条	变更判决
被告采取补救措施；被告对原告损失进行赔偿	《行政诉讼法》第76条	补救判决
被告继续履行、采取补救措施或赔偿损失；给予补偿	《行政诉讼法》第78条	补救判决

（二）环境行政公益诉讼的判决方式

为进一步研究司法实务中环境行政公益诉讼裁判的具体情形，了解其判决方式的现实状况。我们发现，人民法院在环境行政公益诉讼案件中一审判决形式主要有五类，分别为：判令履行职责（或继续履行职责）、判决确认违法、判决确认违法+履行职责（或继续履行职责）、（部分）驳回诉讼请求、撤销+重新作出行政行为。但主要的判决形式只有三种，即判令履行职责（或继续履行职责）、判决确认违法、判决确认违法+履行职责（或继续履行职责）。

（1）履行职责判决。环境公益诉讼中的未履行职责分为两类，一类属于被诉行政机关完全未履行职责，另一类属于行政机关未完全履行职责。对于第一类案件，法院判令其履行职责，第二类案件被诉行政机关在法院判决之前已经进行了履职行为，但由于其自身履职不到位或者公益诉讼起诉人认为其履职不到位继而提起公益诉讼，法院判决继续履行职责。

（2）确认违法判决。环境行政公益诉讼确认违法判决分为两类：一类是确认行政行为违法的判决，如曾都区检察院诉曾都区林业局不履行法定职责一案①，该案中被告对行政相对人作出了违法的行政处罚，因此法院的判决第 2 项为"确认被告作出的鄂曾林罚书字第 1416 号、第 1602 号行政处罚及处理决定的行为违法"。另一类是确认行政不作为违法的判决，其主要针对的是在法院判决之前被诉行政机关已经依法履行职责完毕的情形，此类判决在确认违法判决中占了绝大多数。

（3）确认违法+履行职责判决。行政机关未依法履职完毕的，司法实践中部分法院的判决为确认违法和判令履行职责，确认违法针对的是行政机关之前的不作为，履行职责针对的是其未履职完毕的行为。

（4）驳回诉讼请求判决。驳回诉讼请求是法院对环境行政公益诉讼的公益诉讼起诉人的诉讼请求直接予以否定。

（5）撤销+重新作出行政行为。法院判决"撤销+重作"的均属于环境行政公益诉讼涉及第三人的情形，行政机关对第三人作出了违法的行政处罚，法院判决撤销此违法行为并责令重新作出行政行为。

在环境行政公益诉讼中，一般上诉人均为原审被告（即被诉行政机关），二审法院绝大多数驳回上诉维持原判，极少数二审法院予以改判。② 案件改判的原因在于两级法院对确认判决和履行判决能否同时作出意见不同。一审法院认为二者可以同时作出，但二审法院持相反意见，其认为在被诉行政机关没有依法履职的情形下，应当优先判令履行职责。因此，二审法院对一审法院同时适用确认违法判决和履行判决予以纠正，改判被告履行职责。

第六节　环境行政公益诉讼的裁判执行

我国《行政诉讼法》第 8 章专章规定了执行，这表明执行在行政诉讼中具有十分重要的地位和作用，是行政诉讼法不可缺少的组成部分。在行政诉讼中，行政审判程序和行政诉讼执行程序是人民法院运用司法途径解决行政争议的两个基本环节。行政审判程序的任务是确定当事人之间的权利义务关系，保证人民法院公正、及时地解决行政争议。而行政诉讼执行程序的任务则是保证人民法院等法定的执行主体依法行使国家的司法执行权，使依法确定的当事人之间的权利义务关系在社会生活中得以实现。由此可见，行政审判程序是行政诉讼执行程序的必要前提，行政诉讼的执行程序是行政审判程序的继续和完成。③

---

① 判决内容为：（1）确认被告随州市曾都区林业局对随州市天佑建材有限公司逾期占用林地未作处理的行为违法；（2）确认被告随州市曾都区林业局鄂曾林罚书字第 1416 号、第 1602 号行政处罚及处理决定的行为违法；（3）责令被告随州市曾都区林业局于本判决生效后 60 日内对随州市天佑建材有限公司擅自改变林地用途违法行为依法履行职责。详见〔2019〕鄂 1303 行初 2 号判决书。

② 详见〔2019〕甘 95 行终 1 号判决书。

③ 行政法与行政诉讼法学编写组：《行政法与行政诉讼法学（第二版）》，高等教育出版社 2019 年版，第 430 页。

环境行政公益诉讼案件的执行，既具有行政诉讼执行的一般特点，又具有环境问题的特殊性，如其执行往往耗时长、费用高、涉及内容复杂专业、影响面广、涉及多方主体利益。因此，环境行政公益诉讼的裁判执行既要遵守行政诉讼的执行规定，又有其自身的特点，不能简单等同于一般的行政诉讼执行。具体而言，环境行政公益诉讼裁判的执行，是指人民法院和其他国家机关及其工作人员依照法定的程序，运用法定的强制手段，迫使被告环境行政机关履行人民法院已经发生法律效力的裁判的活动。按照《检察机关行政公益诉讼案件办案指南》规定，行政公益诉讼判决、裁定发生法律效力，而行政机关未按判决、裁定确定的义务履行的，由人民法院移送执行。且检察机关不交纳执行费用。那么环境行政公益诉讼裁判的执行应当是由人民法院移送执行的。

一、环境行政公益诉讼裁判的执行概述

在司法实务中，环境行政公益诉讼裁判的具体形式主要有三种，即判令履行职责（或继续履行职责）、判决确认违法、判决确认违法+履行职责（或继续履行职责）。确认违法判决是指人民法院针对被告的行政行为进行合法性审查，确认该被诉行政行为违法，且不宜适用其他判决形式的情况下作出确认该行政行为违法的判决形式。[①] 根据《行政诉讼法》第 74 条，确认违法在整个行政诉讼法体系里的定位是一种补充判决形式。也就是说，确认违法判决的适用前提是不适宜适用撤销判决以及不需要判决履行。不适宜作出撤销判决主要包括两种情形：一是"依法应当撤销，但撤销会给国家利益、社会公共利益造成重大损害的"行政行为；二是"程序轻微违法，但对原告权利不产生实际影响的"行政行为。针对"不需要撤销或者判决履行的"，"不具有可撤销内容"、被诉行政机关"改变原违法行政行为，原告仍要求确认原行政行为违法的"或被诉行政机关不"履行或者拖延履行法定职责，判决履行已无实际意义的"，人民法院依法应当判决确认违法。正是因为确认违法判决的独特价值在于其宣示意义，以表明司法机关对于被诉行政机关行为合法审查予以否定性判定，不具有实际的给付内容，不具有执行的可能，所以环境行政公益诉讼裁判的执行，我们重点关注履行判决的执行。

（一）履行判决执行中可能存在的难点

1. 判决的内容和期限不明确

通过对环境行政公益诉讼案件判决内容的考察，该类案件判决内容大致可以分为具体性判决和原则性判决。具体性判决是指人民法院的判决书中明确列明了行政机关应当履行哪些职责，应当采取哪些措施去修复环境，并且明确了履职期限的判决。这种判决形式具有较强的可执行性，也有客观的判断标准，可以在一定程度上保证执行的效果。原则性判决是指法院在判决书中并未明确写明行政机关履职的内容、方式和期限，只是高度概括行政机关应当依法履职，具体的义务内容由行政机关根据案件具体情况以及法律的规定自主判断，法院不做过多干涉的判决。这种判决形式极大尊重了行政机关的自由意志，但由于判决内容太过宽泛，赋予行政机关过多判断权，同样可能使得判决结果得不到执行。由于

---

① 蔡小雪：《行政确认判决的适用》，载《人民司法》2001 年第 11 期，第 14~17 页。

不同的案件具体情形差异很大，相对应采取的措施也是千差万别的，法院在裁判当下也并不能确定究竟采取哪些措施是最有效的。此外，法院并非最终的执行者，相比起法院，行政机关以及相关人员才是最清楚案件实际情况的人，因而由行政机关来决定采取的措施会更加科学也更加合理。因此，在环境行政公益诉讼案件中，绝大多数案件的判决形式是采用的原则性判决形式。这也是导致环境行政公益诉讼案件相比起其他案件更难执行的一大原因所在。

2. 执行人员缺乏专业的环境保护知识

环境行政公益诉讼案件的执行不同于其他类型的诉讼案件的执行，会涉及大量专业的环保知识，这就要求参与环境行政公益诉讼案件执行的工作人员都应该具备一定的环境保护专业知识。然而，我国各基层办案机关具备环境保护相关专业知识的人员数量不多。如果办案机关人员缺乏相应的专业知识，那么他们在监督过程中就难以对行政机关所采取措施的有效性作出合理评估，相应地对于执行效果的把控也会随之大打折扣。同样地，被诉行政机关的工作人员囿于环境科学知识不足，其采取措施的针对性和有效性会存在不足。

3. 监督执行的周期长

生态环境治理修复期限较长，监督执行的周期相应也长，短则数月，长则数年。在环境行政公益诉讼类案件的判决中，判决书普遍明确规定了行政机关履职的期限。即使没有明确规定履职期限，也规定了行政机关应当履行某一职责，直至环境完全恢复原状为止。对于大多数环境行政公益诉讼案件来说，检察机关在行政机关执行的过程中都要进行持续的跟进和监督，这一周期往往都很长。还有许多案件虽然在执行过程中已经完成了修复工作，但是检察机关仍然要继续进行后续追踪以便验收治理成果，这些要求无不大大拉长了检察机关监督执行的周期。以现有的力量，检察机关无法在很长一段时间内都做到密切的监督跟进。如果检察机关花费过多的时间在监督追踪上，不仅会浪费有限的司法资源，还会增加办案人员的压力。如果全靠检察机关的力量来督促行政机关履职，会因检察力量有限很难做到密切监督，继而出现监督力度下降，那么案件的执行效果也会大打折扣。因而，我们应当寻求一种既能保证监督效果、执行质量，又能不过分加重监督人员压力的监督执行制度。

（二）提高履行判决执行质效的对策

1. 完善履行判决内容

为了确保人民法院的判决内容能够得到遵照执行，法院首先应当将自己的判决内容明确化，即对行政机关的具体职责、应该采取哪些措施、履行职责的期限等内容在判决中予以明确，这样行政机关在履行职责时更有明确的方向性，履职的标准也更加客观化。[①] 对于履职的内容，法院可以在了解案情，听取行政机关提出的意见的基础之上，确定行政机关应当履行的职责。在案情清晰且可采取的措施较为明确的情况下，法院可以在判决书中规定一个较为确定的履行期，这样可以给行政机关带来压力，督促其尽快履行职责。至于

---

① 庞新燕：《环境行政公益诉讼执行制度之探究》，载《环境保护》2019 年第 16 期，第 51～55 页。

这个期限应当如何确定就需要法院在审理案件的过程中根据案件具体情况，做到一案一期限。此外，判决法院还应注意相关法律有没有对类似案情作出履职的时间限制，如果有相关规定，就应当遵守相关规定。对于那些可以在短时间内完成修复治理工作的案件，法院就应当确定一个可以观察到后续恢复效果的履行期，除了完成修复治理工作所需要的时间外，还应当在这个基础上延长一定期限作为观察后续环境恢复情况的期限，这个期间仍然是行政机关以及相关主体需要持续履责的时间。对于那些可以确定履行期限但法院判决中并未明确履行期限的案件，应当根据实际的治理实效，在考虑整体修复效果的基础上来确定合理的履行期限。除此之外，还可以参考法律法规的相关规定，检察院提出的检察建议以及专家在恢复治理方案中提出的相关参考标准。

2. 引入专家意见或专业机构的建议

环境行政公益诉讼案件涉及较多的环境保护知识，但检察机关的工作人员并不是都具备相应的环境知识，如果让一些不懂得环境科学知识的人员来从事环境修复监督工作，其效果可想而知。在这种情况下，就应当尝试引入具有专业环境知识的人，让他们参与环境治理执行过程，由他们出具专业的建议，从而提高环境治理工作的成效。行政机关在履行自己的法定职责时，对于自己不了解的专业问题，可以邀请环境保护领域内的专家学者们通过评估考察，提出建议，行政机关在审慎考虑提出的意见后可以按照意见进行修正。除了邀请专家学者，行政机关也可以聘请专业的环境评估机构的工作人员，由他们从专业的角度来提出自己的看法，出具一份专业的评估意见书，然后按照评估意见书进行相关行为。这些措施都有助于提高环境行政公益诉讼案件执行的效率。

3. 建立协同执行模式与协同监督机制

在案件执行过程中，可以由检察机关牵头与各主体建立一种协同执行模式。检察机关在与人民法院、行政机关合作的过程中，相互之间应当加强沟通、减少工作中的冲突对抗，共同推进执行工作的顺利完成。面对执行过程中出现的问题，检察机关和人民法院应当及时与行政机关沟通，提出自己的意见，通过协商将执行工作中的重点、难点问题进行明确，确定执行的重点，保证执行效果。检察机关和法院应当摆正心态，正确认识环境行政公益诉讼案件，其目的并不是要制裁行政机关，也不存在各机关之间地位不平等，更不存在维护哪一部门利益，这一制度的目的在于保护公共环境，支持行政机关履行职责。行政机关也应该改掉自己的抵抗心理，主动接受监督，及时将案件的执行进程向法院以及检察机关汇报；对于在执行中遇到的问题，也应该及时同有关人民法院和人民检察院沟通交流，保证案件能够顺利得到执行。由于环境行政公益诉讼相较于一般的行政诉讼案件存在着环境治理难度大、专业性强、监督执行的周期长等特点，这导致检察机关在监督执行过程中的压力也更大，因为毕竟力量有限，单凭其独自监督很难达到良好的治理效果，需要探索构建一套多主体协同监督机制。可以将环保组织、社会公众、新闻媒体等多类主体都纳入监督执行工作中，利用多主体协同监督的机制来全方位监督案件执行的整个过程。随着近些年互联网行业的发展，新闻媒体行业尤其是网络媒体发展迅速，已经发展成为一种新型监督手段，其监督效果已经超过许多传统的监督手段。因而，在监督环境行政公益诉讼案件的执行过程中也可以引入这种新型监督手段，定期将案件的执行进程发布到检察机关以及相关主体的"官博""官微"上。对于那些涉及利益重大的案件可以邀请媒体跟踪报道案件的执行情况，从而将案件执行的全过程纳入公众的监督，确保执行的效果。

二、环境行政主体不作为的认定

按照行政行为的一般原理，以行政行为是否以作为方式来表现为标准，行政行为可分为作为行政行为和不作为行政行为。作为行政行为是指行政主体以积极作为的方式所表现出来的行政行为。它包括行政主体以肯定或否定的意思主动实施行政行为，如吊销许可证行为，对不符合条件的申请者依法不予颁发执照行为等。不作为行政行为是指行政主体负有法定义务，有条件实施而消极不履行所表现出来的行政行为，如行政机关对符合条件的申请者应该依法颁发许可证，而行政机关逾期不予答复。如果在法定期限内明确表示颁发或不予颁发则是作为的行政行为。划分作为行政行为和不作为行政行为，有利于我们进一步了解行政主体的行为方式，而环境行政主体不作为的认定则有利于人民检察院和人民法院监督环境行政主体履行法定职责，同时维护生态环境公共利益。

环境行政主体不作为的构成认定要具备三个要素：一是环境行政主体有履行职责的法定要求。职权法定，行政机关唯有在法律法规明确规定的职权范围内才负有"监督管理职责"。二是环境行政主体存在不履行法定职责的客观事实。环境行政主体存在不履行法定职责的客观事实包括违法拒绝履行或者无正当原因超期不答复的情况。违法拒绝履行既包括实体上的拒绝履行，也包括程序性拒绝履行。无正当原因超期不答复的实质是拖延履行，是指行政机关在法定期间内不履行。① 《最高人民法院 最高人民检察院关于检察公益诉讼案件适用法律若干问题的解释》第 21 条第 2 款设置了行政机关 2 个月和紧急情形下 15 日的答复时间，超期不答复的拖延履行或者不作为构成不履行法定职责。三是环境行政主体具备履行职责的可行性。造成行政机关未履行法定职责的原因主要有两种情形：一是由于时间原因，环境损失已经造成，导致行政机关履行不能；二是由于立法原因，相关法条进行了修改、废止，使得判断行政机关不履行法定义务的依据发生变化，就不具备履行职责的可行性。

（一）环境行政主体负有"监督管理职责"

行政公益诉讼中，"负有监督管理职责"既包括实质意义行政中的监督和管理职能，也包括制定规范性文件和纠纷裁决。② 同时，检察机关在诉前程序阶段需要依据法律法规，并参考权力清单和其他有关规范性文件对监管主体进行认定以确定适格被告。若存在多个行政机关未依法履行职责，应当一并发出检察建议，存在多个被告时，应当一并起诉，由人民法院从有利于公共利益维护、司法资源节省、行政机关权责配置等角度综合确定履行主体。

在我国，行政管理存在条块分割的配置格局，某一项行政事务的职权职责可能分配给

---

① 张尚鹭：《走出低谷的中国行政法学：中国行政法学综述与评价》，中国政法大学出版社 1991 年版，第 547 页。

② 温辉：《行政诉讼法中"监督管理职责"的理解与适用》，载《法学杂志》2020 年第 4 期，第 100~108 页。

不同层级与部门的行政机关①，尤以县级主管部门和乡镇政府为代表。在德惠市人民检察院诉德惠市朝阳乡政府不履行职责案中，被诉乡政府以河道管理机关才是本案适格被告抗辩，二审法院经审理后将"监督管理职责"分为"行政机关运用公共权力使用公共资金进行治理"的管理职责和"行政机关依据法律、法规或者规章的明确授权行使的监督管理职责"从而认定被告乡政府非本案适格主体。乡镇政府究竟担任何种角色，是否负有环境监督管理职责？《环境保护法》多表述为"地方各级人民政府"，仅第33条第2款表述为"乡级人民政府"。尽管《中华人民共和国行政处罚法》（以下简称《行政处罚法》）第23条规定"行政处罚由县级以上地方人民政府具有行政处罚权的行政机关管辖"，然而其同时规定法律、行政法规可以另行规定。《村庄和集镇规划建设管理条例》第39条规定了乡政府的环保职责。因此，该案件经省人民检察院抗诉后在再审程序中被发回重审。

在德惠市人民检察院诉德惠市朝阳乡政府不履行职责案中，检察院发现朝阳乡政府辖区内松花江河道有大量垃圾，严重污染当地环境，要求确认乡政府不作为违法且判令其履行监督管理职责。被告乡政府认为根据《中华人民共和国河道管理条例》第4条、第5条、第24条之规定，河道内垃圾的监管主体是水利行政机关，自己不是本案适格被告，一审法院对此予以支持。二审中，法院认为根据《中华人民共和国固体废物污染环境保护法》第49条之规定，农村生活垃圾污染环境防治由地方性法规规定。尽管《吉林省环境保护条例》规定了乡镇政府负责本辖区环境保护工作，但其仅是宏观规定，没有明确如何负责，不同于《行政诉讼法》第25条中的"负有监督管理职责"，因此依然判令检察机关败诉。但也有法院认为乡政府负有监督管理职责，如泾川县人民检察院诉泾川县罗汉洞乡人民政府怠于履行监管职责案②中，乡政府辖区某山沟边堆积了大量的生活及建筑垃圾，而水源地距该处不足1千米，存在受污染的安全隐患，诉前程序后遂被检察院提起公益诉讼。尽管乡政府辩称自己无监督管理职责，仅有协助上级政府和有关部门排查环境事故隐患，制止环境保护违法行为的职责，不是本案适格被告，但法院不予支持乡政府的辩称。

（二）环境行政主体具体的监管管理职责在其法定职权范围内

职权法定要求，行政机关唯有在法律法规明确规定的职权范围才负有"监督管理职责"。实务中，有公益诉讼起诉人对行政机关的职责内容理解有误，诉讼请求因不符合行政职权范围而败诉。③如在建水县人民检察院诉县人民防空办公室履行法定职责一案中，因第三人非法开采并出售矿石，被告人防办作为法定监管部门未对违法行为人的违法行为及时进行处理。公益诉讼过程中被告将第三人非法采矿案件移送公安机关追究刑事责任，依法履行了法定职责。人民法院驳回"确认人防办未依法履职违法"的诉讼请求，理由是现行法律法规未规定人防办有权收取利息。④在安新县人民检察院诉县水利局一案中，因

① 陈德敏、谢忠洲：《论行政公益诉讼中"不履行法定职责"之认定》，载《湖南师范大学社会科学学报》2020年第1期，第54~62页。
② 详见〔2018〕甘0802行初1号判决书。
③ 详见〔2017〕甘0724行初69号判决书。
④ 详见〔2017〕云2524行初2号、〔2017〕云2524行再1号判决书。

县水利局未正确履行监管职责，导致某公司使用自备井一眼，用于洒水车取水，该自备井没有申报及审批手续，且没有办理取水许可证，亦未缴纳水资源费或水资源税。检察院诉请：（1）确认被告监管缺失的行为违法。（2）判令被告依法履行法定职责，加强水资源监管，并依法追缴水资源费和水资源税。法院判决：（1）支持第1项诉讼请求。（2）责令被告对《缴纳水资源费通知书》所确定的义务继续履行监督、管理的法定职责。（3）驳回其他诉讼请求。法院认为，水行政主管部门在水资源税的征收管理工作中负责取水量核定工作，并不具有水资源税征收职责，水资源税由税务机关负责征收，因此驳回检察院对县水利局征收水资源税的诉请。[①]

三、环境行政主体履责过程的监督

环境行政主体履责的监督，有广义和狭义两种理解。狭义的环境行政主体履职监督是指国家司法机关依法定职权对行政主体合法、合理地行使职权，履行职责所实施的监督，不包括非国家机关的社会组织和公民对行政主体的监督。广义的环境行政主体履职监督是指国家权力机关、国家司法机关、专门监督机关及国家机关系统外部的个人、组织依法对行政主体行使行政职权履职行为的监督。也就是说，广义的环境行政主体履职监督主体除有关国家机关外，还包括国家机关系统外部的个人、组织，如媒介、公民个人等对其的监督。个人和组织作为监督主体，不能对监督对象作出直接产生法律效果的监督行为，而只能通过批评、建议或申诉、控告、检举等方式向有权国家机关反映，或通过舆论机构揭露、曝光，引起有权国家机关注意，使之采取能产生法律效力的措施，以实现对监督对象的监督。[②]

一般而言，按照不同的标准，环境行政主体履职的监督有不同的分类。例如，按照监督主体的不同，可以分为权力机关的监督、司法机关的监督、行政机关的监督以及社会的监督。权力机关的监督是指全国人民代表大会及其常务委员会和地方各级人民代表大会及其常务委员会对环境行政主体履职的监督。司法机关的监督是指审判机关和检察机关对环境行政主体履职的监督。审判监督主要通过行政诉讼的方式监督。检察监督主要通过侦办环境行政公益诉讼案件对环境行政主体履职情况进行监督。行政机关的监督主要是上级环境行政机关对下级环境行政机关的层级监督，如责令履职；社会的监督是指社会团体、媒介、公民个人等对环境行政主体履职所进行的监督。另外，需要指出的是，自2018年监察机关建立以来监察机关对环境行政主体履职也可以进行监督。

（一）对环境行政主体履责过程的人大监督

权力机关对行政的监督是指我国各级人民代表大会及其常务委员会对行政主体及其公务员进行的监督。根据宪法规定，国家的一切权力属于人民，而人民行使国家权力的机关是全国人民代表大会和地方各级人民代表大会。各级行政机关是由同级权力机关产生，是权力机关的执行机关，行政机关要对权力机关负责，并受其监督。因此，国家权力机关对

---

① 详见〔2018〕冀0632行初12号判决书。
② 参见姜明安：《行政法与行政诉讼法》（第二版），北京大学出版社、高等教育出版社2005年版，第168页。

行政机关进行监督，是我国根本政治制度的必然要求和体现，是宪法赋予国家权力机关的重要职能，也是社会主义民主政治的重要体现。

从理论上，环境行政机关要对权力机关负责，并受其监督，因此国家权力机关可以对环境行政机关的方方面面进行全方位的监督。但是，在实际操作上，权力机关又不可能对环境行政机关进行事无巨细的监督，其对环境行政机关履职过程的监督主要是通过对环境行政主体质询和询问、组织特定问题的调查委员会以及对相应公务人员的任免等方式得以实现的。各种监督方式如下：

（1）质询和询问。《中华人民共和国宪法》（以下简称《宪法》）第73条规定，全国人大代表在全国人民代表大会开会期间，全国人民代表大会常务委员会组成人员在常委会开会期间，有权依照法律规定的程序提出对国务院及其各部门的质询案。《中华人民共和国地方各级人民代表大会和地方各级人民政府组织法》第28条对质询也作了明确规定。受质询的机关必须负责答复。除质询权外，人大代表还可以行使询问权。因此，权力机关一般通过质询可以对环境行政主体履职过程中出现的问题进行批评，通过询问可以对环境行政主体履职过程进行情况了解。

（2）组织特定问题的调查委员会。《宪法》第71条规定，全国人民代表大会及其常务委员会认为必要的时候，可以组织关于特定问题的调查委员会，并且根据调查委员会的报告，作出相应的决议。《中华人民共和国地方各级人民代表大会和地方各级人民委员会组织法》第31条也作了类似规定。一般权力机关可以对环境行政主体典型的履职问题作出个案监督。

（3）罢免政府组成人员。《宪法》第63条规定，全国人民代表大会有权罢免国务院总理、副总理、国务委员、各部部长、各委员会主任、审计长、秘书长；《中华人民共和国地方各级人民代表大会和地方各级人民委员会组织法》第10条规定：地方各级人民代表大会有权罢免本级人民政府的组成人员。任免政府涉及环境领域的组成人员，这是权力机关对环境行政机关及其公务员监督的最有力方式。

（4）受理公民的申诉和控告。《宪法》第41条规定，公民对任何国家机关和国家工作人员，有提出批评和建议的权利；对于任何国家机关和国家工作人员的违法失职行为，有向有关国家机关提出申诉、控告或者检举的权利。我国各级权力机关可以受理公民对环境行政机关履职的申诉和控告。

（二）对环境行政主体履责过程的行政监督

行政监督的范围是全方位的，既包括对行政立法、行政规范等抽象行政行为的监督，也包括对行政执法、行政司法等行政决定的监督。行政监督的方式是多种多样的。既有一般的层级监督，也有专门的行政审计等监督；既有事前行政监督，也有事中、事后行政监督；既有经常性的行政监督，也有临时性的行政监督；既有定期的行政监督，也有不定期的行政监督等。

行政机关对环境行政主体履责过程的监督可以通过层级监督方式进行。层级监督，也称一般监督，是指基于行政隶属关系，由上级环境行政机关对下级环境行政机关进行的检查和督促，这种层级监督最为直接有效。一般而言，层级监督包括下列制度：

（1）报告工作制度。我国《宪法》规定："地方各级人民政府对上一级国家行政机关负责并报告工作。"因此，听取、审查本级政府工作部门和下级政府的执法情况报告，是政府内部监督的重要方式。通过下级环境行政机关向上级环境行政机关报告履职情况，上级环境行政机关可以实现对环境行政主体履责过程的监督。

（2）执法检查制度。上级环境行政机关主动了解下级行政机关的执法情况并及时纠正违法不当的行政行为，这种制度具有深入实际、客观真实的优点。

（三）对环境行政主体履责过程的司法监督

在我国，人民法院和人民检察院都属于司法机关，因此司法机关对行政的监督是指国家审判机关和检察机关对行政主体及其公务人员进行的监督。其中，国家审判机关对行政的监督，主要是通过受理和处理与行政主体及其公务人员有关的诉讼案件或非诉讼案件的途径来进行的。国家检察机关对行政的监督主要是通过行政检察、行政公益诉讼等方式对行政主体及其公务人员的活动进行监督。

检察机关作为法律监督者，在环境行政公益诉讼判决的执行阶段，应当积极履行法定监督职责。无论是人民法院，还是检察机关，抑或行政机关，对于该类案件的执行，应把握其特殊性。不同于一般的行政诉讼执行，环境行政公益诉讼案件的执行不仅有行政诉讼案件执行中的难点，还有其自身特点。例如，该类案件执行往往耗时长，费用高，涉及内容复杂专业，影响面广，涉及多方主体自身利益，这些都是执行工作中需要克服的难点，也是在研究执行问题时需要注意的基本问题。鉴此，应建立多方联动协作机制，主要源于行政公益诉讼监督往往不仅是单一部门完成的，可能会涉及多个行政执法部门，并且在检察建议发出后，还需要行政机关及上下级检察机关的协作。还需明确，检察建议是一种重要法律监督手段，各个机关间的相互协作固然重要，但还应积极争取党委和政府的支持，定期向人大汇报工作进程。检察机关可以加强与行政机关沟通，建立平等沟通机制，定时开展交流互助活动，督促行政机关履职，用最短时间恢复受损公益。建立诉前圆桌会议机制，首先需要明确检察机关发出检察建议并不具有强制性，其作为监督机关与被监督者行政机关间并不是对立的双方，相反，二者拥有共同的目的，都是为了形成良好互动的工作机制，促进行政机关依法履职。与"庭前会议"相区别，"圆桌会议"属于诉前程序的一部分，此时案情还未进入诉讼阶段，处理方式没有诉讼强硬。"庭前会议"是即将进入庭审阶段，由法院组织的便于监督与被监督方双方了解庭审相关情况、交换彼此意见的诉讼程序而安排的环节;[1] 而"圆桌会议"则是双方为维护公共利益而采取的一种检察监督方式。开展"圆桌会议"的目的不在于调和检察机关与行政机关之间的关系，而是为了督促行政机关主动维护公共利益，因而在该情境中，行政机关仍有自主选择的权利，而不是被逼迫着必须做或不做某事。在实践中，行政行为大多不是由单一的行政机关完成，存在大量职权交叉的情况，通过检察机关牵头，"圆桌会议"的目的不仅在于使行政机关认识到存在违法行为，也能借机梳理各部门的职责，即使在"圆桌会议"举行后被提到的违

---

① 秦宗文、鲍书华：《刑事庭前会议运行实证研究》，载《法律科学（西北政法大学学报）》2018年第2期，第152~162页。

法行为仍未整改，也有助于理清后续诉讼程序的被告职责。

（四）对环境行政主体履责过程的社会监督

社会监督是指公民以及其他社会组织对环境行政机关履职所进行的监督。社会监督有如下特征：其一，社会监督的主体众多，具有不特定性。在我们国家，随着生态文明建设的推进，除国家机关外的任何公民、法人或组织都能够对生态环境行政主体的履责过程进行监督。其二，社会监督的方式众多，没有严格的程序规定。公民对生态环境行政主体的履责过程进行监督，可以采用批评、建议、申诉、控告、检举等方式进行，其他社会组织也可以采取不同的方式进行监督，法律未作明确的程序性规定和限制。其三，社会监督的效果不如有权机关的监督那样直接，往往需要借助有权机关的干预达到监督目的。

社会监督与权力机关的监督、司法机关的监督以及行政机关自身的监督一个重大的不同点在于社会的监督不具有法律的强制性，它不能直接对监督对象产生不利的法律效果，它必须借助于其他有权的机关才能实现最终的监督效果。也就是说，社会监督的方式是间接的。随着我们国家法制建设的不断健全与完善，社会监督效果有了更好的保障。具体而言，对生态环境行政主体履责过程的社会监督有三类：一是来自公民的监督。《宪法》第41条规定，公民对于国家机关和国家工作人员，有提出批评和建议的权利；对于任何国家机关和国家工作人员的违法失职行为，有向有关国家机关提出申诉、控告或者检举的权利。因此，公民个人对生态环境行政主体的履责过程的监督有了宪法依据。二是来自社会组织的监督。在我国，除了国家机关外，还有大量的社会组织，如社会团体、群众自治组织等，他们也可以对生态环境行政主体的履责过程是否依法行政进行监督。他们作为社会组织进行的监督，不同于国家机关进行的监督，也不具有法律强制力。三是来自新闻媒体的监督。"在社会化主体日益增加的今天，新闻舆论监督对党和政府执政方式和行政方式的转变能起到积极的促进作用。"[①] 对公民而言，新闻舆论监督本质上是人民群众通过媒体，对政府部门以及社会经济生活中的违规行为进行的监督，是公民参与国家和社会管理的一种形式。因此，新闻媒体对环境行政主体的权力运用监督十分必要，对环境行政主体履职进行舆论监督，有利于环境行政主体依法履职。

四、环境行政主体完成履责的标准

（一）检察建议阶段的履责标准

根据《最高人民法院 最高人民检察院关于检察公益诉讼案件适用法律若干问题的解释》规定，在收到检察建议书的2个月内，行政机关应当依法履行职责，并将履职结果书面回复检察机关。在实际操作中，特别是在生态环境破坏案件中，此类案件多为植被等被毁坏，急需恢复。2个月的时间并不足以恢复原状，甚至连基本的设备更换都无法完成，环境公益仍处于被侵害状态，难以确认行政机关是否已经依法履职，检察机关也就无

① 刘刚、陈芳、翟伟：《让"无处不在的眼睛"更加敏锐》，https：//www.chinacourt.org/article/detail/2005/03/id/154559.shtml，最后访问日期：2022年8月14日。

法判断此情况下是应当终结审查还是提起行政公益诉讼。例如，吉林市敦化林区检察院在履职过程中发现在黄泥河林业局林地内存在非法毁坏林地并改变国有林地用途的情况发生，敦化林区随即向黄泥河林业局发出了诉前检察建议，该局在收到检察建议后立即组织人员前往现场调查并恢复植被，但因为植被恢复非一日之功，是一个长期的过程，因此2个月期满时，被毁坏的林地仍未恢复原状。在本案中，判断行政机关是否履职成了能否提起诉讼的前提。在实践中，行政机关履职中还出现了介于违法行使职权和不作为两种类型之间的违法行为，即行政机关仅部分履职而未充分履职的情形。就如同上述敦化林区检察院诉黄泥河林业局案中，若敦化林业局只对违法行为作出了处罚决定，但履行期满后，被毁林地仍未修复，且黄泥河林业局也再未处理。从性质上讲，只能认为黄泥河林业局具有行政不作为的性质，但不能认为该局是完整意义上的行政不作为。在检察建议阶段需要发挥检察机关的主观判断，对行政机关是否履职、履职程度以及是否整改到位进行认定。但在实践中，行政主体的职责因主体差异而不尽相同，很难确定一个明确、固定的履职标准。

检察建议的落实依赖于受监督的行政机关的主观意愿，但目前法律条文中仅赋予了检察机关具有提出检察建议的权力，却并未明文规定接收检察建议的行政机关依照其整改的义务，甚至违反此义务将承担的责任也未体现在规定中。基于此现状，若行政机关拒不遵循检察建议，那么检察建议将无法有效发挥其监督作用。因此，从检察建议制发的角度，就必须增强其专业性，让被监督环境行政机关心悦诚服。在思想上，应树立双赢共赢的监督理念，明确监督主体与被监督环境行政机关并不是对立的关系，无论是提出检察建议，还是行政机关依照检察建议履职，其都是为了更好地督促行政机关依法履职，保护公共利益。检察机关在提出检察建议时，应善于站在被监督环境行政机关的立场上思考，令其感受到检察机关是在为它出谋划策，帮助他们发现和解决问题。同时，环境行政机关应正确认识检察建议的作用，意识到检察建议的提出只是检察机关监督的开始，检察机关可以主动加强与被监督环境行政机关的联系，及时掌握被监督环境行政机关在整改中出现的新问题，以便对其提供进一步的帮助。不可忽视的是，任何事情的整改都不是一蹴而就的，需要给予其充分的落实建议的时间，不能静止地看待问题，学会适时"回头看"，跟踪观察检察建议的落实效果。

另外，环境行政公益诉讼涉及面极广，其所监督的事项往往也非个例，这就要求检察机关增强大局意识，在办理案件时不能将目光局限在眼前的一个案件上，而是要深入剖析探讨案件背景，发现管理漏洞，把握一体化的类案监督机制，争取通过办理一个案件，治理一片案件。并且检察机关应当发挥检察一体化的优势，对于有明显漏洞的问题，应由上级检察院向环境行政机关主管部门提出类案检察建议，同时对区域内同类型案件归类，针对辖区内普遍存在的问题统一发出检察建议，提升检察建议监督实效。在实践中，由检察机关提出具有普遍性的检察建议的做法已较为普遍，但是需要警惕贪图省事而随便发出"一刀切"的建议。根据行政公益诉讼的要求，提起诉讼前需要确认检察机关已履行诉前程序，这就要求相关人员在检察建议上签字签收，以确定该行政机关已知悉检察建议内容。因此，检察建议多采用的是直接送达的方式，但由于部分行政机关害怕承担败诉风险，不愿接受监督，故而百般推诿，找各种理由拖延检察建议的送达，导致送达难的情况发生。对此，可以综合利用宣告送达、约谈送达方式，改变检察机关在送达检察建议时的被动地位，将传统的"文来文往"方式改变为同被监督机关"面对面"交流，邀请被监督单位负责人到场签收，搭建双方的讨论平台，这样不仅可以最大程度减少烦琐的流程，充分听取被监督方说理，消除其抵触情绪，还有利于检察建议的有效传达，并且加强监督的刚性，有效解决公益的侵害。

（二）环境公益诉讼中的履责标准

实践中"不依法履职"主要表现为履行不完全，根本原因在于履行职责标准模糊，致使司法机关与行政机关理解不同。何种情形下才能认为依法履行职责完毕？学界主要有行为标准和结果标准两类观点，前者认为只要行政机关纠正违法行为，依法履行职责即可而不论国家利益或社会公共利益是否得到维护，而后者着眼于彻底消除公益受到的侵害，恢复原有状态。

环境行政公益诉讼实践中，通过诉讼督促行政机关执行生效的行政行为案件较为普遍。就法理而言，此类案件检察院通过行政非诉执行监督即可达到法律监督的目的，不必再施以诉讼程序，将执行问题纳入审判程序不仅违背行政诉讼法制度安排与理论框架，而且会造成司法资源的无谓浪费。[①] 一般来讲，"不依法履职"不仅包括从未履行、拒绝履行、迟延履行，还包括履行不完全、履行不合法等情形。由于《行政诉讼法》明确给行政机关施以及时书面回复检察建议的义务，是故未回复和逾期回复检察建议皆违反行政程序法治的要求，应归类于未依法履行职责。科学判断履行职责的标准应遵循"双标准、三要件"的方式，因为单一一标准审查履行职责有失偏颇，行为标准无法确保国家利益或社会公共利益确实得到维护，而结果标准要求过高，某些情形下可能过分苛求行政机关而影响行政效能。坚持"双标准、三要件"判断标准，一是从行为要件上，行政机关纠正了违法行为，依法履行了职责；二是从结果要件上，国家利益或社会公共利益得到维护，此当然确定为行政机关依法全面履职完毕；三是在前述要件未达到情形下，从职权要件看行政机关是否穷尽行政手段，在其已经穷尽法定履职手段，但因立法滞后、客观原因等限制致使公益损害无法救济的，"强人所难"已无意义，应当认定为行政机关履职完毕。

📖 案例与思考

1. 综合案例分析题

贵州省榕江县人民检察院督促保护传统村落行政公益诉讼案[②]

【基本案情】贵州省黔东南州有包括榕江县栽麻镇宰荡侗寨、归柳侗寨等 409 个村入

① 张旭勇：《行政公益诉讼中"不依法履行职责"的认定》，载《浙江社会科学》2020 年第 1 期，第 67~76 页。

② 本案出自 2021 年 9 月 2 日最高人民检察院发布的第 29 批指导性案例之"贵州省榕江县人民检察院督促保护传统村落行政公益诉讼案（检例第 115 号）"，https://www.spp.gov.cn/jczdal/202109/t20210902_528296.shtml，最后访问日期：2022 年 8 月 14 日。

选《中国传统村落名录》。2018年3月，黔东南州检察机关展开了对传统村落保护的专门行动，榕江县人民检察院在该次专门行动中发现，栽麻镇宰荡、归柳两个侗寨的村民私自占用农田、河道、溪流，用于新建住房，违规翻修旧房，严重破坏了中国传统村落的整体风貌，损害了国家利益和社会公共利益。

2018年4月，榕江县人民检察院对本案决定立案并进行调查核实。通过现场勘验、询问村民及政府工作人员，查阅相关文件资料等，查明：栽麻镇宰荡、归柳两个侗寨部分村民未批先建砖混、砖木结构房屋的情况比较严重，导致大量修建的水泥砖房取代了民族传统木质瓦房，此外，加装墙壁瓷砖、铝合金门窗等新型建筑材料、加盖彩色铁皮瓦等现象，严重破坏了中国传统村落的整体格局和原始风貌，影响了侗寨这一民族文化遗产的保护和传承。贵州省颁布的《贵州省传统村落保护和发展条例》《黔东南苗族侗族自治州民族文化村寨保护条例》明确规定，乡镇人民政府负责本行政区域内传统村落保护和发展的具体工作。栽麻镇人民政府作为栽麻镇宰荡、归柳侗寨保护和发展工作的法定主体，未依法落实传统村落保护发展规划和控制性保护措施，未开展传统村落保护宣传、管理工作，对村民擅自新建、改建、扩建建（构）筑物等行为未及时予以制止和引导，导致传统村落格局和整体风貌遭到严重破坏。

2018年5月7日，榕江县人民检察院向榕江县栽麻镇人民政府发出行政公益诉讼诉前检察建议，建议对宰荡侗寨和归柳侗寨两个传统村落依法履行保护监管职责。榕江县栽麻镇人民政府未对违章建筑进行监管，也未在规定的期限内对检察建议作出书面回复。榕江县人民检察院2次向该镇政府催办，仍未予回复。此后榕江县检察院办案人员先后4次回访宰荡侗寨和归柳侗寨，原有破坏传统村落的违法建筑不但没有整改，数量不减反增，国家利益和社会公共利益持续处于受侵害状态。

【审理过程及裁判结果】 2018年12月28日，经贵州省人民检察院批准，榕江县人民检察院根据行政诉讼集中管辖的规定，向黎平县人民法院提起行政公益诉讼，请求确认榕江县栽麻镇人民政府对中国传统村落宰荡侗寨和归柳侗寨不依法履行监管职责的行为违法；判令榕江县栽麻镇人民政府对破坏中国传统村落宰荡侗寨、归柳侗寨整体风貌的违法行为依法履行监管职责。

2019年2月27日，黎平县人民法院公开审理了本案。榕江县人民检察院出示了现场调查图片、走访当地村民以及政府工作人员的调查笔录，提供了《中国传统村落名录》等相关书证，证实宰荡侗寨和归柳侗寨已被列为"中国传统村落"，因违章建筑致使整体风貌受到严重破坏的客观事实。榕江县人民检察院认为，依据《贵州省传统村落保护和发展条例》等规定，栽麻镇人民政府对本行政区域内传统村落的保护和发展负有法定监管职责，检察机关提出诉前建议后，其仍未采取积极有效的监管、保护措施，传统村落整体风貌始终处于遭受破坏的状态中。经庭审质证，栽麻镇人民政府对于未依法履职的事实予以认可，但提出传统村落的保护需要自然资源、住建部门等多部门协调配合，村民保护传统村落的意识淡薄，保护传统村落与村民改善生活条件的需求存在现实冲突和矛盾。榕江县人民检察院指出，栽麻镇人民政府是本行政区内传统村落保护工作的责任者，对破坏传统村落的违法行为负有不可推卸的监管职责。栽麻镇人民政府应依法履职，协调各职能部门形成保护合力，加大力度发展生态旅游等相关产业，让村民共享传统村落保护与发展带来的红利和成果。

经依法审理，法院当庭作出判决，支持检察机关全部诉讼请求。

问题：传统村落是否属于《环境保护法》第2条规定的"环境"范畴？本案中检察机关启动检察行政公益诉讼的条件是什么？

2. 思考题

（1）环境行政公益诉讼相比一般行政诉讼和环境公益诉讼有何特点？

（2）环境行政公益诉讼的程序有何特点？其目的价值是什么？

（3）环境行政公益诉讼的诉讼请求与裁判如何衔接？

第五章 环境刑事附带民事公益诉讼原理与实务

【本章重点内容提示】

　　1. 环境刑事附带民事公益诉讼的性质
　　2. 环境刑事附带民事公益诉讼的功能
　　3. 环境刑事附带民事公益诉讼的特点
　　4. 环境刑事附带民事公益诉讼的构成要素
　　5. 环境刑事附带民事公益诉讼的裁判方式

第一节 环境刑事附带民事公益诉讼的概念、性质与特征

一、环境刑事附带民事公益诉讼的概念

　　环境刑事附带民事公益诉讼，是指由检察机关提起的，为保护生态环境公共利益，人民法院在对环境刑事犯罪案件审理的同时，附带审理该犯罪行为给环境公共利益造成的损害，责令其承担相应的民事责任的诉讼。

　　从历史沿革上看，我国于1979年《刑事诉讼法》第7章第53条规定了附带民事诉讼，虽然没有明确提出附带民事公益诉讼的概念，但是国家财产和集体财产理论上说属于公共财产，因此针对国家财产和集体财产提起的诉讼也应当属于公益诉讼的范围。但是在此后相当长的一段时间里，并没有出现刑事附带民事公益诉讼。环境刑事附带民事公益诉讼发轫于2014年党的十八届四中全会提出"探索建立检察机关提起公益诉讼制度"以来，我国开展为期2年的检察公益诉讼试点。2016年年底，最高人民检察院印发的《关于深入开展公益诉讼试点工作有关问题的意见》首次提出刑事附带民事公益诉讼这一新类型的公益诉讼。2018年最高人民法院和最高人民检察院出台了《最高人民法院 最高人民检察院关于检察公益诉讼案件适用法律若干问题的解释》，该解释第20条规定：人民检察院对破坏生态环境和资源保护，食品药品安全领域侵害众多消费者合法权益，侵害英雄烈士等的姓名、肖像、名誉、荣誉等损害社会公共利益的犯罪行为提起刑事公诉时，可以向人民法院一并提起附带民事公益诉讼，由人民法院同一审判组织审理。自此，环境刑事附带民事公益诉讼制度逐渐步入正轨。

　　（一）环境刑事附带民事公益诉讼与相关概念的辨析

　　1. 环境刑事附带民事诉讼与生态环境损害赔偿诉讼的联系与区别

2019 年最高人民法院发布《最高人民法院关于审理生态环境损害赔偿案件的若干规定（试行）》。其中第 16、17、18 条对生态环境损害赔偿诉讼与环境民事公益诉讼的关系进行了界定：若法院同时受理对同一环境损害提起的两种诉讼，优先审理生态环境损害赔偿诉讼，民事公益诉讼只能对未涵盖的部分进行审理。在司法实践上将二者的关系进行了厘清。环境刑事附带民事公益诉讼与生态环境损害赔偿诉讼在学理上的区分主要有以下几点①：第一，二者的性质不同。环境刑事附带民事公益诉讼属于公益诉讼，但是生态环境损害赔偿诉讼按照目前学界的主流观点属于私益诉讼，因为生态环境损害赔偿诉讼中被损害人是国家，国家是一个确定的主体，由于被侵害人是具体的所以生态环境损害赔偿诉讼应当是私益诉讼。第二，起诉主体不同。环境刑事附带民事公益诉讼的起诉主体目前法律明确规定的只有检察院；而后者的原告资格在《生态环境损害赔偿制度改革试点方案》中明确指出为省级政府或其指定的部门或机关为生态损害赔偿权利人。第三，二者适用的范围不同。根据《最高人民法院　最高人民检察院关于检察公益诉讼案件适用法律若干问题的解释》第 20 条的有关规定，只要具有破坏生态环境和资源保护的行为，检察机关既可以提起环境刑事附带民事公益诉讼，而不要求造成实质上的损害结果，也就是说只要具有造成损害结果的可能性，就可以提起环境刑事附带民事公益诉讼；对于生态环境损害赔偿诉讼，根据《最高人民法院关于审理生态环境损害赔偿案件的若干规定（试行）》第 1 条的规定，只有在发生其他严重影响生态环境后果的情况下，才可以提起生态环境损害赔偿诉讼。

2. 环境刑事附带民事公益诉讼与环境刑事附带民事诉讼的联系与区别

环境刑事附带民事公益诉讼与环境刑事附带民事诉讼都是检察机关提起的在环境领域内的附带民事诉讼，二者的主要区别在于附带民事诉讼的性质不同，环境刑事附带民事公益诉讼中附带的民事诉讼具有较强的公益性。具体来说有以下三点不同②：第一，二者的起诉的主体不同。环境刑事附带民事公益诉讼的主体是检察机关，而环境刑事附带民事诉讼中，被害人及其法定代理人或者其近亲属有权提起该诉讼。第二，二者保护的客体不同。环境刑事附带民事公益诉讼所保护的是环境公共利益，而对于被害人提起的环境刑事附带民事公益诉讼则更多的是保护私人利益。对于检察机关提起的环境刑事附带民事公益诉讼，该诉讼主要保护的是国家和集体的财产利益，国家和集体的财产性利益和环境公共利益并不相同。第三，责任承担的方式不同。环境刑事附带民事诉讼责任承担的主要方式是赔偿损失，并没有要求被告人修复生态环境。而在环境刑事附带民事公益诉讼中，承担责任的主要方式是让被告人修复生态环境，而且修复生态环境的方式多种多样。

（二）环境刑事附带民事公益诉讼的概念界定

有关环境刑事附带民事公益诉讼的概念，学界尚未形成共识。渤海大学法学院李劲教

---

① 李小强：《论生态环境损害赔偿诉讼与环境民事公益诉讼之整合》，载《兰州教育学报》2018 年第 10 期，第 3 页。

② 万劼晨：《刑事附带环境民事公益诉讼制度研究》，西南政法大学 2020 年硕士学位论文，第 6~7 页。

授认为环境刑事附带民事公益诉讼是指人民法院在对环境刑事犯罪案件审理的同时，附带审理该犯罪行为给环境公共利益造成的损害，责令相关主体承担民事责任的诉讼活动。[①] 根据《最高人民法院　最高人民检察院关于检察公益诉讼案件适用法律若干问题的解释》的规定，环境刑事附带民事公益诉讼提出的主体为检察机关，环境刑事附带民事公益诉讼的主要目的在于保护生态环境公共利益，而且该诉讼本质上仍然属于刑事附带民事诉讼。因此可以将环境刑事附带民事公益诉讼界定为：由检察机关提起的，为保护生态环境公共利益，人民法院在对环境刑事犯罪案件审理的同时，附带审理该犯罪行为给环境公共利益造成的损害，责令其承担相应的民事责任的诉讼。

二、环境刑事附带民事公益诉讼的性质

从性质上看，环境刑事附带民事公益诉讼是刑事诉讼、民事公益诉讼的结合形态，具有自身的特殊性。依据《最高人民法院关于适用〈中华人民共和国刑事诉讼法〉的解释》的规定，在国家财产、集体财产遭受损失的情形下，如果受损失的单位没有提起附带民事诉讼，人民法院应当依法受理检察机关提起的附带民事诉讼。因此检察机关提起的刑事附带民事诉讼所保护的是国家财产、集体财产。根据《最高人民法院　最高人民检察院关于检察公益诉讼案件适用法律若干问题的解释》，检察机关只有在环境公共利益遭到损害的情况之下才能提起环境刑事附带民事公益诉讼。因此环境刑事附带民事公益诉讼所保护的是环境公共利益。

环境公共利益不同于国家财产利益与集体财产利益，公共利益在某种程度上，已经超越了国家利益和集体利益。环境利益是社会公共利益的重要组成部分，是社会公共利益在环境上的具体体现。但是环境公共利益目前在学界并没有明确的定义，目前对于环境公共利益的研究主要集中在主体与客体上。环境公共利益的主体是不特定的多数人，而私益的主体是特定的对象，也就是说任何人都能成为环境公共利益的主体，不能排除任何一个人作为环境公共利益的主体。环境公共利益的客体是"环境"，是典型的公共产品，社会的每个成员都可以消费环境（资源）并从中获益，并且每一个社会成员都难以排斥其他成员消费环境（资源）。如果只是侵害了特定的人的利益，那么不能认定为侵害了环境公益，只能认定为侵害了环境私益。

因此，结合《刑事诉讼法》《最高人民法院关于适用〈中华人民共和国刑事诉讼法〉的解释》《最高人民法院　最高人民检察院关于检察公益诉讼案件适用法律若干问题的解释》相关法律规定及解释来看，环境刑事附带民事公益诉讼属于刑事诉讼与民事公益诉讼的结合，其保护法益为环境公共利益，具有极强的公益性，是一种特殊检察公益诉讼。

三、环境刑事附带民事公益诉讼的特征

环境刑事附带民事公益诉讼特征是指环境刑事附带民事公益诉讼制度所体现出来的一种独有的征象或者标志，是其区别于有关生态环境纠纷引起的其他类型诉讼的表现形式。

---

① 李劲：《检察机关提起环境刑事附带民事公益诉讼问题研究》，载《渤海大学学报（哲学社会科学版）》2020年第5期，第52页。

具体来说，环境刑事附带民事公益诉讼包括如下特征。

（一）诉讼目的之公益性

在普通的刑事附带民事公益诉讼的诉讼中，被害人因被告人的违法犯罪行为遭受了损失，在检察机关提起公诉的时候，被害人可以提起附带民事诉讼，要求被告人赔偿自己的损失，原告可以通过诉讼获得利益，诉讼利益归属于原告。而环境刑事附带民事公益诉讼中，《最高人民法院关于审理环境民事公益诉讼案件适用法律若干问题的解释》第 34 条明确规定社会组织不能通过提起公益诉讼牟取经济利益。因此在环境刑事附带民事公益诉讼中诉讼利益并不能归属于起诉人。环境刑事附带民事公益诉讼所获得的诉讼利益主要用于生态环境修复，起诉获得的利益不属于特定的人，因此环境刑事附带民事公益诉讼具有很强的公益性。

（二）起诉主体之特定性

根据《刑事诉讼法》第 101 条的有关规定，普通的环境刑事附带民事公益诉讼的主体是被害人，在被害人死亡或者丧失行为能力的情况下，被害人的法定代理人、近亲属能作为起诉的主体。而根据《最高人民法院　最高人民检察院关于检察公益诉讼案件适用法律若干问题的解释》的相关规定，环境刑事附带民事公益诉讼的起诉主体只能是检察机关。因此环境刑事附带民事公益诉讼主体不同于普通的刑事附带民事的主体，具有特定性。

（三）救济之补充性

对于普通的刑事附带民事公益诉讼，根据《民事诉讼法》第 55 条第 1 款的有关规定，法律规定的机关和有关的组织可以直接向人民法院提起诉讼，起诉主体可以直接向法院提起诉讼寻求救济；在环境刑事附带民事公益诉讼中，《最高人民法院　最高人民检察院关于检察公益诉讼案件适用法律若干问题的解释》第 13 条规定，检察机关只有在公告期满，法律规定的机关以及有关的社会组织没有提起诉讼的情况下，检察院才能向人民法院提出环境刑事附带民事公益诉讼。因此检察院提起的环境刑事附带民事公益诉讼只能在法律规定的机关以及有关的社会组织没有履行起诉义务的时候，才能补充行使起诉的权利。

（四）责任承担方式之多样性

在环境刑事附带民事公益诉讼中被告人除了承担普通的刑事附带民事诉讼中可能承担的责任种类之外，还需要承担修复生态环境的责任，即在惩罚违法犯罪行为的同时，还需要被告人对因其环境犯罪行为受损的生态环境进行修复，并且该责任承担方式多种多样，十分灵活。例如在林某、仇某非法捕捞水产品一案①中，法院最终判决要求被告人采取投放马口鱼成鱼 633 尾的方式以恢复受损之生态环境。若被告人客观上无法对生态环境进行

①　详见安化县人民检察院诉林某、仇某非法捕捞水产品案（〔2020〕湘 0923 刑初 353 号）。

修复，法院一般采取责令缴纳生态环境损害赔偿费的方式以达到生态修复之目的。例如在王某污染环境罪一案①中，被告人排放污水，法院最终判决被告人赔偿生态环境修复费330490元。除了承担生态环境修复的责任之外，法院还可能要求被告人在市级以上的新闻媒体上赔礼道歉，提高大众对生态保护重要性的认识，进一步预防环境犯罪的产生。

（五）诉讼标的之特殊性

在环境刑事附带民事公益诉讼中，诉讼标的是被告人实施破坏环境资源的行为所引起的法律关系。被告人所实施的是破坏生态环境资源的犯罪行为。在裁判文书网上以环境刑事附带民事为关键词进行搜索，环境刑事附带民事诉讼中主要涉及的行为有非法捕捞水产品、严重污染环境、滥伐林木、盗伐林木、非法采矿等。② 这些行为都属于破坏生态环境资源的行为。因此环境刑事附带民事公益诉讼的诉讼标的具有较强的特殊性。

第二节　环境刑事附带民事公益诉讼的功能

一、回应环境刑民交叉案件的实践需求

近年来，在司法实践中，环境纠纷案件层出不穷。由于该类案件涉及学科的多样性、侵犯客体的复杂性，常易诱发刑民交叉的问题。也即在许多案件中，犯罪嫌疑人一方面涉嫌破坏环境资源保护罪，被检察机关以"公诉人"身份依据《刑法》第338~346条追究相应的刑事责任；另一方面，犯罪嫌疑人的行为也极有可能对国家财产、集体财产、公众利益造成巨大损失，依法需要承担民事赔偿责任。③ 为回应司法实践中妥善解决环境刑民交叉问题的需求，环境刑事附带民事公益诉讼逐步走上司法轨道。

首先，环境刑事附带民事公益诉讼具有简化诉讼程序、提高司法效率的功能，即程序性功能。效益所反映的是成本与收益的比值关系，比值越小则效益越高，比值越大则效益越低。④ 诉讼程序所投入的成本可以从当事人和法院两方面来看，既涵盖当事人参加诉讼所投入的时间、精力，也包括法院的审判损耗、人力投入、诉讼费用等；收益不但包括裁判下达后可实现当事人物质性或精神性诉讼主张的功效，而且包含调整法律关系、维护社会秩序、定分止争的作用。⑤ 在涉及刑民交叉的环境案件中，若由检察机关分别提起刑事诉讼与民事公益诉讼，则会造成起诉、取证、举证等多个方面的环节重复，导致司法程序烦琐，司法机关负担加大，不利于司法资源的合理利用；此外，对于当事人而言需要参加多次诉讼程序，既加大当事人的诉讼成本，也不利于其合法权益的维护。特别是在一些案

---

① 详见文安县人民检察院诉被告人王某污染环境案（〔2021〕冀1026刑初38号）。

② 陈学敏：《环境刑事附带民事公益诉讼制度的检视与完善》，载《华南理工大学学报》2021年第3期，第71页。

③ 林鹏程：《环境公益诉讼的民刑交叉程序法律问题研究——以检察机关提起环境形式附带民事公益诉讼为例》，载《广东开放大学学报》2019年第5期，第57~62页。

④ 谭兵、李浩：《民事诉讼法》，法律出版社2004年版，第10页。

⑤ 陈桂明：《诉讼公证与程序保障》，中国法制出版社1996年版，第8页。

情复杂或是急需法律救济的案件中，这些不必要的重复环节使人民法院不能及时有效地作出判决，受损法益也得不到及时的维护和保障，甚至有可能因此对受损主体造成二次损害，不利于定分止争以维护社会秩序。"正义的第二种意义，简单来说，就是效益。"① 若由检察机关直接提起环境刑事附带民事公益诉讼，则可以有效避免因刑事公诉程序和民事公益诉讼程序分离所导致的环节重复，节省认定事实、审查专业性问题等司法资源；此外，提起环境刑事附带民事公益诉讼也可减轻诉讼当事人的诉讼成本，避免诉累，使此类案件的诉讼程序更加符合诉讼经济原则。

其次，环境刑事附带民事公益诉讼还有利于促进司法裁判协调统一。在刑民交叉的环境案件中，若分别提起刑事诉讼与民事公益诉讼，在事实认定、证据采纳方面可能会有不同结果，导致出现同案不同判现象。对此，最高人民法院原副院长江必新表示，"刑事案件已经依法认定的事实证据一般可以作为附带民事公益诉讼案件的免证事实和证据。而对于刑事案件未予认定的事实和证据，如经审理认为达到民事诉讼规定的证据标准的，亦应依法予以确认。"② 即在刑民交叉的环境案件中，刑事、民事证据互补，实现互通，以解决民事公益诉讼取证困难的问题。在环境刑事附带民事公益诉讼中，刑事公诉程序与民事公益诉讼，由同一法院厘清事实、审查证据与法律适用问题并作出裁判。刑民诉讼程序同时进行，有利于促使刑民统筹协调，消除司法障碍。

再次，环境刑事附带民事公益诉讼还具有促进民事和解、预防犯罪嫌疑人转移涉案财产等诉讼功能。在对被告人提起环境刑事附带民事公益诉讼之后，被告人为争取刑事部分的从轻处罚而积极履行赔偿责任、消除损害，从而更能以促成民事部分达成调解协议。在部分案件中，被告人在环境事件发生后可能会尽可能地转移财产以抗拒承担赔偿责任、逃避责任。在提起环境刑事附带民事公益诉讼之后，侦查机关立案之后便可以冻结、扣押犯罪嫌疑人的财产，从而防止被告人转移财产，有助于弥补环境事件带来的损害结果。

最后，环境刑事附带民事诉讼具有预防环境犯罪的作用，即实现刑法的一般预防功能。通过刑事程序与民事公益诉讼程序双重追责，使犯罪人不但需要接受刑罚处罚，还需承担环境恢复等社会公益责任，以此实现震慑犯罪分子、减少环境类犯罪的功效。

二、完善刑事公诉对环境社会公益的有效保护

在涉及刑民交叉的案件中，行为人的犯罪行为不仅打破刑事层面的与公共安全、市场经济、公民人身财产等有关的社会秩序，并且时常伴随性地侵害到社会公共利益。刑法的目的是保护法益、预防犯罪，保护方式是通过刑罚对犯罪行为进行打击。由于刑罚中没有关于修复社会公益的举措，仅从刑事法层面对加害者施加刑事处罚是不足的，是忽视社会

---

① ［美］理查德·A.波斯纳：《法律的经济分析》，蒋兆康译，中国大百科全书出版社1997年版，第31页。
② 江必新：《认真贯彻落实民事诉讼法、行政诉讼法规定 全面推进检察公益诉讼审判工作》，载《人民法院报》2018年3月5日，第3版。

公益恢复、重建的表现。① 在环境案件中也是如此，仅仅借助刑罚只惩罚公法上的犯罪行为，并不能有效弥补因刑事犯罪导致的公益损失。对此有学者认为，刑事附带民事公益诉讼的程序构造不可本末倒置，不应当减弱违法者承担修复生态、赔偿损失等民事义务，而应平衡好刑事责任和民事责任，促使加害者自主、及时地承担修复公益的责任。② 在司法实务中，许多司法机关坚持刑事优先的处理原则，若将刑、民分开提起诉讼，刑事诉讼优先进行，难以实现被告人积极履行环境责任，环境社会公益也很难得到保障与修复。环境刑事附带民事公益诉讼的构建可以有效解决这一问题，既预防、惩罚生态环境犯罪行为，又可以借助刑事公诉附带解决民事私法中的公益诉求，实现环境社会公共利益的有效维护。

首先，环境刑事附带民事公益诉讼有助于直接对受损的公共利益进行法律救济。环境刑事附带民事公益诉讼中，其所侵犯的客体是环境刑事附带民事诉讼之延伸，亦即犯罪行为首先侵犯了国家或集体所拥有的自然资源（即国家或集体的环境物质性利益），而后影响到了不特定的社会公共利益（非物质性环境利益），与环境刑事附带民事诉讼不同的是，环境刑事附带民事诉讼保护特定公民的私人的环境物质性利益。③ 在司法实践中，民事私法中的公益诉求一般缺乏强制力保障，导致很多环境案件审结之后不能有效落实以达到修复环境的目的，且环境刑事附带民事诉讼的诉讼请求大多是物质性赔偿，也即令被告承担其对生态环境资源造成破坏后的经济损失，这些赔偿也很难有针对性地用于弥补其违法行为带来的环境损害；而环境刑事附带民事公益诉讼通过统一民刑诉讼程序，结合宽严相济的刑事政策，以刑法的强制力作为保障，促使被告人积极履行公共利益责任，以换取刑罚上的宽大处理，且环境刑事附带民事公益诉讼的诉讼请求在实践中更多表现为生态环境修复责任，如放生鱼群、补充植物、修复绿地等，更加直接地使公共利益得到充分救济。

其次，环境刑事附带民事公益诉讼有助于修复社会关系，维护公共利益。恢复性司法是近年来司法实务界及学术界所提倡的重要理念，其含义是指对犯罪者的加害行为作出体系性反馈，其强调加强诊断、治愈违法行为给受害者及社会所造成的损害。④ 其蕴含着聚合与加害行为相关的主体一起参与侵害行为的办理，以期降低社会利益受侵害的程度，最大限度地将受损害的社会关系恢复到原生状态。⑤ 在环境案件中，受损法益通常为与社会生活息息相关的社会公众利益，一经损害急需补救。若按照刑事与民事公益诉讼分别提起诉讼程序，由于诉讼周期长、程序烦琐重复，不可避免会导致社会关系得不到及时修复，

---

① 苏和生、沈定成：《刑事附带民事公益诉讼的本质厘清、功能定位与障碍消除》，载《学术探索》2020 年第 9 期，第 74~83 页。

② 江必新：《中国环境公益诉讼的实践发展及制度完善》，载《法律适用》2019 年第 1 期，第 5~12 页。

③ 袁紫燕：《环境刑事附带民事公益诉讼程序规则研究》，浙江农林大学 2020 年硕士学位论文，第 7 页。

④ 丹尼尔·W. 凡奈思、王莉：《全球视野下的恢复性司法》，载《南京大学学报》2005 年第 4 期，第 130~136 页。

⑤ 唐芳：《恢复性司法的困境及其超越》，载《法律科学》2006 年第 4 期，第 55~63 页。

社会公共利益无法及时得到保障。而环境刑事附带民事公益诉讼的目的之一即为及时高效地恢复生态环境资源刑事犯罪所损害的社会公共利益，这与恢复性司法理念高度契合。由于恢复性司法尚且缺乏刑事实体法依据，即我国刑法规定的刑罚中不包含一些具体的环境恢复措施如投放鱼苗、补植复绿等，因此直接用刑事诉讼程序来达到及时高效恢复受损的生态环境是不切实际的。然而环境刑事附带民事公益诉讼可以很好地解决这一问题，检察院在对犯罪人提起刑事诉讼要求其承担刑事责任的同时，也可以以侵犯社会公共利益为由要求被告人停止侵害、恢复原状等。法院也可以针对被告人积极承担民事公益部分责任的积极程度，按照认罪认罚从宽制度对被告人从轻处罚。如此，既贯彻了宽严相济的刑事政策，又使受损法益得到积极有效恢复，契合恢复性司法理念，恢复性司法的价值目标也可以依托环境刑事附带民事公益诉讼程序得以实现。

随着我国生态文明建设的深入推进，涉及刑民交叉的环境问题日益凸显。对此，诉讼程序顺应司法实践是大势所趋，也是中国特色社会主义法治体系的必然要求。由检察机关提起环境刑事附带民事公益诉讼，将环境刑事案件与民事公益诉讼一并审理，既有提高司法效率，促进司法裁判协调统一等实践功能，也蕴含直接救济受损环境法益、贯彻恢复性司法等价值功能，实现刑事诉讼与环境公益诉讼两种诉讼程序优势互补。这种新型的诉讼模式，并不是刑事诉讼和民事公益诉讼单纯的结合关系，而是集多种程序价值为一体，其出现推动着司法机关维护环境公益的步伐不断前进。但作为一项新型的诉讼程序，是对传统诉讼程序的挑战，也是对诉讼程序的强有力补充，还需要更多的制度设计及学理探究。

第三节　环境刑事附带民事公益诉讼的沿革与发展

一、环境刑事附带民事公益诉讼的创制

环境刑事附带民事公益诉讼是刑事附带民事诉讼和民事公益诉讼两种诉讼制度在环境诉讼领域的有机结合，兼具二者之特性。① 因此探究环境刑事附带民事公益诉讼制度的沿革应首先从刑事附带民事诉讼制度和民事公益诉讼制度两方面入手。

刑事附带民事诉讼制度作为我国的一项重要的诉讼制度，是指被告人的刑事犯罪行为不仅构成犯罪，还造成了被害人的民事权益损失，经被害人或检察机关的申请，法院在审理刑事案件时将民事领域的直接物质损失的赔偿问题一并审理的诉讼制度。将民事诉讼部分并入刑事诉讼过程中一起审理，可以在一定程度上节约司法资源，加快诉讼进程，使法院对刑事被告人的定罪量刑更加精准，同时这一制度也存在一定的弊端，如法律适用的冲突、"以民代刑"情况的发生等。当受被告人犯罪行为损害的利益属于国家利益或集体利益时，法律赋予了检察机关提起刑事附带民事诉讼的权利。相关条款首见于中华人民共和

---

① 宋阳：《检察机关提起刑事附带民事公益诉讼问题研究》，河南财经政法大学 2019 年硕士学位论文，第 8 页。

国成立后第一部《刑事诉讼法》，① 其中第 77 条规定："如果是国家财产、集体财产受到损失的，人民检察院在提起公诉的时候，可以提起附带民事诉讼。"这一条款突出了立法对国家利益、集体利益的保护，将刑事附带民事公益诉讼制度与因私人物质利益受到犯罪行为侵害而提起的私益性刑事附带民事诉讼的制度相区分。该条款首次以立法的形式，表明了检察机关在提起保护国家利益和集体利益的刑事附带民事诉讼的公益性，这一制度又被称为刑事附带民事公益诉讼或公益性的刑事附带民事诉讼。② 后续刑事诉讼法历经了多次修订，仍保有这一由检察机关依职权提起刑事附带民事诉讼的条款。③

民事公益诉讼制度则着眼于因社会公共利益受到损害提起的诉讼，法律规定可以提起民事公益诉讼的主体为法律规定的有关机关和有关组织。《民事诉讼法》第 58 条④规定了法律规定的机关或有关组织可以就污染环境的侵害社会公共利益的行为，向人民法院提起诉讼。民事公益诉讼中法律规定的机关或单位对受到损失的不特定主体负有维护其特定利益的责任，该条款规定了检察机关提起公益诉讼的前置条件为法律规定的相关组织与机关未提起诉讼。法条规定的社会利益中当然地包括生态环境利益，为正确地审理环境民事公益案件，最高人民法院发布了《最高人民法院关于审理环境民事公益诉讼案件适用法律若干问题的解释》⑤，该解释对已经损害社会公共利益或者具有损害社会公共利益重大风险的污染环境、破坏生态的行为提起诉讼的相关组织和机关进行了进一步的明确，同时规定了环境民事公益诉讼的管辖权归属、原告可以要求被告承担的民事责任范围等内容。

综上所述，刑事附带民事诉讼和民事公益诉讼制度存在一定的差异。例如，由检察机关提起的刑事附带民事诉讼中，受到侵害的利益是国家利益和集体利益，而民事公益诉讼中被侵害的利益是社会公共利益，即不特定多数人的利益。有学者认为，"国家"和"集体"属于比较抽象但特定的概念，因此刑事附带民事诉讼面向的仍是特定主体的利益受损问题。由于民事公益诉讼面向主体的不特定性造成了直接关系主体在某些情况下难以启

① 1997 年《中华人民共和国刑事诉讼法》于 1979 年 7 月 1 日第五届全国人民代表大会第二次会议通过，第 77 条规定："被害人由于被告人的犯罪行为而遭受物质损失的，在刑事诉讼过程中，有权提起附带民事诉讼。如果是国家财产、集体财产遭受损失的，人民检察院在提起公诉的时候，可以附带提起民事诉讼。"

② 高星阁：《论刑事附带民事公益诉讼的程序实现》，载《新疆社会科学》2021 年第 3 期，第 91~101 页。

③ 现行《中华人民共和国刑事诉讼法》第 101 条规定："被害人由于被告人的犯罪行为而遭受物质损失的，在刑事诉讼过程中，有权提起附带民事诉讼。被害人死亡或者丧失行为能力的，被害人的法定代理人、近亲属有权提起附带民事诉讼。如果是国家财产、集体财产遭受损失的，人民检察院在提起公诉的时候，可以提起附带民事诉讼。"

④ 现行《中华人民共和国民事诉讼法》第 58 条规定："对污染环境、侵害众多消费者合法权益等损害社会公共利益的行为，法律规定的机关和有关组织可以向人民法院提起诉讼。人民检察院在履行职责中发现破坏生态环境和资源保护、食品药品安全领域侵害众多消费者合法权益等损害社会公共利益的行为，在没有前款规定的机关和组织或者前款规定的机关和组织不提起诉讼的情况下，可以向人民法院提起诉讼。前款规定的机关或者组织提起诉讼的，人民检察院可以支持起诉。"

⑤ 《最高人民法院关于审理环境民事公益诉讼案件适用法律若干问题的解释》于 2014 年 12 月 8 日由最高人民法院审判委员会第 1631 次会议通过，自 2015 年 1 月 7 日起施行。

动诉讼程序的问题，法律赋予特定的机关、组织、个人以诉权。[①] 基于此种定义，二者也存在一定范围内的竞合，即当受到损害的利益既属于国家利益和集体利益范畴，又属于社会公共利益范畴，且损害社会公共利益的行为构成犯罪时，检察机关就成为刑事附带民事公益诉讼的"公益诉讼人"，在诉讼中履行法定职责。

环境刑事附带民事公益诉讼制度是将刑事附带民事诉讼与民事公益诉讼在环境犯罪领域相结合的新型诉讼制度。2016 年最高检印发的《关于深入开展公益诉讼试点工作有关问题的意见》[②] 中第一次提到了刑事附带民事公益诉讼的概念。《关于深入开展公益诉讼试点工作有关问题的意见》对检察机关在刑事附带民事公益诉讼中以"公益诉讼人"参加诉讼作出了相关规定，检察机关发现犯罪嫌疑人触犯破坏环境资源保护罪的行为侵害了社会公共利益，符合提起民事公益诉讼条件的，可以一并提起环境刑事附带民事公益诉讼。现行《最高人民法院　最高人民检察院关于检察公益诉讼案件适用法律若干问题的解释》第一次以司法解释的形式确立了刑事附带民事公益诉讼的诉讼形式，第 20 条规定了人民检察院对破坏生态环境和资源保护的损害社会公共利益的犯罪行为提起刑事诉讼时，可以向人民法院一并提起附带民事公益诉讼，由人民法院同一审判组织审理。人民检察院提起的刑事附带民事公益诉讼案件由审理刑事案件的人民法院管辖。[③]

近年来，破坏环境资源保护的犯罪案件不断增加，案件涉及领域广泛，对国家利益、集体利益、公民生活、社会稳定均造成了损害。由于环境侵害受害主体大多具有广泛性及不特定性，由被害方自行组织、申请附带民事诉讼的难度较大，广泛受害者的诉讼权利和实体权利难以得到及时的保障，诉讼效果不尽理想。[④] 环境刑事附带民事公益诉讼制度在这一背景下具有独立的价值属性和功能定位。[⑤] 首先，环境刑事附带民事公益诉讼依附于刑事诉讼，因此对犯罪事实进行认定时所收集到的相关的侵害行为、侵害结果等证据均可以准确地用于附带民事公益诉讼以追究犯罪嫌疑人的环境侵权民事责任。其次，将刑事诉讼和民事公益诉讼结合起来可以有效地节约司法成本，力求效益最大化，极大地加速了司法进程。再次，犯罪嫌疑人修复生态损伤的行为在法律规定的范围内影响犯罪嫌疑人的定罪量刑，因此，犯罪嫌疑人在此框架下会积极采取措施对因其犯罪行为而受到影响的生态

---

① 周新：《刑事附带民事公益诉讼研究》，载《中国刑事法杂志》2021 年第 3 期，第 123～140 页。

② 详见《关于深入开展公益诉讼试点工作有关问题的意见》，载河南省三门峡市湖滨区人民检察院网站，www. sanmenxiahb. jcy. gov. cn/jcwh/201707/t20170705_2023377. shtml，最后访问日期：2021 年 8 月 17 日。

③ 现行《最高人民法院　最高人民检察院关于检察公益诉讼案件适用法律若干问题的解释》于 2018 年 3 月 2 日发布，在 2020 年历经一次修订。《最高人民法院　最高人民检察院关于检察公益诉讼案件适用法律若干问题的解释》第 20 条规定："人民检察院对破坏生态环境和资源保护，食品药品安全领域侵害众多消费者合法权益，侵害英雄烈士等的姓名、肖像、名誉、荣誉等损害社会公共利益的犯罪行为提起刑事诉讼时，可以向人民法院一并提起附带民事公益诉讼，由人民法院同一审判组织审理。人民检察院提起的刑事附带民事公益诉讼案件由审理刑事案件的人民法院管辖。"

④ 夏黎阳、符尔加：《公益性刑事附带民事诉讼制度研究》，载《人民检察》2013 年第 16 期，第 17～20 页。

⑤ 俞蕾、黄潇筱：《生态环境刑事附带民事公益诉讼的证据规则与衔接机制研究——以上海地区检察公益诉讼为例》，载《中国检察官》2020 年第 16 期，第 34～38 页。

系统进行修复,从而实现国家规定这一诉讼制度的立法目的,保护国家生态环境这一公共利益,维护生态文明。

二、环境刑事附带民事公益诉讼制度的不断完善

生态环境保护在十九大报告和十九届四中全会的公告中均被提升到十分重要的位置,生态环境的治理和维护是新时期中国共产党的历史使命之一。近年来随着环境刑事附带民事公益诉讼制度的确立,实践领域出现了越来越多将环境民事公益诉讼与环境刑事诉讼一并审理的案件。基于对现有案件的分析,可以发现,囿于司法制度的不完善,环境刑事附带民事公益诉讼领域曾一度处于空白,自 2017 年起相关司法判例逐渐增加,尤其是在 2018 年两高发布了《最高人民法院 最高人民检察院关于检察公益诉讼案件适用法律若干问题的解释》后,相关司法判例出现了稳步增加的局面。

司法是法治的最后一道防线,作为惩罚环境犯罪的最有效的方式,环境刑事诉讼是其他社会调整手段的最后保障,而环境刑事附带民事公益诉讼则在惩罚环境犯罪的同时,力求最大限度地修复生态环境。下文将结合实例对环境刑事附带民事公益诉讼的发展进行综合把握。

第一,司法实践领域出现了刑事部分的证据认定标准与环境污染认定标准存在冲突的问题亟待解决。例如,被告人王某在河北省某县的厂区内,非法从事水洗塑料的加工生产,伴随产生的大量污水未经处理通过暗道排入厂内外的渗坑中,经鉴定,排放的污水属于“有毒物质”,王某的行为构成了破坏环境罪,同时当地人民检察院以“公益诉讼起诉人”的身份提起了附带民事公益诉讼。① 在此案中,认定构成刑事犯罪和确定民事赔偿的证据和范围有所不同:认定破坏环境罪的证据主要有相关证人证言、人民政府的证明以及公告等。而确定王某需要承担的民事责任的证据则主要为由司法鉴定中心作出的排污的治理费用和鉴定污水的鉴定费用的评估报告。同一案件中认定刑事犯罪和民事侵权责任的证据侧重点不一,因此,在环境刑事附带民事公益诉讼中要结合不同领域的专家意见,在刑事层面和民事层面采用不同证据标准,使得打击环境犯罪与修复生态环境共同发展。

第二,合理确定不同环境刑事附带民事公益诉讼的民事责任承担方式。例如,被告人刘某在禁渔期、禁渔区内,使用明令禁止的捕鱼工具进行捕鱼,违反了保护水产资源法规,构成了《刑法》规定的非法捕捞水产品罪。② 公益诉讼起诉人出具了畜牧水产事务专家评估,最终确定的民事责任为刘某向捕捞水域投放特定鱼种 5220 尾,并公开赔礼道歉。在案例一中,王某主要承担的民事侵权责任为缴纳生态环境修复费用,并在判决生效后的 30 日内在市级以上新闻媒体向社会公众公开赔礼道歉。现行《环境保护法》规定,因污染环境和破坏生态造成损害的,根据原《侵权责任法》相关规定承担侵权责任,包括停止侵害、排除妨碍、消除危险、返还财产、恢复原状、赔偿损失、赔礼道歉、消除影响、

---

① 参见附带民事公益诉讼被告人王某污染环境罪一审刑事判决书(〔2021〕冀 1026 刑初 38 号)。

② 参见刘某非法捕捞水产品一审刑事判决书(〔2020〕湘 0923 刑初 355 号)。

恢复名誉。① 确定适合的责任承担方式需要对环境污染类型和程度等因素作出综合、准确的判断。因此，在发展环境刑事附带民事公益诉讼制度时可以采取鼓励专家或有专门知识的人出庭参与讨论、检察机关积极履责、就生态环境领域的公共利益保护发表意见、在案件调查过程中及时委托环境损害鉴定评估等措施，共同准确制定最适宜的修复方案。

第三，确立积极履行环境侵权责任从宽的法律依据。例如，在上海一起倾倒毛垃圾案中，当事人积极交付了环境修复保证金，检察院对当事人适用认罪认罚制度，最后当事人均被法院判处缓刑。②《最高人民法院关于适用〈中华人民共和国刑事诉讼法〉的解释》规定了刑事附带民事诉讼中，人民法院应当结合被告人的赔偿情况和悔罪表现进行量刑考虑。③ 将刑事责任、行政责任、民事责任有机统一，确立环境刑事附带民事公益诉讼的从宽制度，不断完善相关领域立法，有利于提高被告人履行责任的积极性与执行力，也有利于司法机关准确裁量刑罚，保障人权。

如上文所述，环境刑事附带民事公益诉讼制度的完善和发展任重道远，上述问题只是围绕目前出现的主要矛盾的分析。在今后的发展过程中，我们要以问题为导向，突出工作重点，着眼全国发展大局，完整准确地贯彻新发展理念，维护公共利益、法律尊严和公平正义。

第四节　环境刑事附带民事公益诉讼的构成要素

一、环境刑事附带民事公益诉讼的原告

环境刑事附带民事公益诉讼原告是指有权对污染环境、破坏生态的犯罪行为提起环境刑事附带民事公益诉讼的主体。

《最高人民法院　最高人民检察院关于检察公益诉讼案件适用法律若干问题的解释》第 20 条明确规定，人民检察院对破坏生态环境和资源保护、食品药品安全领域侵害工作消费者合法权益等损害社会公共利益的犯罪行为提起刑事公诉时，可以向人民法院一并提起附带民事公益诉讼。

---

① 《中华人民共和国环境保护法》第 64 条规定："因污染环境和破坏生态造成损害的，应当依照《中华人民共和国侵权责任法》的有关规定承担侵权责任。"原《中华人民共和国侵权责任法》第 15 条规定承担侵权责任的方式主要有：（1）停止侵害；（2）排除妨碍；（3）消除危险；（4）返还财产；（5）恢复原状；（6）赔偿损失；（7）赔礼道歉；（8）消除影响、恢复名誉。以上承担侵权责任的方式，可以单独适用，也可以合并适用。第 65 条规定，因污染环境造成损害的，污染者应当承担侵权责任。

② 俞蕾、黄潇筱：《生态环境刑事附带民事公益诉讼的证据规则与衔接机制研究——以上海地区检察公益诉讼为例》，载《中国检察官》2020 年第 16 期，第 34～38 页。

③ 《最高人民法院关于适用〈中华人民共和国刑事诉讼法〉的解释》第 157 条规定，审理刑事附带民事诉讼案件，人民法院应当结合被告人赔偿被害人物质损失的情况认定其悔罪表现，并在量刑时予以考虑。

（一）人民检察院作为环境刑事附带民事公益诉讼的起诉主体

《最高人民法院　最高人民检察院关于检察公益诉讼案件适用法律若干问题的解释》对人民检察院为环境刑事附带民事公益诉讼的起诉主体资格作出了明确的规定。但需要注意的是，检察机关并非以原告身份提起环境刑事附带民事公益诉讼，而是公益诉讼代理人的身份。2020年两院对其进行修正，第4条规定："人民检察院以公益诉讼起诉人身份提起公益诉讼，依照民事诉讼法、行政诉讼法享有相应的诉讼权利，履行相应的诉讼义务，但法律、司法解释另有规定的除外。"这明确了检察院在公益诉讼中的身份为公益诉讼起诉人。

（二）原告提起诉讼之间的顺位关系

2019年9月9日，最高人民法院、最高人民检察院联合发布的《最高人民法院　最高人民检察院关于人民检察院提起刑事附带民事公益诉讼应否履行诉前公告程序问题的批复》，该批复明确了刑事附带民事公益诉讼应当履行诉前公告程序，从侧面反映出检察机关并非刑事附带民事公益诉讼的唯一起诉主体，甚至不是优先起诉主体，应当坚持发挥其谦抑性以及兜底性的特点。刑事附带民事诉讼的起诉主体应该划分为刑事诉讼的起诉主体和民事公益诉讼的起诉主体两部分。① 检察机关负责刑事部分的起诉，而附带民事公益诉讼的起诉主体应当全同于单一的民事公益诉讼，并且承认法律规定的机关和有关组织的优先顺位。② 刑事附带环境民事公益诉讼本质是环境民事公益诉讼，政府是公共环境资源的权利主体，也是对环境质量负责的义务主体，当公共环境资源受到侵害时，应当代表国家和公众追索环境损失，大部分情况下应当是第一顺序的原告，检察机关起兜底性作用。③

二、环境刑事附带民事公益诉讼的被告

刑事附带民事公益诉讼被告主体问题的明确，关键在于解决刑事附带民事公益诉讼中民事部分的被告是否要和刑事部分的被告人同一的问题。当前环境刑事附带民事公益诉讼被告的确定存在全同、包含、交叉和全异四种模式。④ 后三种模式意味着刑事附带民事公益诉讼被告与刑事被告人不一致。

全同模式，刑事部分的被告人与附带民事公益诉讼的被告人一致。在这一模式下，随着刑事诉讼的推进，被追诉人承担的刑事责任在一定程度上被承担的民事责任吸收。⑤ 被

---

① 王瑞祺：《刑事附带民事公益诉讼客观范围研究》，载《南方法学》2019年第5期，第68~69页。

② 杨雅妮：《刑事附带民事公益诉讼诉前程序研究》，载《青海社会科学》2019年第6期，第183页。

③ 田雯娟：《刑事附带民事公益诉讼的实践与反思》，载《兰州学刊》2019年第9期，第110~125页。

④ 周新：《刑事附带民事公益诉讼研究》，载《中国刑事法杂志》2021年第3期，第123~140页。

⑤ 刘加良：《刑事附带民事公益诉讼的困局与出路》，载《政治与法律》2019年第10期，第94页。

追诉人以主动承担民事责任为从宽量刑创造条件，促使其主动认罪认罚，也能够保证附带民事公益诉讼部分的裁判结果能够提前实现，公共利益得到及时有效的维护。[①]

包含模式，根据刑事附带民事公益诉讼中刑事诉讼与民事公益诉讼的主体与附带关系具体细分为"刑主民辅"模式和"民主刑辅"模式。"刑主民辅"模式，即先刑后民，以被追诉人确定刑事附带民事公益诉讼被告主体。检察机关在审查起诉时，仅针对涉嫌刑事犯罪的被追诉人提起公诉，并对被追诉人中侵犯公共利益，构成民事侵权的行为人一并提起诉讼。"民主刑辅"模式，即先民后刑，根据民事公益诉讼被告确定刑事附带民事公益诉讼被告主体。这个审理模式有一定的积极意义，能够调动被告人的积极性，促使其主动承担民事责任，意味着环境公益诉讼中的原告胜诉率较高，案件的执行效率较高，有助于保护环境公益。[②]

交叉模式，只有行为既达到刑事犯罪的追诉标准，又构成民事侵权的行为主体，才能成为刑事附带民事公益诉讼的被告主体。[③] 在交叉模式下，在同一事件中，行为触犯刑法构成犯罪，但不构成民事侵权的行为人不属于刑事附带民事公益诉讼的被告主体。

全异模式，即刑事附带民事公益诉讼被告与刑事被告人完全不一致，此时可以释明附带民事公益诉讼应当单独提起。同时为了节约司法成本，及时修复或补偿已经受到损失的社会公共利益，可以将已经查明的附带民事公益诉讼的适格被告人起诉至法院。

针对刑事附带民事公益诉讼被告与刑事被告人是否一致，学界与实务界存在分歧。赞成将"刑事附带民事公益诉讼被告与刑事被告一致"设为法院受理的硬性条件，有利于确保刑事附带民事公益诉讼的制度目的得到完美的实现，也有助于为附带起诉和单独起诉划出清晰可见、简便易判的界限以促进基层检察院和基层以上级别检察院的办案负担趋于均衡。[④] 而有观点认为被告方并不一定要保持绝对的同一性，理由在于：在单位犯罪、集体犯罪、共同犯罪等犯罪形态下，在同一事件中，因刑事诉讼与民事公益诉讼在证明标准、责任承担等方面的差异，不可避免地会出现刑事诉讼被追诉人与民事公益诉讼被告不一致的情况，此时不能强制设定刑事附带民事公益诉讼被告与刑事被告必须保持一致。

三、环境刑事附带民事公益诉讼的诉讼请求

为正确审理环境刑事附带民事纠纷案件，两院分别在《人民检察院公益诉讼办案规则》与《最高人民法院　最高人民检察院关于检察公益诉讼案件适用法律若干问题的解释》中针对环境刑事附带民事公益诉讼的诉讼请求作出了明确规定。

[①]　刘加良：《刑事附带民事公益诉讼的困局与出路》，载《政治与法律》2019 年第 10 期，第 93 页。

[②]　田雯娟：《刑事附带民事公益诉讼的实践与反思》，载《兰州学刊》2019 年第 9 期，第 110~125 页。

[③]　周新：《刑事附带民事公益诉讼研究》，载《中国刑事法杂志》2021 年第 3 期，第 123~140 页。

[④]　刘加良：《刑事附带民事公益诉讼的困局与出路》，载《政治与法律》2019 年第 10 期，第 84~94 页。

（一）一般诉讼请求

环境刑事附带民事公益诉讼的诉讼请求可以分为一般诉讼请求与特殊诉讼请求。一般诉讼请求跟民事诉讼法上的基本相同，根据《人民检察院公益诉讼办案规则》第98条第1款，人民检察院可以向人民法院提出要求被告停止侵害、排除妨碍、消除危险、恢复原状、赔偿损失等诉讼请求。请求恢复原状的，法院可以判决被告将生态环境修复到损害发生之前的状态和功能，无法完全修复的，准许采用替代性修复方式；法院在判决被告修复生态环境的同时，确定被告不履行修复义务时应承担的生态环境修复费用，也可以直接判决被告承担生态环境修复费用。

（二）特殊诉讼请求

特殊诉讼请求为提出惩罚性赔偿的诉讼请求等。根据《人民检察院公益诉讼办案规则》第98条第2款之规定，检察机关在破坏生态环境和资源保护领域案件中，可以提出要求被告以补植复绿、增殖放流、土地复垦等方式修复生态环境的诉讼请求，或者支付生态环境修复费用，赔偿生态环境受到损害至修复完成期间服务功能丧失造成的损失、生态环境功能永久性损害造成的损失等诉讼请求，被告违反法律规定故意污染环境、破坏生态造成严重后果的，可以提出惩罚性赔偿等诉讼请求。

（三）法院应当积极履行释明权

除此之外，《最高人民法院　最高人民检察院关于检察公益诉讼案件适用法律若干问题的解释》第18条规定："人民法院认为人民检察院提出的诉讼请求不足以保护社会公共利益的，可以向其释明变更或者增加停止侵害、恢复原状等诉讼请求。"在特殊情况下，人民法院应当积极履行释明权。该规定要求法官在环境刑事附带民事公益诉讼庭审过程中应该重视环境刑事附带民事公益诉讼所具有的公益性，为实现公共利益，法院有必要适当地能动司法，通过采取司法能动主义的立场，充分运用司法智慧在环境保护与惩罚犯罪之间实现二者的兼顾，以对环境问题作出积极的司法回应，这也是环境刑事附带民事公益诉讼的现实要求。这种能动性主要是通过法院行使职权实现的，主要包括行使释明权、促进当事人完善诉讼主张、指出法律观点、促进当事人提供证据等。[①]

四、环境刑事附带民事公益诉讼的管辖法院

《最高人民法院　最高人民检察院关于检察公益诉讼案件适用法律若干问题的解释》第20条第2款明确规定，人民检察院提起的刑事附带民事公益诉讼案件由审理刑事案件的人民法院管辖，即人民检察院提起的刑事附带民事公益诉讼案件管辖法院为审理刑事案件的人民法院。

根据《刑事诉讼法》第25条规定："刑事案件由犯罪地的人民法院管辖。如果由被

[①]　叶榲平、常霄：《刑事附带民事公益诉讼的审理模式选择》，载《南京工业大学学报》2020年第6期，第13~22页。

告人居住地的人民法院审判更为适宜的，可以由被告人居住地的人民法院管辖。"根据《最高人民法院关于适用〈中华人民共和国民事诉讼法〉的解释》第285条可以确定民事公益诉讼案件的管辖，即由侵权行为地或者被告住所地人民法院管辖。针对刑事附带民事公益诉讼案件的管辖连接点来说，犯罪地一般是侵权行为地，刑事案件被告人居住地一般也是民事诉讼法中规定的被告住所地。

《最高人民法院　最高人民检察院关于检察公益诉讼案件适用法律若干问题的解释》第5条规定："市（分、州）人民检察院提起的第一审民事公益诉讼案件，由侵权行为地或者被告住所地中级人民法院管辖。基层人民检察院提起的第一审行政公益诉讼案件，由被诉行政机关所在地基层人民法院管辖。"《最高人民法院　最高人民检察院关于检察公益诉讼案件适用法律若干问题的解释》第5条对民事公益诉讼管辖的条款与《最高人民法院　最高人民检察院关于检察公益诉讼案件适用法律若干问题的解释》中的第20条第2款属于一般条款与特殊条款的关系。由于特别条款优于一般条款，因此环境附带民事公益诉讼应当依据第20条第2款之规定由审理刑事案件的人民法院管辖。

五、环境刑事附带民事公益诉讼的裁判方式

（一）环境刑事附带民事公益诉讼的裁判模式

依据环境民事公益诉讼的相关法律规定和司法实践，环境公益诉讼案件的结案方式有法院判决、法院调解、当事人和解、因不符合诉讼条件导致起诉被法院驳回、原告依法撤回起诉。就法院判决来说，按照《最高人民法院关于审理环境民事公益诉讼案件适用法律若干问题的解释》的规定，法院应该根据原告提出的诉讼请求进行裁判，判决被告承担民事责任、原告支出的合理费用、环境修复责任或环境修复费用。当前关于环境刑事附带民事公益诉讼有刑民分开判决、修复性裁判、预防性裁判、惩罚性裁判等几种模式。

刑民分开判决方式，即对于刑事附带民事公益诉讼，法院应当对刑事部分和民事诉讼分别作出判决。即便是刑事案件被告人不构成犯罪的，法院对附带民事公益诉讼也应当判决。

修复性裁判方式，在办理刑事附带民事公益诉讼案件中，如果环境遭到破坏，犯罪嫌疑人在承担刑事罚金、民事惩罚性赔偿金的同时，可根据实际情况要求其采取承担劳务、缴纳环境修复费用、亲友代植等方法，及时使受到损毁的环境得到修复。

预防性裁判方式，刑事附带民事公益诉讼中被判处缓刑的被告人将被宣告禁止令，禁止其在一定期间内从事特定活动，很大程度上预防生态环境损害的继续发生。

惩罚性裁判方式，法院判决惩罚性赔偿，其意义并非针对个体的利益补偿，而是重在惩治、震慑和预防，增加违法者的违法成本，警示潜在的其他违法行为人，保护更广泛的社会公共利益不受侵害。

（二）环境刑事附带民事公益诉讼是否可以采用调解、和解的结案方式

关于是否可以采用调解、和解的结案方式，学界存在不同的看法。支持可以进行调解、和解的一方认为，一方面调解是解决民事纠纷的方式之一，刑事附带民事公益诉讼是

民事公益诉讼的一种特殊形式，所以可以适用；另一方面从效果上来看，如果适用和解、调解能够有效保护公共利益，达到与判决同样的效果，有时甚至比判决更容易得到执行，当然应允许检察机关进行和解、调解。①

但学界不支持环境刑事附带民事公益诉讼采用调解、和解的结案方式一方的学者居多，其理由如下：首先，刑事附带民事公益诉讼设置的目的是保护国家利益和社会公共利益，国家利益和社会公告利益的高位阶保护和非处分性决定了其宁可牺牲诉讼经济和效率也要防止潜在出现的权利滥用导致利益受损情况的发生。其次，在刑事附带民事公益诉讼制度实施初期，在各类配套机制尚不完善的情况下，大量运用调解结案会导致公益诉讼的警示意义和教育效果弱化，法律监督效果无法凸显刚性，不利于社会公共利益的保护。②因此不能适用调解和和解程序。并且《最高人民法院　最高人民检察院关于检察公益诉讼案件适用法律若干问题的解释》以及新出台的《人民检察院公益诉讼办案规则》，仅规定了民事公益诉讼案件可以依法在人民法院主持下进行调解。调解协议不得减免诉讼请求载明的民事责任，不得损害社会公共利益。诉讼请求全部实现的，人民检察院可以撤回起诉。人民检察院决定撤回起诉的，应当经检察长决定后制作《撤回起诉决定书》，并在3日内提交人民检察院。对于刑事附带民事公益诉讼是否能够采取调解、和解的方式结案，并没有明确规定。在尚未有调解与和解具体细则的情形下，法院也不会轻易选择调解进行结案。

就法院调解和当事人和解来说，按照《最高人民法院关于审理环境民事公益诉讼案件适用法律若干问题的解释》第25条的规定，环境民事公益诉讼当事人达成调解协议或者自行达成和解协议后，人民法院应当将协议内容公告，公告期间不少于30日。公告期满后，人民法院审查认为调解协议或者和解协议的内容不损害社会公共利益的，应当出具调解书。当事人以达成和解协议为由申请撤诉的，不予准许。调解书应当写明诉讼请求、案件的基本事实和协议内容，并应当公开。

因不符合诉讼条件导致起诉被法院驳回的情况应该按照《民事诉讼法》规定的一般情况认定。就原告依法撤回起诉来说，《最高人民法院关于审理环境民事公益诉讼案件适用法律若干问题的解释》第26条规定了一种特殊情况："负有环境保护监督管理职责的部门依法履行监管职责而使原告诉讼请求全部实现，原告申请撤诉的，人民法院应予准许。"

第五节　环境刑事附带民事公益诉讼的裁判执行

一、环境刑事附带民事公益诉讼的责任认定

《人民检察院公益诉讼办案规则》第86条规定，人民检察院立案后，应当调查以下

---

① 王连民：《刑事附带民事公益诉讼的实践困境与完善路径——以污染环境相关案件为切入点》，载《山东法官培训学院学报》2020年第1期，第103~112页。
② 高星阁：《论刑事附带民事公益诉讼的程序实现》，载《新疆社会科学》2021年第3期，第91~101页。

事项：违法行为人的基本情况；违法行为人实施的损害社会公共利益的行为；社会公共利益受到损害的类型、具体数额或者修复费用等；违法行为与损害后果之间的因果关系；违法行为人的主观过错情况；违法行为人是否存在免除或者减轻责任的相关事实；其他需要查明的事项。对于污染环境、破坏生态等应当由违法行为人依法就其不承担责任或者减轻责任，及其行为与损害后果之间不存在因果关系承担举证责任的案件，可以重点调查前三项以及违法行为与损害后果之间的关联性。①

（一）环境刑事附带民事公益诉讼的证据与证明要求

实践中，环境刑事附带民事公益诉讼的证据与证明标准存在着较大争议。证明标准无论是在民事诉讼还是刑事诉讼的运行过程中都有重要的地位。当事人行使诉权、人民法院行使审判权以及检察院行使审判监督权等都离不开证明标准。②刑事诉讼和环境民事公益诉讼具有较大的差异性，这两种诉讼的裁判原理以及裁判标准都是不同的，具体体现在：一是证据内容上存在差异。环境犯罪案件需要收集的证据包括犯罪嫌疑人破坏生态环境和资源的行为、鉴定环境犯罪案件中的有毒有害物质、鉴定损害的动物或植物的级别、鉴定公私财产遭受迫害的价值、鉴定人体健康受到的损害；而环境民事公益诉讼所要收集的证据还包括生态环境的损害鉴定。二是证明标准上存在差异。刑事案件的证明标准是"排除合理怀疑"，民事案件的证明标准是"优势证据"。由于环境污染在证据取得、证据保存、证据鉴定、损害后果认定、因果关系认定等方面十分专业，而普通社会组织不具备调查取证权，导致起诉时证据不足，而刑事附带民事公益诉讼可以将在调查刑事犯罪中取得的证据运用到附带的民事诉讼中。刑事案件的证明标准为"排除合理怀疑"，而民事案件的证明标准为"高度盖然性"，二者在证明程度上存在较大差距，因此在刑事附带民事公益诉讼中的证明标准是择一适用还是复合适用急需明确。③有学者认为民事公益诉讼证据与刑事证据不应当混同，但也有学者主张刑事附带民事公益诉讼的功能之一在于节约司法资源，可以将刑事案件中的证据运用到民事审判中，用以降低证明难度。《人民检察院公益诉讼办案规则》第88条明确指出的刑事侦查中依法收集的证据材料，可以在基于同一违法事实提出的民事公益诉讼案件中作为证据使用。

（二）环境刑事附带民事公益诉讼的举证责任分配

实践中环境刑事附带民事公益诉讼中举证责任应当如何分配，尤其是如何对接刑事诉讼的若干证据和事实，是否完全适用检察机关责任具有疑问。存在"举证责任倒置"和"谁主张谁举证"两种举证责任分配方式。

"举证责任倒置"的责任分配方式，即与行政诉讼相似，环境刑事附带民事公益诉讼

---

① 详见《人民检察院公益诉讼办案规则》第86条。

② 高星阁：《论刑事附带民事公益诉讼的程序实现》，载《新疆社会科学》2021年第3期，第91~101页。

③ 王连民：《刑事附带民事公益诉讼的实践困境与完善路径——以污染环境相关案件为切入点》，载《山东法官培训学院学报》2020年第1期，第103~112页。

也应当遵循"举证责任倒置"的方式。检察官在破坏环境、生态环境的公益诉讼中须提交"被告的行为已经损害社会公共利益的初步证明材料",即先由检察官初步证明损害后果,再由被告人承担余下的证明责任,尤其是要证明因果关系不存在。[1]

"谁主张,谁举证"的责任分配方式,则为民事举证规则中"谁主张,谁举证"。从举证责任倒置的设立初衷看,它是为了保护环境侵权私益诉讼中弱小的原告。而在公益诉讼中,检察官以国家公权力作为后盾,相比于私益诉讼的原告具有较强的证据收集能力以及举证能力。从诉讼模式来看,刑事附带民事公益诉讼的被告人也即刑事犯罪的被告人在整个诉讼过程中都可能处于羁押状态,完全失去人身自由,不能有效调查和收集证据。如果在刑事附带民事公益诉讼中仍实行举证责任倒置,由被告人对"不具因果关系"承担举证责任,实为强人所难。而且从实践上看,许多刑事附带民事公益诉讼案件都是由检察官对民事侵权行为、侵权结果等进行举证,不存在被告人就"不具因果关系"承担证明责任的情形。[2]

二、环境刑事附带民事公益诉讼的责任承担方式

(一)环境刑事附带民事公益诉讼的责任承担方式多样

刑事附带民事公益诉讼的责任承担是刑事责任与民事责任承担的有机结合,既包括两种价值的融合,在具体实务处理中,也要求刑事附带民事公益诉讼的被告主体根据其行为性质,承担相应的刑事责任与民事责任。刑事责任的承担包括主刑和罚金、剥夺政治权利、没收财产、驱逐出境四类附加刑。[3] 民事责任包括要求停止侵害、消除危险、赔偿损失、赔礼道歉等,强调利益的平衡。[4]

《最高人民法院关于审理环境民事公益诉讼案件适用法律若干问题的解释》对环境民事公益诉讼的责任承担作出了明确规定:

第18条规定:"对污染环境、破坏生态,已经损害社会公共利益或者具有损害社会公共利益重大风险的行为,原告可以请求被告承担停止侵害、排除妨碍、消除危险、修复生态环境、赔偿损失、赔礼道歉等民事责任。"

第19条规定:"原告为防止生态环境损害的发生和扩大,请求被告停止侵害、排除妨碍、消除危险的,人民法院可以依法予以支持。原告为停止侵害、排除妨碍、消除危险采取合理预防、处置措施而发生的费用,请求被告承担的,人民法院可以依法予以支持。"

第20条规定:"原告请求修复生态环境的,人民法院可以依法判决被告将生态环境

---

[1] 利月萍:《刑事附带民事公益诉讼的实证分析——以上海市为例》,载《南都学坛》2021年第2期,第64~71页。

[2] 利月萍:《刑事附带民事公益诉讼的实证分析——以上海市为例》,载《南都学坛》2021年第2期,第64~71页。

[3] 樊崇义、白秀峰:《关于检察机关提起公益诉讼的几点思考》,载《法学杂志》2017年第5期,第78~86页。

[4] 周新:《刑事附带民事公益诉讼研究》,载《中国刑事法杂志》2021年第3期,第123~140页。

修复到损害发生之前的状态和功能。无法完全修复的，可以准许采用替代性修复方式。人民法院可以在判决被告修复生态环境的同时，确定被告不履行修复义务时应承担的生态环境修复费用；也可以直接判决被告承担生态环境修复费用。生态环境修复费用包括制定、实施修复方案的费用，修复期间的监测、监管费用，以及修复完成后的验收费用、修复效果后评估费用等。"

第 21 条规定："原告请求被告赔偿生态环境受到损害至修复完成期间服务功能丧失导致的损失、生态环境功能永久性损害造成的损失的，人民法院可以依法予以支持。"

第 22 条规定："原告请求被告承担以下费用的，人民法院可以依法予以支持：（一）生态环境损害调查、鉴定评估等费用；（二）清除污染以及防止损害的发生和扩大所支出的合理费用；（三）合理的律师费以及为诉讼支出的其他合理费用。"

实践中检察机关应合理提出民事责任的承担方式。"消除危险、停止侵害、排除妨害、恢复原状"等责任方式具有一定的"亲历性"和"时限性"，一般需要被告人在一段时间内亲自履行才能达到恢复公共利益的目的。在刑事附带民事公益诉讼中，当被告人因刑事犯罪被判决剥夺人身自由时，检察机关不应继续请求被告承担上述民事责任，但可以请求其承担赔偿损失，包括不法行为直接导致的损害费用以及代为恢复公共利益所产生的费用。[①]

（二）环境刑事附带民事公益诉讼惩罚性赔偿的适用

惩罚性赔偿是指损害赔偿中，超过被侵权人或者合约的守约一方遭受的实际损失范围的额外赔偿，即在赔偿实际损失之后，再加罚一定数额或者一定倍数的赔偿金。《民法典》第 1232 条对于生态环境和资源保护领域的附带民事公益诉讼作出了明确规定，侵权人违反法律规定故意污染环境、破坏生态造成严重后果的，被侵权人有权请求相应的惩罚性赔偿。

虽然《民法典》中规定了被侵权人有权请求惩罚性赔偿，但对国家规定的机关或者法律规定的组织在生态环境和资源保护领域中公益诉讼的诉求是否适用惩罚性赔偿的规定存在着分歧。有学者认为，法律限定了惩罚性赔偿的范围在食品、药品安全领域内，因此检察机关在提起惩罚性赔偿时，要在食品、药品安全领域内，且只能对涉及公共利益的案件提出惩罚性赔偿的请求。[②] 理由：一是缺乏明确的法律依据，二是适用惩罚性赔偿对于被告人有失公平，三是后续赔偿金的保管和使用存在很大问题。而支持环境刑事附带民事公益诉讼适用惩罚性赔偿的学者认为，虽然法律没有明确规定环境刑事附带民事公益诉讼可以适用惩罚性赔偿，但也不排斥适用。惩罚性赔偿的适用具有维护社会正义的社会效果和正当的法律效果，因此应该在环境刑事附带民事公益诉讼中适用惩

---

① 利月萍：《刑事附带民事公益诉讼的实证分析——以上海市为例》，载《南都学坛》2021 年第 2 期，第 64~71 页。

② 胡巧绒、舒平安：《刑事附带民事公益诉讼运行实证观察》，载《犯罪研究》2020 年第 3 期，第 88~105 页。

罚性赔偿。[①]

（三）环境刑事附带民事公益诉讼赔礼道歉的适用

《最高人民法院关于审理环境民事公益诉讼案件适用法律若干问题的解释》第18条明确规定了赔礼道歉的诉讼请求。环境刑事附带民事公益诉讼的法律依据属于特别法，特别法明确规定了赔礼道歉的责任方式，应当优先适用，因此在环境刑事附带民事公益诉讼中，可以适用赔礼道歉的诉讼请求。[②]

三、环境刑事责任与环境民事责任的承担顺位

刑事附带民事公益诉讼是同一环境违法犯罪事实引起刑事责任和民事责任的承担，是刑事犯罪案件和民事纠纷案件的合并审理，在审理中应该注意两类法律适用效果的统一。[③] 刑事诉讼和民事公益诉讼的合并审理存在一定的难度，要求两种诉讼在一个庭审中既能协调统一又能相对独立。环境刑事责任与环境民事责任的承担顺位主要有以下三种模式。

（一）"先刑后民"模式

"先刑后民"模式是指为了避免诉讼的过分拖延，法院采取"刑事优先于民事"的裁判原则，对民事诉讼的裁判在刑事审判结束之后进行，而且民事裁判要以刑事裁判所认定的事实为依据的顺位规则模式。[④] 在传统的刑事附带民事诉讼中，一般都是采用先刑后民模式审理案件。其理论依据是当公权和私权发生冲突时，应当优先选择公权。[⑤] 但该模式存在着两个缺陷：一是先刑后民模式难以实现刑事责任与民事责任的协调；二是先刑后民模式带来执行难的问题，导致裁判的权威和尊严受损。[⑥]

（二）"先民后刑"模式

"先民后刑"模式产生于司法实践中，法院为了解决附带民事诉讼执行难的问题，避免民事案件的"空判"，尝试民事案件先行调解结案或者民事诉讼载刑事诉讼审结之前审

---

① 韩方：《以机关党建推动新时代纪检监察工作高质量发展》，载《唯实》2020年第2期，第42~44页。

② 鲁俊华：《刑事附带民事环境公益诉讼责任认定问题研究》，载《中国检察官》2020年第2期，第60~65页。

③ 张永泉：《法秩序统一视野下的诉讼程序与法律效果的多元性：以竞合型刑民交叉案件为视角》，载《法学杂志》2017年第3期，第44页。

④ 陈瑞华：《刑事附带民事诉讼的三种模式》，载《法学研究》2009年第1期，第92~109页。

⑤ 谢佑平、江涌：《质疑与废止：刑事附带民事诉讼》，载《法学论坛》2006年第2期，第57~67页。

⑥ 叶榅平、常霄：《刑事附带民事公益诉讼的审理模式选择》，载《南京工业大学学报》2020年第6期，第13~33页。

理完毕的审理模式。① 先民后刑模式最为关键的环节是，法院会针对被告人在民事诉讼中的不同表现作出不同的刑事裁决。② 但实践中反对该审理模式的学者认为，该模式违反"法律面前人人平等原则"，以民事赔偿作为从轻量刑理由的做法类似"以钱赎刑"，使两个可能犯了同罪的被告人，因为赔偿能力的不同而受到不同的判决，有违背司法正义的嫌疑。③

（三）"民刑并进"模式

"民刑并进"模式，即民事诉讼与刑事诉讼互相独立，人民法院可以分案处理、互不影响的顺位规则模式。该模式的提出是因为实践中案件情况越来越复杂，传统的"先刑后民"模式在实践过程中出现很多问题，难以满足实际的需求。④

案例与思考

1. 综合案例分析题

被告人李某非法捕捞水产品刑事附带民事公益诉讼案⑤

【基本案情】2018 年 1 月至 2019 年 4 月期间，被告人李某在明知扬州市江都区长江夹江流域属于禁渔期、电鱼为禁止使用的捕捞方法情况下，驾驶快艇，利用电磁波高频逆变器、带导线的抄网等工具组成电捕工具采用电鱼方法在夹江水域非法捕捞水产品 60 余次，捕获鲢鱼、鳊鱼等野生鱼类 900 余斤并出售，获利 9 000 元。经扬州市江都区渔政监督大队认定，李某使用的电捕工具属于《中华人民共和国渔业法》规定禁止使用的捕捞方法。中华人民共和国原农业部通告〔2017〕6 号《关于公布率先全面禁捕长江流域水生生物保护区名录的通告》及《国家级水产种质资源保护区资料汇编》，明确规定长江扬州段四大家鱼国家级水产种质资源保护区施行全面禁捕，扬州市江都区长江夹江流域属于上述禁渔区。江苏省扬州市江都区人民检察院依法提起刑事附带民事公益诉讼。

【裁判结果】审理中，江苏省扬州市江都区人民检察院与李某就生态环境修复达成和解协议：（1）李某自签订协议之日起 10 日内在省级媒体上公开赔礼道歉；（2）李某自签订本协议之日起 10 日内增殖放流价值 25 000 元的鱼苗（已履行）；（3）李某自签订本协议之日起 2 年内再行增殖放流价值 22 500 元的鱼苗。江苏省如皋市人民法院一审认为，

① 陈瑞华：《刑事附带民事诉讼的三种模式》，载《法学研究》2009 年第 1 期，第 92~109 页。
② 陈瑞华：《刑事附带民事诉讼的三种模式》，载《法学研究》2009 年第 1 期，第 92~109 页。
③ 卫宏战、刘静：《刑事附带民事案件调解对量刑的影响》，载《人民法院报》2008 年 9 月 10 日，第 6 版。
④ 于改之：《刑民交错的类型判断与程序创新》，载《社会科学文摘》2016 年第 7 期，第 77~79 页。
⑤ 本案出自最高人民法院发布的 10 个长江流域生态环境司法保护典型案例之"被告人李某非法捕捞水产品刑事附带民事公益诉讼案"，载中华人民共和国最高人民法院网站，https：//www. court. gov. cn/zixun-xiangqing-287891. html，最后访问日期：2022 年 8 月 14 日。

李某违反保护水产资源法规，在禁渔区内使用禁用的方法捕捞水产品，情节严重，已构成非法捕捞水产品罪。鉴于李某案发后自动投案，如实供述自己的罪行，构成自首；已退缴违法所得，且采取增殖放流修复生态环境，可从轻处罚。一审法院判决李某犯非法捕捞水产品罪，判处有期徒刑 1 年，没收违法所得 9 000 元。

　　问题：请谈一谈本案对于保护长江生态环境的示范意义。

2. 思考题

（1）环境刑事附带民事公益诉讼的裁判模式主要有哪几种？

（2）环境刑事附带民事公益诉讼以和解、调解的方式结案是否妥当？

（3）环境刑事附带民事公益诉讼被告的确定存在哪几种模式？

第六章　生态环境损害赔偿诉讼原理与实务

【本章重点内容提示】
1. 生态环境损害赔偿诉讼的性质
2. 生态环境损害赔偿诉讼的功能
3. 生态环境损害赔偿诉讼的特点
4. 生态环境损害赔偿诉讼的构成要素
5. 生态环境损害赔偿诉讼的裁判方式

第一节　生态环境损害赔偿诉讼的概念、性质与特征

一、生态环境损害赔偿诉讼的概念

生态环境损害赔偿诉讼（lawsuit of compensation for ecological & environmental damage），是我国一种特殊的环境民事诉讼，"是我国基于全面深化改革的要求而创设的新型诉讼制度及诉讼类别，具有鲜明的中国特色和创新意涵"[1]，是近年来环境司法改革的一项重要成果，是我国生态文明制度体系的重要组成部分。

在解释生态环境损害赔偿诉讼的概念之前，首先要弄清楚什么是生态环境损害？2015年12月，中共中央办公厅、国务院办公厅颁布的《生态环境损害赔偿制度改革试点方案》（中办发〔2015〕57号）中首次以国家政策文件正式将生态环境损害界定为："因污染环境、破坏生态造成大气、地表水、地下水、土壤等环境要素和植物、动物、微生物等生物要素的不利改变，及上述要素构成的生态系统功能的退化。"《生态环境损害赔偿制度改革试点方案》明确指出了人身伤害、个人和集体财产的损失、海洋生态环境损害的赔偿不适用其规定的规则。由此可见，《生态环境损害赔偿制度改革试点方案》中规定的生态环境损害指的是纯粹的生态环境本身的损害，具体包括环境要素的不利改变、生物要素的不利改变以及二者构成的生态系统功能的退化，而不包括人的损害（包括人身伤害、个人和集体财产损失）。2017年12月，中共中央办公厅、国务院办公厅在《生态环境损害赔偿制度改革试点方案》基础上正式颁布了《生态环境损害赔偿制度改革方案》，其中基本沿用了《生态环境损害赔偿制度改革方案》中的规定，其细微差别之处在于在列举

---

[1]　陈海嵩：《生态环境损害赔偿制度的反思与重构——宪法解释的视角》，载《东方法学》2018年第6期，第21页。

的环境要素中增加了"森林"的规定。①《生态环境损害赔偿制度改革方案》自 2018 年 1 月 1 日起在全国施行，随着生态环境损害赔偿制度的全面展开，为了科学界定生态环境损害的范围，2020 年 12 月，生态环境部与国家市场监督管理总局共同颁布了生态环境损害鉴定评估技术标准，在一定程度上扩大了《生态环境损害赔偿制度改革方案》中的"生态环境损害"概念范围。《生态环境损害鉴定评估技术指南总纲和关键环节第 1 部分：总纲》（GB/T 39791.1—2020）中将"生态环境损害"定义为："因污染环境、破坏生态造成环境空气、地表水、沉积物、土壤、地下水、海水等环境要素和植物、动物、微生物等生物要素的不利改变，及上述要素构成的生态系统的功能退化和服务减少。"② 其中增加了"沉积物"与"海水"两类环境要素，以及"生态系统的服务减少"的损害情形。但是，该定义中没有《生态环境损害赔偿制度改革方案》中规定的"森林"环境要素，同时，《生态环境损害赔偿制度改革方案》中的"大气"环境要素在《生态环境损害鉴定评估技术指南总纲和关键环节第 1 部分：总纲》中的表述是"环境空气"。这些差异表明实践中的生态环境损害内涵可能并不一致。

根据《生态环境损害赔偿制度改革方案》，2019 年 5 月，最高人民法院审判委员会第 1769 次会议通过了《最高人民法院关于审理生态环境损害赔偿案件的若干规定（试行）》，为生态环境损害赔偿诉讼提供了正式的司法依据。2020 年 5 月，《中华人民共和国民法典》正式颁布，其中第 1234 条和第 1235 条成为生态环境损害赔偿诉讼制度的实体法依据。然而，在《最高人民法院关于审理生态环境损害赔偿案件的若干规定（试行）》与《民法典》及其相关司法解释中都没有对生态环境损害的定义进行规定。2022 年 4 月，生态环境部与最高法、最高检和科技部、公安部等 14 家单位联合制定，由中央全面深化改革委员会审议通过了《生态环境损害赔偿管理规定》（环法规〔2022〕31 号），旨在优化、规范生态环境损害赔偿制度，解决实践中存在的不足。其中第 4 条对生态环境损害的概念依旧延续了《生态环境损害赔偿制度改革方案》中的规定，没有做任何修改。因此，本章所讲的生态环境损害，是指因污染环境、破坏生态造成大气、地表水、地下水、土壤、森林等环境要素和植物、动物、微生物等生物要素的不利改变，以及上述要素构成的生态系统功能退化。

因此，基于生态环境损害的概念之上形成的生态环境损害赔偿诉讼，是指省级、市地级人民政府及其指定的相关部门、机构对造成生态环境损害的自然人、法人或者非法人组织，依法向人民法院提起诉讼，由法院依法组织审理、裁判和执行的一种民事司法活动以及由这些活动而产生的所有民事诉讼法律关系的总和。

二、生态环境损害赔偿诉讼的性质

有关生态环境损害赔偿诉讼的性质，理论界仁者见仁，智者见智，并未取得一致认

---

① 《生态环境损害赔偿制度改革方案》第三部分适用范围中规定："本方案所称生态环境损害，是指因污染环境、破坏生态造成大气、地表水、地下水、土壤、森林等环境要素和植物、动物、微生物等生物要素的不利改变，以及上述要素构成的生态系统功能退化。"

② 参见生态环境部、国家市场监督管理总局：《生态环境损害鉴定评估技术指南总纲和关键环节第 1 部分：总纲》（GB/T 39791.1—2020），2020 年 12 月 31 日发布，自 2021 年 1 月 1 日起施行。

识，主要存在以下几种理论：

一是私益说。此种观点认为，生态环境损害赔偿诉讼是基于国家自然资源所有权提起的私益诉讼。例如，张梓太教授认为："按照目前的制度设计，政府是基于国家自然资源所有权提起生态环境损害赔偿诉讼，在诉讼性质上是私益诉讼。"① 汪劲教授认为："生态环境损害赔偿诉讼是赔偿权利人基于生态环境和自然资源国家所有权提起的财产损害赔偿诉讼，以修复和填补污染环境造成的生态环境损害为目的。在生态环境损害赔偿诉讼中，有权提起诉讼的地方人民政府作为本行政区域内生态环境损害赔偿权利人的权利是由国务院授权赋予的，其前提是国务院代表国家行使并享有自然资源和生态环境所有权及其利益。但是，由法律规定属于集体所有的自然资源及其利益，国务院或者地方人民政府并不能代表。从这一点上说，地方政府行使的是专属于国家的自然资源所有权。所有这些从形式到实质都可以说明，由赔偿权利人向赔偿义务人提起的生态环境损害赔偿诉讼其本质属于民事私益诉讼。环境公益只是建立在国家或者集体所有的自然资源和生态环境等财产权益之上的反射利益。"② 这是生态环境损害赔偿诉讼早期试点阶段的私益说观点。随后，随着生态环境损害赔偿诉讼司法解释的出台，以及《中华人民共和国民法典》的颁布，持私益说观点的学者更加强化了从国家自然资源所有权的物权属性上去理解生态环境损害赔偿诉讼的私益性质。2019 年最高人民法院在生态环境损害赔偿诉讼的司法解释起草过程中，有的观点认为，生态环境损害赔偿制度的理论基础在于"利用民法原理思考自然资源所有权的制度建设问题"，应将国家所有权界定为私法所有权的一种专门类型。根据物权法的规定，国家是矿藏、水流、城市土地、国家所有的森林、山岭、草原、荒地、滩涂等自然资源所有人，但在自然资源受到损害后，却没有权利主体来主张赔偿，生态环境损害赔偿制度的出现弥补了这一空白，因此，物权法应作为主要法律渊源。③

二是国益说。主张国益说的学者主要是受到"物权化"的自然资源国家所有权理论之影响，认为赔偿权利人是基于对国有的自然资源损害提起的赔偿诉讼，既然是国有的自然资源损害，其中包含的必然是国家的利益。因此，生态环境损害赔偿诉讼在性质上就是国益诉讼。该种观点的代表人物有吕忠梅教授，她明确指出："生态损害赔偿诉讼是一种国家利益诉讼，而非一般的公益诉讼。"④ 2017 年 12 月，两办颁布的《生态环境损害赔偿制度改革方案》将生态环境损害赔偿权利人确定为省级人民政府及其地市级人民政府，并结合国家自然资源资产管理体制改革进行了相关安排。对此她认为："在我国，国务院是自然资源国家所有权人的代表，地方人民政府在法律范围内行使国有自然资源管理职责。这意味着，生态环境损害赔偿诉讼不同于由法律授权人民检察院、环保团体提起的公益诉讼，是代表国家以所有权人身份提起的国家利益诉讼，也应建立与公益诉讼既相衔

① 吴良志：《论生态环境损害赔偿诉讼的诉讼标的及其识别》，载《中国地质大学学报（社会科学版）》2019 年第 4 期，第 31 页。

② 汪劲：《论生态环境损害赔偿诉讼与关联诉讼衔接规则的建立》，载《环境保护》2018 年第 5 期，第 40 页。

③ 王旭光等：《关于审理生态环境损害赔偿案件的若干规定（试行）的理解与适用》，载《人民司法》2019 年第 34 期，第 32 页。

④ 吕忠梅：《为生态损害赔偿制度提供法治化方案》，载《光明日报》2017 年 12 月 22 日。

接，又有区别的诉讼制度。"①

三是公益说。公益说主张者普遍认为生态环境损害实质上是对环境公共利益的侵害，区别于传统的环境私益损害（人身、财产权益损害）。② 目前，理论界持公益说观点的学者居多，但是各自的论证理由并不一致。有学者从宪法视角论证了生态环境损害赔偿诉讼的公益性质。"从本质上看，生态环境损害是对生态环境资源的破坏或减损，生态环境损害赔偿的实质是一个将环境资源污染者或生态破坏者的外部成本内部化的过程，与具体的人身与财产权利损害没有直接联系。大气、水、海洋、森林等环境和自然资源是不特定多数人共同享有的'公众公用物'，具有非竞争性和非排他性，不能归属于私人权利的对象，也不属于我国法律规定的公民所有财产。"③ 因此，"只有将生态环境损害的公共性、社会性特质作为理论认识的基石及制度建构的原点，方才符合生态环境损害赔偿制度的内在规律性"。④"地方政府以赔偿权利人的身份提起的生态环境损害赔偿诉讼或磋商，显然不是为了维护某一个体的利益，也不能简单地归结为'国家'这一主体的利益，而是为了通过恢复受损的环境资源及生态系统功能来实现公众共享的环境公共利益，其提起诉讼的所谓权利并不能还原为特定的、可为单个主体所独有的环境资源，实际上是该主体（地方政府）对广大公众所承担的一种责任。"⑤也有学者运用诉讼标的理论论证了生态环境损害赔偿诉讼的公益性质。"生态环境损害赔偿诉讼的诉讼标的应当被认定为是民事诉讼诉讼标的的特别形式。"与一般民事私益诉讼相比，生态环境损害赔偿诉讼当事人的范围既是特定的又是扩张的。被告不一定是全部的赔偿义务人，而赔偿义务人全部可以作为诉讼中的被告。根据目的解释，生态环境损害赔偿诉讼与环境公益诉讼在保护生态环境公共利益的客观方面具有共通性与牵连关系，由于公益诉讼中原告请求保护的对象不是私主体的个人利益，与被告之间不构成权利处分的平等对应关系，公益诉讼中被告反诉与原告的起诉在诉讼标的方面性质不同。⑥《最高人民法院关于审理环境民事公益诉讼案件适用法律若干问题的解释》第17条明确排除了环境民事公益诉讼中被告提起反诉的权利。在生态环境损害赔偿诉讼中，如果将原告提起诉讼的请求权基础认定为物权意义上的国家资源环境所有权或用益物权，那么被告应有提起反诉的权利，例如，被告要求原告赔偿因停止侵害、排除妨碍造成的生产经营损失，但基于生态环境损害赔偿诉讼之本义以及生态环境损害与财产损害性质不同等原因，应当认为两种诉讼标的的性质不同，无论采取何种识

①　吕忠梅：《为生态损害赔偿制度提供法治化方案》，载《光明日报》2017年12月22日。

②　吕梦醒：《生态环境损害多元救济机制之衔接研究》，载《比较法研究》2021年第1期，第133页。

③　陈海嵩：《生态环境损害赔偿制度的反思与重构——宪法解释的视角》，载《东方法学》2018年第6期，第23页。

④　陈海嵩：《生态环境损害赔偿制度的反思与重构——宪法解释的视角》，载《东方法学》2018年第6期，第24页。

⑤　陈海嵩：《生态环境损害赔偿制度的反思与重构——宪法解释的视角》，载《东方法学》2018年第6期，第24页。

⑥　吴良志：《论生态环境损害赔偿诉讼的诉讼标的及其识别》，载《中国地质大学学报（社会科学版）》2019年第4期，第39页。

别标准，在生态环境损害赔偿诉讼中被告不能提起反诉，这一解释反证了生态环境损害赔偿诉讼不是私益诉讼①，而是一种公益诉讼。

四是国家义务说。代表人物张宝教授，他认为我国正在推行的生态环境损害赔偿制度改革无论是在理论上还是适用中都存在诸多争议，包括自然资源国家所有权作为请求权基础存在法理困境；政府同时享有行政执法权和民事索赔权导致逻辑悖论；政府索赔与公益诉讼制度关系不明引发适用分歧。如果按照传统两大法系对于生态环境损害采取的公私有别的应对路径，适用纯粹的私法责任或公法责任均难以实现事理与法理的平衡。因此，结合我国的现实情境，采取混合责任体制能够较好地解释和解决该制度面临的理论与实践困境。混合责任体制是建立"公法性质、私法操作"的公益保护请求权，来源是国家的环境保护义务，适用对象应为责任人造成的所有生态环境损害，适用程序上应首先由生态环境主管部门采取"责令修复+代履行"机制进行公法救济，无法修复时则由自然资源主管部门进行金钱索赔，赔偿金用于替代修复。同时，为防止政府索赔出现恣意与专断现象，应通过环保督察、检察建议进行监督，并以社会组织和检察机关提起环境民事公益诉讼作为兜底。②

五是混合说。该说认为不能简单地将我国的生态环境损害赔偿诉讼归结为私益或者公益性质的诉讼，它是一种混合性的特殊诉讼。混合说代表人物王小钢教授，他认为："生态环境损害赔偿诉讼可以理解为是一种以自然资源国家所有原则为赔偿权利人的程序性权利来源，以公共信托环境权益损害为救济对象的特殊诉讼。因此，涵盖自然资源国家所有和公共信托环境权益这两个维度的公共信托理论可以很好地阐释我国的生态环境损害赔偿诉讼。在公共信托理论视角下，我国生态环境损害赔偿诉讼具有自然资源国家所有和公共信托环境权益的二维构造：在程序维度上，自然资源国家所有原则是生态环境损害赔偿诉讼的程序性权利来源；在实体维度上，公共信托环境权益是生态环境损害赔偿诉讼的实体性权利诉求。"③

上述理论从不同侧面反映了生态环境损害赔偿诉讼性质的特殊性。本章采纳公益说观点，认为生态环境损害赔偿诉讼属于一种特殊的环境民事公益诉讼，本质上是公益诉讼性质。

一方面，私益说、国益说、国家义务说、混合说等理论并不能够充分解释和解决生态环境损害赔偿诉讼制度面临的理论与实践困境。第一，基于国家自然资源所有权之上的私益说和国益说，其本质具有相似性，其基础都是我国《宪法》以及《民法典》物权编中规定的自然资源国家所有，区别在于要么认定基于这种国家所有的自然资源损害的请求权是私益，要么认定是国益。但是，无论是私益说还是国益说来解释生态环境损害赔偿诉讼性质都有一定的不足。由于国家的身份和职能是多元的，在自然资源的管理和保护中，更

① 吴良志：《论生态环境损害赔偿诉讼的诉讼标的及其识别》，载《中国地质大学学报（社会科学版）》2019年第4期，第40页。
② 张宝：《生态环境损害政府索赔制度的性质与定位》，载《现代法学》2020年第2期，第78页。
③ 王小钢：《生态环境损害赔偿诉讼的公共信托理论阐释：自然资源国家所有和公共信托环境权益的二维构造》，载《法学论坛》2018年第6期，第33页。

应该强调的是国家对于自然资源的管理性以及其行使权力的公益性，如果强调的是对自然资源的占有、使用、收益和处分等私益性，这对"国家自然资源所有权"的理解存在偏差，我国设置国家自然资源国家所有权并非是想将自然资源规定为国家占有并尽其所能享有所有者权益。相反，我国的权力架构与社会形态是以公有制和公共利益保护为依归的，从我国全民所有体制上来看，国家（政府）本身就是公共利益的代表者，而不是私益的代表者。因此，生态环境损害赔偿诉讼制度的私益说是站不住脚的。甚至有学者认为，《生态环境损害赔偿制度改革方案》所构建的生态环境损害赔偿诉讼是以国家所有权为请求权基础的私益诉讼。省级、市地级政府基于《生态环境损害赔偿制度改革方案》以国家所有权为请求权依据提起私益诉讼在法理上存在障碍，只能作为生态环境损害赔偿救济的权宜之计。而《民法典》生效后，《生态环境损害赔偿制度改革方案》已完成其历史使命，不宜再作为提起生态环境损害赔偿诉讼的规范依据。生态环境损害赔偿诉讼究其本质乃为维护公益而展开的公益诉讼。① 此外，若将生态环境损害赔偿诉讼定性为国益说，则不当地缩减了生态环境损害赔偿诉讼的保护范围，依据《民法典》第 250、260 条，我国的自然资源所有权除了归国家所有的部分外，还有归属于集体所有的部分，而如果依据"国益说"的逻辑推理，则集体所有的自然资源所有权部分如果受到损害，则不能得到诉讼赔偿，这显然也不符合生态环境损害赔偿制度设计的初衷。因此，国益说也不能很好地解释生态环境损害赔偿诉讼的性质。② 第二，国家义务说的缺点在于其未能很好地对国家行政管理权与环境权利作出区分。同时亦无法对国家作为政治实体享有环境权的理由作出充分的解释，因而以"国家义务说"为理论基础的"特殊的环境民事诉讼说"，通过论证国家负有保护环境公益的义务，进而论证生态环境损害赔偿诉讼所保护的利益是社会公共利益，本身对基础理论的解释存在偏颇，因而在定性上亦未对生态环境损害赔偿诉讼涉及的社会公共利益作出分析，将之认为系"特殊的环境民事诉讼"也不具有充分的解释力。③ 第三，混合说尽管采取折中的做法，依据双重标准来对自然资源国家所有权进行理解，然而由于其未对"国家所有权"的本质进行理解，缺乏对其背后的公益性进行探讨，反倒使生态环境损害赔偿诉讼愈加模糊。④ 尽管其主张公共信托环境权益是生态环境损害赔偿诉讼的实体性权利诉求，似有承认生态环境损害赔偿诉讼的公益性质之嫌，但是现代的公共信托环境权益理论来源于美国，这是否能直接适用于解释我国的制度，尚需要进一步的讨论。综上所述，无论是私益说、国益说、国家义务说还是混合说，在独立解释我国的生态环境损害赔偿诉讼性质上都具有明显的不足之处。反之，在这些理论中都包含有公益性质的思想。

---

① 占善刚、陈哲：《〈民法典〉实施背景下生态环境损害赔偿诉讼定位研究》，载《干旱区资源与环境》2021 年第 3 期，第 8 页。

② 陈溥：《生态环境损害赔偿诉讼性质问题研究》，2021 年福建师范大学硕士学位论文，第 20~21 页。

③ 陈溥：《生态环境损害赔偿诉讼性质问题研究》，2021 年福建师范大学硕士学位论文，第 20~21 页。

④ 陈溥：《生态环境损害赔偿诉讼性质问题研究》，2021 年福建师范大学硕士学位论文，第 20~21 页。

另一方面，从体系解释上来看，生态环境损害赔偿诉讼具有环境民事公益诉讼的性质，属于一种特殊的环境公益诉讼。首先，从《生态环境损害赔偿制度改革试点方案》《生态环境损害赔偿制度改革方案》与《生态环境损害赔偿管理规定》等政策依据来看，其中授权的是代表公共利益的政府或者有关部门等来提起生态环境损害赔偿诉讼，目的就是保护环境公共利益。其次，从实体法《民法典》规定的"绿色原则"和第1234、1235条生态环境损害诉讼相关的责任条款来看，有权提起生态环境损害赔偿诉讼的主体是国家规定的机关或者法律规定的组织。《民法典》将作为特殊公益诉讼的生态环境损害赔偿诉讼之起诉主体由法律规定的机关扩大至国家规定的机关，体现了以环境公益价值为诉求的绿色原则。[1] 由于生态环境常常是整体性存在，无法分割和特定化，不能成立传统民法上那种以独占、排他为核心特征的个体所有权，从而也难以适用围绕对此种权利的救济所建立的民事责任及其保障机制，而是需要突破传统规则，创设具有公共指向的损害填补责任。在环境领域，对公益的损害填补具体表现为对环境公益的客观载体——生态环境本身的治理与修复，故又被称为"生态修复"或"环境损害赔偿"，这种责任以公共利益为指向。[2]再次，从程序法依据上来看，《最高人民法院关于审理生态环境损害赔偿案件的若干规定（试行）》规定的诉讼主体、诉讼程序、责任承担、赔偿范围等方面都是为了救济环境公益的需要。尤其是《最高人民法院关于审理生态环境损害赔偿案件的若干规定（试行）》第18条规定："生态环境损害赔偿诉讼案件的裁判生效后，有权提起民事公益诉讼的机关或者社会组织就同一损害生态环境行为有证据证明存在前案审理时未发现的损害，并提起民事公益诉讼的，人民法院应予受理。"该衔接条款说明生态环境损害赔偿诉讼与环境民事公益诉讼具有内在性质的一致性，可能贯通与对接。同时，最高人民法院在最新修改的《民事案件案由规定》（法〔2020〕347号）中，将"生态环境损害赔偿诉讼"作为第四级案由，列入新增的一级案由第11部分"特殊诉讼程序案件案由"、二级案由第52条"公益诉讼"、三级案由第466条"生态环境保护民事公益诉讼"项下，也说明生态环境损害赔偿诉讼属于一类特殊的环境民事公益诉讼。此外，从实践中生态环境损害赔偿资金的缴纳和使用去向上看，不少地方政府将该类资金作为环境公益资金进行管理，设立环境公益诉讼专项资金账户，要求赔偿义务人将生态环境损害赔偿金打入该类账户，专门用于修复和治理生态环境。例如，云南省昆明市，贵州省贵阳市，江苏省无锡市、徐州市、泰州市等都先后依托财政部门建立了环境公益诉讼专项资金账户，受领生效判决判令被告承担的生态环境修复费用以及服务功能损失赔偿金等款项，推动及时修复受损生态环境的诉讼目的实现，有效保护了生态环境公共利益。因此，从现有政策、法律规定和相关司法实践来看，生态环境损害赔偿诉讼是为了实现对环境公共利益损害进行救济的一种司法制度保障，通过追究违法者的生态环境损害赔偿责任，来实现环境公共利益的保护，生态环境损害赔偿诉讼的性质属于环境民事公益诉讼。

---

① 占善刚、陈哲：《〈民法典〉实施背景下生态环境损害赔偿诉讼定位研究》，载《干旱区资源与环境》2021年第3期，第8页。

② 巩固：《环境民事公益诉讼性质定位省思》，载《法学研究》2019年第3期，第131页。

三、生态环境损害赔偿诉讼的特征

生态环境损害赔偿诉讼的特征是指生态环境损害赔偿诉讼制度所体现出来的一种独有的征象或者标志，是其区别于有关生态环境纠纷引起的其他类型诉讼的表现形式。具体来说，生态环境损害赔偿诉讼包括如下特征。

（一）特殊的环境民事公益诉讼

一方面，生态环境损害赔偿诉讼是一种民事诉讼。首先，从依据上可以明确其属于民事诉讼。《生态环境损害赔偿制度改革方案》中规定，赔偿权利人及其指定的部门或机构应当及时提起生态环境损害赔偿民事诉讼，该规定明确了生态环境损害赔偿诉讼的民事属性。此外，《中华人民共和国民法典·侵权责任编》为生态环境损害赔偿诉讼奠定了民事实体法依据。《最高人民法院关于审理生态环境损害赔偿案件的若干规定（试行）》是生态环境损害赔偿诉讼的直接程序法依据，其中也明确表明该依据的制定是依据《民法典》《环境保护法》《民事诉讼法》等法律的规定。同时规定，如果人民法院在审理生态环境损害赔偿案件时，该规定没有规定的，参照适用《最高人民法院关于审理环境民事公益诉讼案件适用法律若干问题的解释》《最高人民法院关于审理环境侵权责任纠纷案件适用法律若干问题的解释》等相关司法解释的规定。2020 年 12 月，最高人民法院颁布新修改的《民事案件案由规定》中更是将"生态环境损害赔偿诉讼"作为第四级案由，列入第11 部分"特殊诉讼程序案件案由"、二级案由第 52 条"公益诉讼"、三级案由第 466 条"生态环境保护民事公益诉讼"项下，进一步明确了生态环境损害赔偿诉讼的民事诉讼依据。其次，从诉讼构造上符合民事诉讼的特征。从原告上看，政府机关及其部门作为诉讼的原告，在诉讼中仅作为普通民事主体参与诉讼，政府及其部门在此时并未行使其公权力，而是作为索赔权人与赔偿义务人即与被告（自然人、法人或者其他组织）处于平等的诉讼地位。原被告双方在该诉讼中处于平等地位，而两造平等，是传统民事诉讼的典型特征。生态环境损害赔偿诉讼是在我国传统民事诉讼制度的基础上形成的。从实体上看生态环境损害赔偿诉讼所依托的制度是我国的民事侵权制度，依据《最高人民法院关于审理生态环境损害赔偿案件的若干规定（试行）》第 11 条，生态环境损害赔偿诉讼可向侵权人提起的诉求除了修复生态环境责任外其余皆属于传统民事责任范畴，而修复生态环境的责任形式，亦通过《中华人民共和国民法典·侵权责任编》中第 7 章的相关规定，纳入我国的侵权制度；从程序上看，其所依托的是民事诉讼程序，当然其从程序上对处分主义与辩论主义进行了一定程度的限缩，并在职权主义和职权探知主义上进行了一定程度的扩张，但均不改变其仍为民事诉讼程序的本质。综上所述，从原被告双方关系上看，其符合民事关系的典型特征，属于民事诉讼。同时，在实体上其依托民事侵权制度，程序上依托民事诉讼程序制度，因此生态环境损害赔偿诉讼属于民事诉讼。[1]

另一方面，生态环境损害赔偿诉讼是一种特殊的环境民事公益诉讼。生态环境损害赔偿诉讼可以被定位为一种原告资格扩张的侵权诉讼，在生态环境受到损害时由特定主体作

---

[1] 陈溥：《生态环境损害赔偿诉讼性质问题研究》，2021 年福建师范大学硕士学位论文，第 27 页。

为"代表"提起诉讼以追究加害者的民事责任，通过生态修复等民事责任的填补功能实现对环境公益的专门救济。①在我国，《民事诉讼法》第 55 条以及《最高人民法院关于审理环境民事公益诉讼案件适用法律若干问题的解释》规定了一般性的环境民事公益诉讼制度，主要适用于法律规定的机关和社会组织以及人民检察院因环境污染、生态破坏损害环境公共利益提起诉讼的适用条件、诉讼程序等内容。在一般环境民事公益诉讼中，损害的环境公益可以包括不特定主体的人身权、财产权以及环境权益等。而生态环境损害赔偿诉讼则只针对"生态环境损害"，即只包括环境要素和生物要素的不利改变以及上述要素构成的生态系统功能退化，而不包括人身损害和财产损失。生态环境损害赔偿诉讼关注的是生态价值，是一种纯粹的环境公共利益。为此，最高人民法院也建立了专门适用于生态环境损害赔偿诉讼的程序规定，即《最高人民法院关于审理生态环境损害赔偿案件的若干规定（试行）》，在原告、诉讼管辖、起诉条件、禁止反诉、证据规则等方面都规定了与一般环境民事公益诉讼不同的内容，体现出了其"特殊性"。总之，生态环境损害赔偿诉讼体现了"环境有价，损害担责""谁污染谁治理"的现代环境治理观，在以损害填补为旨归的民事侵权诉讼定位下，生态损害赔偿可以被视为民事公益诉讼的主要手段甚至核心功能。②

（二）以磋商为诉讼前置程序

磋商前置，即由赔偿权利人与赔偿义务人先行磋商并达成赔偿协议，是我国生态环境损害赔偿制度的一项重要特征。依照《生态环境损害赔偿制度改革方案》，开展磋商是主张生态环境损害赔偿诉讼请求的先行步骤，是提起诉讼的前置程序。《最高人民法院关于审理生态环境损害赔偿案件的若干规定（试行）》第 1 条明确规定，赔偿权利人"经磋商未达成一致或者无法进行磋商的，可以作为原告提起生态环境损害赔偿诉讼"。2022 年的《生态环境损害赔偿管理规定》第 21~26 条进一步细化、统一规定了磋商的具体程序：一是要求赔偿权利人等制作索赔磋商告知书送达赔偿义务人，赔偿义务人同意磋商的，应当及时召开磋商会议就索赔的具体事项磋商。二是要求磋商应当充分考虑修复方案可行性和科学性、成本效益优化、赔偿义务人赔偿能力、社会第三方治理可行性等因素。三是对经磋商达成一致，要求签署赔偿协议并可以向法院申请司法确认。为防止久磋不决，《生态环境损害赔偿管理规定》要求磋商未达成一致的，赔偿权利人及其指定的部门或机构应当及时向法院提起诉讼。

由此可见，磋商阶段的工作是构成诉讼阶段的工作基础，磋商工作的成效与结果决定着诉讼的启动与进程，诉讼是开展磋商的支持和保障，无论是磋商协议司法确认之诉还是生态环境损害赔偿之诉，抑或是裁判生效后的强制执行，就生态环境损害赔偿的实现而言，都可以说是在磋商工作基础上的继续。磋商与诉讼均是实现生态环境损害赔偿的重要手段，结合个案实现两种手段的相互协调配合，是生态环境损害赔偿诉讼的重要制度安排，也是法院审理生态环境损害赔偿案件时应当把握好的一个重要关系。从效率价值出

---

① 巩固：《环境民事公益诉讼性质定位省思》，载《法学研究》2019 年第 3 期，第 139 页。
② 巩固：《环境民事公益诉讼性质定位省思》，载《法学研究》2019 年第 3 期，第 139 页。

发，将磋商设定为提起生态环境损害赔偿诉讼的前置程序，有利于行政主体发挥行政优势、及时进行生态修复。赔偿权利人拥有行政管理的权力和职责，可以通过行政执法手段来实现责令和指导生态环境的污染者、破坏者承担生态环境损害预防和修复义务的目标。① 磋商作为一种柔性执法行为，是在社会管理方式上对传统行政强制手段的突破和改进，具有非强制性、灵活性、选择接受性等特征，是以"交往"为前提、以"话语"为核心的过程。② 如果赔偿权利人与赔偿义务人能在磋商阶段达成一致，则无须启动诉讼程序，如此不仅省去了诉讼成本也可以尽早启动生态环境修复治理，这无疑是最大化符合了效率原则。如果磋商未达成一致或者达到一致后义务人违约不执行，再启动生态环境损害赔偿诉讼，则也为赔偿义务人提供了程序保障，促进了程序正义价值的实现，符合现代法治精神。

（三）政府拥有第一顺位的赔偿诉讼请求权

从我国全民所有体制上来看，政府本身就是公共利益的代表者，由政府首先代表环境公共利益提起生态环境损害赔偿诉讼具有宪法与法律上的合法性。我国《宪法》第26条明确规定："国家保护和改善生活环境和生态环境，防治污染和其他公害。"2018年，修改《宪法》时在第89条第6项中，将"领导和管理生态文明建设"增加为国务院的一项职权。这意味着国务院领导下的各级政府及其组成部门都享有生态文明建设的职权和承担相应的职责。《环境保护法》第6条规定："地方各级人民政府应当对本行政区域的环境质量负责。"政府（领导下的行政职能部门）因其专业性、主动性而在实现国家环境保护目标中具有特殊的优势地位。生态环境损害赔偿制度作为我国生态文明建设改革的一项重要制度成果，需要政府在生态环境损害赔偿中担负主要责任；换言之，对生态环境损害行为予以追责、恢复生态系统功能，正是政府"领导和管理生态文明建设"的题中应有之义。③ 政府主导、行政优先是生态环境损害赔偿制度的重要特点。④ 为了实现生态环境损害责任之目标，政府（及其指定的部门、机构）作为赔偿权利人首先与赔偿义务人进行磋商，在无法磋商或者磋商不能的情形下，辅之以诉讼的司法手段，以法院裁判的方式予以实现生态环境损害的救济具有合理性，也是我国生态环境损害赔偿诉讼制度的一个典型特征。

尽管从理论上分析，作为环境公益的维护者，社会组织、人民检察院也同样具有生态环境损害赔偿的诉讼主体资格，但是，相较而言，政府更具有专业优势。赔偿纠纷中离不开政府的专业技术，由于环境纠纷所涉及的生态评估、修复费用等问题均需要大量的专业

---

① 王旭光：《论生态环境损害赔偿诉讼的若干基本关系》，载《法律适用》2019年第21期，第14~15页。

② 康京涛：《生态修复责任的法律性质及实现机制》，载《北京理工大学学报（社会科学版）》2019年第5期，第139页。

③ 陈海嵩：《生态环境损害赔偿制度的反思与重构——宪法解释的视角》，载《东方法学》2018年第6期，第25页。

④ 王旭光：《论生态环境损害赔偿诉讼的若干基本关系》，载《法律适用》2019年第21期，第12页。

技术，而在证据采纳上，现行制度的设计要求相关主管部门的密切配合，因此无论是检察机关或是社会组织，在涉及证据等专业问题上，均需要大量依赖于政府部门的技术支持，同时，如果将政府仅作为诉讼参与人参加到诉讼中与将其作为原告提起诉讼，驱动力显然是不同的。① 因此，将政府作为第一顺位的赔偿诉讼请求权人具有效率性与合理性。正如有学者指出的那样，"由于生态环境损害赔偿责任的履行通常需要巨大的人、财、物投入，较大时空范围的组织和管理，复杂的技术方案选择，以及巨额资金的收取、管理和使用等，由本就负有保护职责且具备专业技术、能力的监管者运用行政权力负责实施，更加名正言顺、便捷高效，故其发动者或者说'索赔人'一般应当优先为地方政府或管理部门。"②

此外，政府拥有第一顺位的生态环境损害赔偿诉讼请求权的制度安排在一些发达国家也不乏先例。例如，在意大利，政府就拥有第一顺位的环境损害赔偿请求权，只有在政府不积极行动时，环保团体才可以"提起本应当由市或者省政府提起的损害赔偿诉讼，损害赔偿所得归属被代替的机关"。③ 在欧盟各国，环境损害诉讼的原告基本上都是本身肩负监管职责的"受托人"或"主管机关"。④ 在美国，在超级基金法下的自然资源损害赔偿诉讼的原告也只能是联邦政府、州政府和印第安部落，私人或其形成的团体不能提起该类诉讼。⑤因此，政府拥有第一顺位的赔偿诉讼请求权也是国际上有关生态环境损害赔偿诉讼类似制度中的一个显著特征，在这一点上我国的规定与国际通行做法是一致的。

第二节　生态环境损害赔偿诉讼的功能

一、贯彻生态环境损害担责原则

市场主体在经济活动中对生态环境的损害，在很长一段时间内被视为经济活动的副产品，没有纳入市场主体的生产成本计算，而是由社会或者政府来埋单，这不符合公平原则。随着人们对生态环境损害问题的本质认识的加深，环境立法中逐步建立起了法律原则来解决成本内部化的问题。早在1979年《环境保护法（试行）》第6条中就规定了"谁污染，谁治理"原则。1990年《国务院关于进一步加强环境保护工作的决定》中提出了"谁开发谁保护，谁破坏谁恢复，谁利用谁补偿"的原则，强调污染治理责任的同时强调污染损害赔偿责任。2014年4月24日，第十二届全国人民代表大会常务委员会第八次会议修订通过《环境保护法》，自2015年1月1日起施行，其中确立了"损害担责"的法律原则。法律原则是代表抽象普遍拘束力的一般法律理念，需要制度具体化。

① 陈溥：《生态环境损害赔偿诉讼性质问题研究》，2021年福建师范大学硕士学位论文，第37页。
② 巩固：《环境民事公益诉讼性质定位省思》，载《法学研究》2019年第3期，第133页。
③ 罗志敏：《意大利对普遍利益的司法保护及对我国的借鉴意义：以原告资格为中心》，载《比较法研究》2006年第1期，第94页。
④ 王福华：《民事诉讼的社会化》，载《中国法学》2018年第1期，第28页。
⑤ ［美］詹姆斯·萨尔兹曼、巴顿·汤普森：《美国环境法（第四版）》，徐卓然、胡慕云译，北京大学出版社2016年版，第190~191页。

"损害担责"中的"损害"包括对人的损害与对生态环境的损害。长期以来，我国环境立法中主要针对"人的损害"的民事诉讼救济途径进行了规定，而缺乏对"生态环境损害"的规定。1989年的《环境保护法》第41条第1、2款规定："造成环境污染危害的，有责任排除危害，并对直接受到损害的单位或者个人赔偿损失。赔偿责任和赔偿金额的纠纷，可以根据当事人的请求，由环境保护行政主管部门或者其他依照本法律规定行使环境监督管理权的部门处理；当事人对处理决定不服的，可以向人民法院起诉。当事人也可以直接向人民法院起诉。"其中规定了只有"直接受到损害的单位或者个人"有权提起诉讼。立法的缺位导致人们在经济活动中污染环境、破坏生态行为产生的对生态环境的损害却无人承担赔偿责任，也没有适格的主体来代表主张生态环境损害赔偿责任。随着对环境问题认识的加深以及环境法治水平的提高，2014年4月第十二届全国人民代表大会常务委员会第八次会议通过修订的《环境保护法》中确立了"损害担责"的法律原则，并在第64条规定了因污染环境和破坏生态造成损害的，应当依照原《侵权责任法》的有关规定承担侵权责任。这为生态环境损害赔偿诉讼制度的建立奠定了基础。

2015年，《生态环境损害赔偿制度改革试点方案》明确了"环境有价，损害担责"的原则，并具体规定了生态环境损害赔偿制度内容，通过可操作性的生态环境损害赔偿运行机制，促使赔偿义务人对受损的生态环境进行修复。生态环境损害无法修复的，实施货币赔偿，用于替代修复。并明确了生态环境损害赔偿责任独立于其他法律责任，赔偿义务人因同一生态环境损害行为需要承担行政责任或刑事责任的，不影响其依法承担生态环境损害赔偿责任，以此体现和保护环境资源的生态功能价值。试点取得明显成效。2017年年底，中共中央办公厅、国务院办公厅在总结各地区改革试点实践经验基础上颁布《生态环境损害赔偿制度改革方案》，其中再次明确了"环境有价，损害担责"的原则，并进一步完善生态环境损害赔偿范围、责任主体、索赔主体、损害赔偿解决途径等，形成相应的鉴定评估管理和技术体系、资金保障和运行机制，以此保证原则的进一步落地实施。生态环境损害本质上损害的是环境公共利益，其具有"主体数量的不特定多数性、客体性质的非排他性（整体联系性、不可分割性）、利益主体对利益客体的共同享用性（或共同受益性、共同需要性）"等特征。生态环境损害赔偿诉讼实质是一种原告资格扩张的侵权诉讼，在环境受损时由特定主体作为"代表"提起诉讼以追究加害者的民事责任，通过民事责任的填补功能实现环境公益损害的救济，体现了"环境有价，损害担责""谁污染、谁治理"的现代环境治理观。[①] 2019年5月，最高人民法院颁布《最高人民法院关于审理生态环境损害赔偿案件的若干规定（试行）》，为生态环境损害赔偿诉讼正式建立了明确的、专门的诉讼规则，使生态环境损害赔偿责任有了明确的诉讼程序依据，为"损害担责"原则在法律上的落地实施提供了明确的依据和保障。

二、弥补生态环境执法不足

现代社会，对环境公共利益的保护是政府的重要职能。根据宪法框架下的权力的配置

---

① 巩固：《环境民事公益诉讼性质定位省思》，载《法学研究》2019年第3期，第130页。

与分工，政府主要行使行政执法权。政府因其专业性、主动性而在实现国家环境保护义务中具有优先地位，相较于立法机关、司法机关而言发挥着更为重要的作用。生态环境损害赔偿诉讼，尽管性质上它是一种司法程序，但是从设计上看，它仍然以政府为主体，可以发挥弥补生态环境执法不足的功能。"政府主导、行政优先是生态环境损害赔偿制度的特点。"① "作为一种法律手段，它在社会生活当中的作用或最终目的就是维护国家和社会的环境公益。"②

　　首先，它以磋商为前置程序，在这一阶段如果磋商成功，则无须启动诉讼。从结果上看，赔偿义务人将按照磋商达成的协议履行修复生态环境或者缴纳赔偿金的义务。就此而言，磋商阶段达成的结果仍然是对环境法的一种"执行"。从环境治理体系角度看，地方各级人民政府是宪法规定的地方国家权力机关的执行机关，依照法律规定的权限，管理本行政区域内的生态环境等行政工作。按照现行政策法律规定，省级、市地级政府及其指定的相关部门、机构作为赔偿权利人，就造成重大生态环境损害认定、修复、赔偿等内容与义务人进行磋商，本身是落实两级政府生态环境保护行政管理职责，督促行政相对人履行环境法律规定的义务。生态环境损害赔偿的责任涉及损害的调查、评估、鉴定、生态修复等内容，通常需要巨大的人财物力投入，较大时空范围的组织和管理，复杂的技术方案选择，以及巨额资金的收取、管理和使用等，由省级、市地级政府及其指定的相关部门、机构主持这些工作具有可行性，便捷高效。

　　其次，如果磋商不成，通过诉讼达到的效果也可以产生弥补生态环境执法不足的功能。尽管生态环境损害赔偿诉讼是一种司法手段，且是一个不断完善的民事诉讼类型，这一意旨不仅体现在整个制度的设计方面，还在一些具体内容上有明确的表述，比如"对经磋商达成的赔偿协议，可以依照民事诉讼法向人民法院申请司法确认"。"磋商未达成一致的，赔偿权利人及其指定的部门或机构应当及时提起生态环境损害赔偿民事诉讼。"由此，民事实体法和民事诉讼法的相关规定应当作为生态环境损害赔偿诉讼的首要遵循。但是，从诉讼本质上看，它维护的是生态环境公共利益。按照这一制度的设计，在诉讼责任承担上，它要求义务人只要能进行生态修复的就要先行修复，只有在永久性损失等不可能修复条件发生之时，方才能以赔偿金的形式履行义务。而修复、治理生态环境，使生态环境恢复到受损之前的状态或者达到健康平衡的生态系统状态，从而能为人类提供正常的生态服务功能，这也是政府实施环境行政管理、进行环境行政执法的目标。而生态环境损害赔偿诉讼在结果上正是达到了异曲同工之妙。按照现代国家行政法的逻辑，环境行政执法通常是以行政许可、处罚、命令等方式呈现，主要是对致害行为实施惩罚和禁限，而对于生态环境损害仅仅靠这些措施是不够的，修复受损的生态环境才具有根本意义。行政违法责任远不足以抵消环境违法的收益，为了克服单纯行政手段在生态环境损害救济上的局限性，避免生态文明建设的国家任务目标落空，当一般意义上的环境执法及法律责任不足以满足特定情况下生态环境修复之需时，有必要辅之以司法手段，以个案裁量的方式予以

---

① 王旭光等：《关于审理生态环境损害赔偿案件的若干规定（试行）的理解与适用》，载《人民司法》2019年第34期，第31~38页。
② 王曦：《论环境公益诉讼制度的立法顺序》，载《清华法学》2016年第6期，第101~114页。

补充，实现生态环境损害责任的"全覆盖"。① 同时，生态环境是区别于其构成要素的整体性存在，无法分割和特定化，不能成立传统民法上那种以独占、排他为核心特征的个体所有权，从而也难以当然适用围绕对生态环境损害的救济所建立的民事责任及其保障机制，而是需要突破传统规则，创设具有公共指向的损害填补责任。② 而生态环境损害赔偿诉讼正是因应这种需要而产生。

总之，生态环境损害赔偿诉讼不仅涉及程序问题，更涉及公共责任的创制与承担。"该制度安排的正当性在于顺应现代行政法中权力行使方式的多样化趋势，在传统行政手段不敷使用时通过司法方式实现行政目的。"③ 生态环境损害赔偿诉讼通过设置磋商前置程序，在穷尽行政手段仍然无法实现生态环境损害救济目标的情况下，政府再行提起赔偿诉讼，这一制度设计合理地定位了生态环境损害赔偿过程中的行政权和司法权之关系，发挥着弥补生态环境执法不足之功能。

第三节　生态环境损害赔偿诉讼的沿革与发展

一、生态环境损害赔偿诉讼的创制

生态环境损害赔偿诉讼是我国生态文明体制改革和生态文明制度建设在司法领域的重要成果。生态环境损害赔偿诉讼是生态环境损害赔偿制度中的重要一环，而生态环境损害赔偿制度是生态文明制度体系的重要组成部分。

党中央、国务院高度重视生态环境损害赔偿工作，2012 年，党的十八大报告将生态文明建设列为"五位一体"总体布局的重要内容，首次提出要"加强环境监管，健全生态环境保护责任追究制度和环境损害赔偿制度"的思想。2013 年 5 月 24 日，习近平总书记在第十八届中央政治局第六次集体学习的讲话中指出，我们的生态环境问题已经到了很严重的程度，非采取最严厉的措施不可。保护生态环境必须依靠制度、依靠法治。只有实行最严格的制度、最严密的法治，才能为生态文明建设提供可靠保障。习近平总书记的讲话对于我国加快探索建立生态文明制度体系，建立生态环境损害赔偿制度起着重要指导作用。2013 年 11 月 12 日，党的十八届三中全会通过《中共中央关于全面深化改革若干重大问题的决定》，其中明确提出了"对造成生态环境损害的责任者严格实行赔偿制度"。

2014 年 4 月 24 日，第十二届全国人民代表大会常务委员会第八次会议通过修订的《环境保护法》，自 2015 年 1 月 1 日起施行。其中第 5 条确立了"损害担责"的法律原则，同时第 64 条规定："因污染环境和破坏生态造成损害的，应当依照《中华人民共和

① 陈海嵩：《生态环境损害赔偿制度的反思与重构——宪法解释的视角》，载《东方法学》2018 年第 6 期，第 26 页。

② 巩固：《环境民事公益诉讼性质定位省思》，载《法学研究》2019 年第 3 期，第 130 页。

③ 陈海嵩：《生态环境损害赔偿制度的反思与重构——宪法解释的视角》，载《东方法学》2018 年第 6 期，第 26 页。

国侵权责任法》的有关规定承担侵权责任。"这标志着我国的生态环境损害赔偿制度从环境保护的基础性法律角度具有了一定的法律依据。

2015 年 4 月 25 日，中共中央、国务院在《中共中央　国务院关于加快推进生态文明建设的意见》中提出："加快形成生态损害者赔偿、受益者付费、保护者得到合理补偿的运行机制……建立独立公正的生态环境损害评估制度。"同年 9 月 21 日，中共中央、国务院颁布了《生态文明体制改革总体方案》，明确了生态文明体制改革的目标，要求到 2020 年，构建起产权清晰、多元参与、激励约束并重、系统完整的生态文明制度体系，推进生态文明领域国家治理体系和治理能力现代化，努力走向社会主义生态文明新时代。其中提出要严格实行生态环境损害赔偿制度，并较为系统地提出了健全生态环境损害赔偿法律制度和责任追求的思想，强调要"健全环境损害赔偿方面的法律制度、评估方法和实施机制，对违反环保法律法规的，依法严惩重罚；对造成生态环境损害的，以损害程度等因素依法确定赔偿额度；对造成严重后果的，依法追究刑事责任"。这加快促进了生态环境损害赔偿责任制度的落地实施。

2015 年 12 月 3 日，中共中央办公厅、国务院办公厅印发了《生态环境损害赔偿制度改革试点方案》（中办发〔2015〕57 号），规定 2015—2017 年，选择吉林、江苏、山东、湖南、重庆、贵州、云南 7 省市开展生态环境损害赔偿制度改革试点。《生态环境损害赔偿制度改革试点方案》首次对"生态环境损害"的概念进行了明确的界定，对生态环境损害赔偿试点的总体要求和目标、试点原则、适用范围、责任主体、索赔主体、赔偿范围和损害赔偿解决途径等，以及相应的鉴定评估管理与技术体系、资金保障及运行机制进行了系统的规定，为生态环境损害赔偿制度试点运行建立了可操作性的依据。《生态环境损害赔偿制度改革试点方案》明确规定试点地方省级政府经国务院授权后，作为本行政区域内生态环境损害赔偿权利人，可指定相关部门或机构负责生态环境损害赔偿具体工作。同时对生态环境损害赔偿诉讼的启动条件和赔偿诉讼规则作出了安排，规定赔偿权利人既可以在磋商未达成一致后提起诉讼，也可以直接提起诉讼。要求试点地方法院按照有关法律规定、依托现有资源，由环境资源审判庭或指定专门法庭审理生态环境损害赔偿民事案件，根据赔偿义务人主观过错、经营状况等因素试行分期赔付，探索多样化责任承担方式等。《生态环境损害赔偿制度改革试点方案》的颁布与实施标志着我国的生态环境损害赔偿诉讼正式创制建立。

二、生态环境损害赔偿诉讼的发展

2015—2017 年，吉林等 7 个省市的生态环境损害赔偿制度改革试点取得了明显成效。为了进一步在全国范围内加快构建生态环境损害赔偿制度，中共中央办公厅、国务院办公厅在总结改革试点地区实践经验基础上，颁布了《生态环境损害赔偿制度改革方案》，自 2018 年 1 月 1 日起在全国试行。要求到 2020 年，力争在全国范围内初步构建责任明确、途径畅通、技术规范、保障有力、赔偿到位、修复有效的生态环境损害赔偿制度。《生态环境损害赔偿制度改革方案》在 2015 年《生态环境损害赔偿制度改革试点方案》的基础上对"生态环境损害"的概念进行了扩展，将"森林"列入环境要素中。同时结合试点经验优化了生态环境损害赔偿的工作原则、适用范围、责任主体、索赔主体、赔偿范围和损害赔偿解决途径等内容，完善鉴定评估管理与技术体系、生态环境修复与损害赔偿的执行和监督、资金管理及保障措施等规定。其中，对生态环境损害赔偿诉讼的启动，由《生态环境损害赔偿制度改革试点方案》中的规定的"磋商或诉讼"选择性条件改为"磋商前置"条件，即只能在磋商未达成一致的情形下，赔偿权利人及其指定的部门或机构方可提起生态环境损害赔偿民事诉讼。同时《生态环境损害赔偿制度改革方案》强调要完善赔偿诉讼规则，鼓励法定的机关和符合条件的社会组织依法开展生态环境损害赔偿诉讼，明确由最高人民法院商有关部门根据实际情况制定指导意见明确生态环境损害赔偿制度与环境公益诉讼之间衔接等问题。《生态环境损害赔偿制度改革方案》的颁布在我国生态环境损害赔偿诉讼发展过程中具有里程碑意义，标志着我国在全国范围初步构建了生态环境损害赔偿制度，完成了改革的阶段性目标。

为了满足生态环境损害赔偿诉讼的需要，2019 年 5 月 20 日，最高人民法院审判委员会第 1769 次会议通过了《最高人民法院关于审理生态环境损害赔偿案件的若干规定（试行）》，于 2019 年 6 月 5 日起正式施行。《最高人民法院关于审理生态环境损害赔偿案件的若干规定（试行）》依据《环境保护法》《民事诉讼法》等法律的规定，结合审判工作实际而制定，为各地法院正确审理生态环境损害赔偿案件提供了诉讼程序法上的依据。因为有了程序法上的保障，生态环境损害赔偿诉讼案件在实践中不断涌现。据统计，2019 年，全国法院共受理生态环境损害赔偿诉讼案件 49 件、审结 36 件，同比分别上升 145%、350%，其中生态环境损害赔偿司法确认案件 28 件、审结 23 件；生态环境损害赔偿诉讼案件 21 件、审结 13 件。[1]

2020 年 5 月 28 日，中国法治建设史上具有划时代意义的重大事件——第十三届全国人民代表大会第三次会议通过了《中华人民共和国民法典》，自 2021 年 1 月 1 日起施行。《民法典》的立法目的与宗旨是为了保护民事主体的人身权利、财产权利以及其他合法权益，调整民事关系，维护社会和经济秩序，适应中国特色社会主义发展要求，弘扬社会主义核心价值观。《民法典》是我国社会主义市场经济建设的基本法，规定基础性民事法律制度。《民法典》第 9 条建立了绿色原则，第 1234 条、第 1235 条规定生态环境损害赔偿的法律责任，从实体法上为生态环境损害赔偿诉讼提供了权威的法律依据。为了配套《民法典》的实施，2020 年 12 月 23 日，最高人民法院通过了《最高人民法院关于审理生态环境损害赔偿案件的若干规定（试行）》的修正案，同时也通过了与之相衔接的《最高人民法院关于审理环境民事公益诉讼案件适用法律若干问题的解释》和《最高人民法院关于审理环境侵权责任纠纷案件适用法律若干问题的解释》。2020 年 12 月 30 日，《最高人民法院关于印发修改后的〈民事案件案由规定〉的通知》（法〔2020〕347 号）发布，在新增加的一级案由第 11 部分"特殊诉讼程序案件案由"、二级案由第 52 条"公益诉讼"、三级案由第 466 条"生态环境保护民事公益诉讼"项下规定"生态环境损害赔偿诉讼"为四级案由。至此，我国生态环境损害赔偿诉讼具备了较为完整的法律依据，形成了"政策+法律"的结合发展。至 2021 年年底，全国各地共办理生态环境损害赔偿案

---

① 中华人民共和国最高人民法院：《中国环境资源审判（2019）》，人民法院出版社 2020 年版，第 2 页。

件约 1.13 万件，涉及金额超过 117 亿元，已经初步构建起责任明确、途径畅通、技术规范、保障有力、赔偿到位、修复有效的生态环境损害赔偿制度。①

然而，实践也表明该制度在全国各地还存在发展不平衡、工作程序不统一、鉴定评估技术体系不完善、法律供给仍然不足等问题。在法律供给相对不足的条件下，为使制度实施由试行更好转变为常态，仍需要一部承上启下、弥补不足的高位阶的规范性文件继续对生态环境损害赔偿工作加以指导。2022 年 4 月，经中央全面深化改革委员会审议通过，由生态环境部联合最高人民法院、最高人民检察院和科技部、公安部等共 14 家单位共同颁布了《生态环境损害赔偿管理规定》，自 2022 年 4 月 28 日起施行。《生态环境损害赔偿管理规定》站位高、协调性强，起到了延续《生态环境损害赔偿制度改革方案》和衔接法律规则的作用。②《生态环境损害赔偿管理规定》以《生态环境损害赔偿制度改革方案》和《民法典》《环境保护法》等相关法律为依据，延续《生态环境损害赔偿制度改革方案》的整体框架设计，强化了地方党政职责，完善督察考核机制，明确赔偿工作全流程要求和加强鉴定评估技术研究、鉴定评估机构和专家管理等内容，明确了下一步工作目标，对各部门各地推进改革工作做了细化要求。③《生态环境损害赔偿管理规定》是生态环境损害赔偿制度改革全国试行以来，由中央全面深化改革委员会总结试行成果后通过的专项规范性文件，对进一步推动该项改革深入开展具有重要意义④，必将继续在我国的生态文明建设中发挥重要作用。

然而，生态环境损害赔偿诉讼制度，作为一项法律制度，无论是在实体法还是程序法上都有其严格的内在逻辑和理论基础。但迄今为止，具有共识性的理论基础尚未形成，学术界的分歧较大。例如，在实体法上，有学者对《中华人民共和国民法典·侵权责任编》中规定生态环境损害责任提出了质疑。在《民法典》一审稿草案阶段，张新宝教授提出："生态环境本身并不是一项民事权益，生态环境并不为某个特定的民事主体所单独享有。直接保护生态环境本身，这与侵权责任法的部门法性质难以兼容。草案一审稿第 943 条明确规定，'本编调整侵害民事权益产生的民事法律关系''损害生态环境'难以整体纳入'侵害民事权益'的范畴之内。因此，建议草案在该章的立法方向应当进行修正，不能仅仅基于保护生态环境的迫切需要就将原本不应当由侵权责任编调整的内容纳入其中。"⑤他的这一主张并非全无道理。尽管《民法典》已经实施几年，但是理论上的分歧仍然存在。在程序法，有关生态环境损害赔偿诉讼的理论基础也需要完善。在传统民事诉讼中，从实体法到诉讼法具有"实体权利—实体请求权—诉讼实施权或诉讼请求权"的完整逻辑链条，原告具备三权合一的主体地位，不存在形式和实质诉讼标的之区分。但在生态环

---

① 汪劲：《生态环境损害赔偿规范统一》，载《瞭望》2022 年第 22 期，第 12 页。

② 汪劲：《生态环境损害赔偿规范统一》，载《瞭望》2022 年第 22 期，第 12 页。

③ 别涛、季林云：《生态环境损害赔偿制度化的新阶段》，载《环境保护》2022 年第 9 期，第 11 页。

④ 别涛、季林云：《生态环境损害赔偿制度化的新阶段》，载《环境保护》2022 年第 9 期，第 11 页。

⑤ 张新宝：《侵权责任编起草的主要问题探讨》，载《中国法律评论》2019 年第 1 期，第 142 页。

境损害赔偿诉讼中，这一逻辑链条不再是线性的、贯通的，而是呈现出层次性和断裂状态。① 已经受到不少学者的批评与质疑，认为其不仅与环境民事公益诉讼冲突，甚至构成司法权对行政权的僭越与挑战。因此需要重构生态环境损害赔偿诉讼体系。② 由此可见，发展至今，我国的生态环境损害赔偿诉讼制度尚需进一步的探索完善。

第四节　生态环境损害赔偿诉讼的构成要素

一、生态环境损害赔偿诉讼的原告

对生态环境损害赔偿诉讼的原告从《生态环境损害赔偿制度改革方案》到《生态环境损害赔偿管理规定》经历了不断调整发展的过程，但是目前，各类规定并不一致，具体如下。

（一）《生态环境损害赔偿制度改革方案》中规定的原告

《生态环境损害赔偿制度改革方案》中明确规定当生态环境损害达到需要修复或赔偿的条件时，赔偿权利人应当首先与赔偿义务人进行磋商，磋商未达成一致的，赔偿权利人及其指定的部门或机构应当及时提起生态环境损害赔偿民事诉讼。由此可见，《生态环境损害赔偿制度改革方案》中规定的生态环境损害赔偿诉讼的原告是赔偿权利人及其指定的部门或机构。具体包括：（1）国务院授权省级、市地级政府（包括直辖市所辖的区县级政府）。（2）省级、市地级政府可指定相关部门或机构。（3）统一行使全民所有自然资源资产所有者职责的部门，又可以分为两种情形：在健全国家自然资源资产管理体制试点区，受委托的省级政府可指定统一行使全民所有自然资源资产所有者职责的部门负责生态环境损害赔偿具体工作；国务院直接行使全民所有自然资源资产所有权的，由受委托代行该所有权的部门作为赔偿权利人开展生态环境损害赔偿工作。此外，值得一提的是，《生态环境损害赔偿制度改革方案》中规定了鼓励法定的机关和符合条件的社会组织依法开展生态环境损害赔偿诉讼。因此，法定的机关和符合条件的社会组织也可以成为生态环境损害赔偿诉讼的原告。

（二）《最高人民法院关于审理生态环境损害赔偿案件的若干规定（试行）》中规定的原告

《最高人民法院关于审理生态环境损害赔偿案件的若干规定（试行）》是生态环境

---

① 吴良志：《论生态环境损害赔偿诉讼的诉讼标的及其识别》，载《中国地质大学学报（社会科学版）》2019 年第 4 期，第 34 页。

② 参见彭中遥：《论生态环境损害赔偿诉讼与环境公益诉讼之衔接》，载《重庆大学学报（社会科学版）》2021 年第 3 期，第 169~180 页；龚学德：《论公法制裁后环境民事公益诉讼中的重复责任》，载《行政法学研究》2019 年第 5 期，第 106~118 页；薄晓波：《三元模式归于二元模式——论环境公益救济诉讼体系之重构》，载《中国地质大学学报（社会科学版）》2020 年第 4 期，第 34~47 页。

损害赔偿诉讼的主要程序依据。根据《最高人民法院关于审理生态环境损害赔偿案件的若干规定（试行）》的第 1 条规定，有权提起生态环境损害赔偿诉讼的原告包括：（1）省级、市地级人民政府及其指定的相关部门、机构，其中，市地级人民政府包括设区的市，自治州、盟、地区，不设区的地级市，直辖市的区、县人民政府。（2）受国务院委托行使全民所有自然资源资产所有权的部门。司法实践中，提起生态环境损害赔偿诉讼的原告主要是《最高人民法院关于审理生态环境损害赔偿案件的若干规定（试行）》中规定的原告。

（三）《民法典》中规定的原告

《民法典》第 1234 条和第 1235 条规定的生态环境损害赔偿诉讼的原告包括：（1）国家规定的机关；（2）法律规定的组织。有学者认为《民法典》中的规定来源于《民事诉讼法》第 55 条第 1 款，即"对污染环境、侵害众多消费者合法权益等损害社会公共利益的行为，法律规定的机关和有关组织可以向人民法院提起诉讼"。在此基础上，《民法典》将其扩张为"国家规定的机关或者法律规定的组织"。首先，国家规定的机关，是指国家规定的负有生态环境保护职责的政府有关部门，即生态环境保护的主管部门。其次，法律规定的有关组织，是指法律规定的负有保护生态环境的社会公益组织，如《民事诉讼法》规定的机关和组织。这些机关和组织，才是有权提起生态环境损害赔偿诉讼的主体。[1] 从文义上，"国家规定的机关或者法律规定的组织"与"法律规定的机关和有关组织"二者范围并不相同。究竟如何适用，有待于司法解释明确。

（四）《生态环境损害赔偿管理规定》中规定的原告

《生态环境损害赔偿管理规定》第 25 条规定，对未经司法确认的赔偿协议，赔偿义务人不履行或者不完全履行的，赔偿权利人及其指定的部门或机构，可以向人民法院提起诉讼。第 26 条规定，磋商未达成一致的，赔偿权利人及其指定的部门或机构，应当及时向人民法院提起诉讼。由此可见，《生态环境损害赔偿管理规定》中规定的原告是赔偿权利人及其指定的部门或机构。但是需要注意的是，《生态环境损害赔偿管理规定》对《生态环境损害赔偿制度改革方案》中规定的原告进行了限缩。依据《生态环境损害赔偿管理规定》第 6 条的规定，提起生态环境损害赔偿诉讼的原告包括：国务院授权的省级、市地级政府（包括直辖市所辖的区县级政府）及其指定有关部门或机构，不再包括受国务院委托行使全民所有自然资源资产所有权的部门。这一动向为下一步生态环境损害赔偿诉讼体系的调整留下了空间。

（五）《民事诉讼法》及其相关法律中规定的可能原告

《生态环境损害赔偿制度改革方案》中规定了鼓励法定的机关和符合条件的社会组织依法开展生态环境损害赔偿诉讼。尽管《民事诉讼法》中并没有明确规定生态环境损害

---

① 杨立新：《中华人民共和国民法典释义与案例评注（侵权责任编）》，中国法制出版 2020 年版，第 376 页。

赔偿诉讼的条款，但是根据《最高人民法院关于审理生态环境损害赔偿案件的若干规定（试行）》及其修正版，其中都规定了《民事诉讼法》是其制定依据，也明确了人民法院审理生态环境损害赔偿案件时，若该规定中没有规定的，参照适用《最高人民法院关于审理环境民事公益诉讼案件适用法律若干问题的解释》《最高人民法院关于审理环境侵权责任纠纷案件适用法律若干问题的解释》等相关司法解释的规定。而《民事诉讼法》中规定了环境民事公益诉讼的相关条款。因此，依据《民事诉讼法》有关环境民事公益诉讼的条款及其司法解释中规定的原告，理论上也可能成为生态环境损害赔偿原告，主要包括三类：（1）法律规定的机关。（2）法律规定的有关社会组织。（3）人民检察院。

综上，可以发现，我国有关生态环境损害赔偿诉讼的原告的规定并不一致，导致了实践中较为混乱的局面，接下来有必要调整统一。

二、生态环境损害赔偿诉讼的被告

生态环境损害赔偿诉讼的被告包括造成生态环境损害的自然人、法人或者非法人组织。根据《最高人民法院关于审理生态环境损害赔偿案件的若干规定（试行）》的规定，自然人、法人或者非法人组织如果因污染环境、破坏生态导致下列后果，就可能成为生态环境损害诉讼的被告：（1）发生较大、重大、特别重大突发环境事件的。（2）在国家和省级主体功能区规划中划定的重点生态功能区、禁止开发区发生环境污染、生态破坏事件的。（3）发生其他严重影响生态环境后果的。但是，因污染环境、破坏生态造成人身损害、个人和集体财产损失要求赔偿的，或者因海洋生态环境损害要求赔偿的都不适用于《最高人民法院关于审理生态环境损害赔偿案件的若干规定（试行）》，即行为人不会因这些情形成为生态环境损害诉讼的被告，但不排除其会成为其他法律诉讼关系中的被告。

三、生态环境损害赔偿诉讼的磋商前置程序

开展磋商是主张生态环境损害赔偿必经的方式，是提起诉讼的前置程序，同时磋商阶段的工作亦构成诉讼阶段的工作基础，磋商工作的成效与结果决定着诉讼进程及诉讼的成效。[①] 从《生态环境损害赔偿制度改革试点方案》开始，"主动磋商，司法保障"就始终是生态环境损害赔偿制度中的重要原则。当生态环境损害发生以后，赔偿权利人应当先行与赔偿义务人进行磋商，结果可能有两种：一是磋商成功。如果经过磋商达成了生态环境损害赔偿协议，则当事人可以向人民法院申请司法确认。人民法院受理申请后，应当公告协议内容，公告期间不少于 30 日。公告期满后，人民法院经审查认为协议的内容不违反法律法规强制性规定且不损害国家利益、社会公共利益的，裁定确认协议有效。裁定书应当写明案件的基本事实和协议内容，并向社会公开。协议生效以后，双方当事人按照协议履行。如果一方当事人在期限内未履行或者未全部履行经司法确认的生态环境损害赔偿协议的，对方当事人可以向人民法院申请强制执行。需要修复生态环境的，依法由省级、市地级人民政府及其指定的相关部门、机构组织实施。二是磋商不成或者无法进行磋商。此

---

① 别涛、季林云：《生态环境损害赔偿制度化的新阶段》，载《环境保护》2022 年第 9 期，第 13 页。

时，赔偿权利人可以提起生态环境损害赔偿诉讼。

磋商被认为是生态环境损害赔偿的制度创新。磋商以平等、协商为理念，旨在通过政府与赔偿义务主体的交往对话，借助损害结果评估量化的技术手段，促进有效赔偿和修复方案的达成，实质是将私法中的平等协商理念运用于环境管理中的一种制度设计。[①]《生态环境损害赔偿制度改革方案》与《最高人民法院关于审理生态环境损害赔偿案件的若干规定（试行）》中都明确规定了磋商前置程序。赔偿权利人只有在与造成生态环境损害的自然人、法人或者非法人组织经磋商未达成一致或者无法进行磋商的，方可以作为原告提起生态环境损害赔偿诉讼。《生态环境损害赔偿管理规定》在吸收长期实践经验的基础上，进一步完善了磋商程序：

首先，《生态环境损害赔偿管理规定》细化了生态环境损害赔偿索赔的启动程序。先前的《生态环境损害赔偿制度改革方案》要求索赔启动条件由各省政府制定，然而，如果赔偿权利人得不到违反国家规定造成生态环境损害案源的信息，或者得不到案件查处部门的立案调查和证据资料，就难以启动索赔。鉴于此，《生态环境损害赔偿管理规定》明确、细化了启动程序。一是统一建立 10 个线索筛查渠道和移送机制，要求赔偿权利人指定的部门或机构定期组织筛查并接收移送案件。二是明确省级政府对生态环境损害案件索赔的管辖权和管辖规则。三是确定了发现案件线索后的初步核查时限和立案启动索赔程序，对 6 类情形[②]的案件可以不启动索赔程序或者终止索赔程序。四是要求尽快组织对调查事项进行损害调查，在形成调查结论后提出是否启动索赔磋商程序的意见。五是明确规定要求赔偿权利人应当委托符合要求的评估鉴定机构出具鉴定意见或者鉴定评估报告，并规定了与赔偿义务人协商共同委托的方式。针对损害事实简单、责任认定无争议、损害较小的案件，为节省鉴定评估费用，《生态环境损害赔偿管理规定》还明确了规定可以采用委托专家评估方式和综合认定等方式。

其次，《生态环境损害赔偿管理规定》规定了磋商的具体程序。在之前的实践中，为体现"环境有价，损害担责"原则，《生态环境损害赔偿制度改革方案》要求赔偿权利人主动磋商从而促使赔偿义务人对受损的生态环境进行修复，无法修复的做到应赔尽赔。然而实践中因对磋商的根据、具体内容和磋商中应统筹考虑的因素等机制的理解不同，各地磋商程序各异，无法全面保证磋商内容的公平公正。为此，《生态环境损害赔偿管理规定》统一了实践中各地探索的工作程序。一是要求赔偿权利人等制作索赔磋商告知书送达赔偿义务人，赔偿义务人同意磋商的，应当及时召开磋商会议就索赔的具体事项磋商。

---

① 别涛、季林云：《生态环境损害赔偿制度化的新阶段》，载《环境保护》2022 年第 9 期，第 13 页。

② 《生态环境损害赔偿管理规定》第 18 条规定："经核查，存在以下情形之一的，赔偿权利人及其指定的部门或机构可以不启动索赔程序：（一）赔偿义务人已经履行赔偿义务的；（二）人民法院已就同一生态环境损害形成生效裁判文书，赔偿权利人的索赔请求已被得到支持的诉讼请求所全部涵盖的；（三）环境污染或者生态破坏行为造成的生态环境损害显著轻微，且不需要赔偿的；（四）承担赔偿义务的法人终止、非法人组织解散或者自然人死亡，且无财产可供执行的；（五）赔偿义务人依法持证排污，符合国家规定的；（六）其他可以不启动索赔程序的情形。赔偿权利人及其指定的部门或机构在启动索赔程序后，发现存在以上情形之一的，可以终止索赔程序。"

二是要求磋商应当充分考虑修复方案可行性和科学性、成本效益优化、赔偿义务人赔偿能力、社会第三方治理可行性等因素。三是对经磋商达成一致的，要求签署赔偿协议并可以向法院申请司法确认。为防止久磋不决，《生态环境损害赔偿管理规定》还要求磋商未达成一致的，赔偿权利人及其指定的部门或机构应当及时向法院提起诉讼。①

四、生态环境损害赔偿诉讼的诉讼请求

根据《民法典》与《最高人民法院关于审理生态环境损害赔偿案件的若干规定（试行）》中的相关规定，原告可以提出下列诉讼请求：

（1）如果生态环境能够修复的，有权请求侵权人在合理期限内承担修复责任。侵权人在期限内未修复的，国家规定的机关或者法律规定的组织可以自行或者委托他人进行修复，所需费用由侵权人负担。生态环境修复费用包括制定、实施修复方案的费用，修复期间的监测、监管费用，以及修复完成后的验收费用、修复效果后评估费用等。

（2）原告有权请求侵权人赔偿下列损失和费用：

①生态环境受到损害至修复完成期间服务功能丧失导致的损失；

②生态环境功能永久性损害造成的损失；

③生态环境损害调查、鉴定评估等费用；

④清除污染、修复生态环境费用；

⑤防止损害的发生和扩大所支出的合理费用。

（3）原告请求被告承担下列费用的，人民法院根据具体案情予以判决：

①实施应急方案、清除污染以及为防止损害的发生和扩大所支出的合理费用；

②为生态环境损害赔偿磋商和诉讼支出的调查、检验、鉴定、评估等费用；

③合理的律师费以及其他为诉讼支出的合理费用。

五、生态环境损害赔偿诉讼的受理与管辖

根据《最高人民法院关于审理生态环境损害赔偿案件的若干规定（试行）》，法院审理生态环境损害赔偿诉讼案件时，根据下列原则确定管辖法院和登记立案。

（一）确定管辖法院

（1）级别管辖。第一审生态环境损害赔偿诉讼案件由生态环境损害行为实施地、损害结果发生地或者被告住所地的中级以上人民法院管辖。

（2）指定管辖。经最高人民法院批准，高级人民法院可以在辖区内确定部分中级人民法院集中管辖第一审生态环境损害赔偿诉讼案件。

（3）裁定管辖。中级人民法院认为确有必要的，可以在报请高级人民法院批准后，裁定将本院管辖的第一审生态环境损害赔偿诉讼案件交由具备审理条件的基层人民法院审理。

---

① 汪劲：《生态环境损害赔偿规范统一》，载《瞭望》2022年第22期，第12页。

（二）登记立案

原告提起生态环境损害赔偿诉讼，符合民事诉讼法和本规定并提交下列材料的，人民法院应当登记立案：

（1）证明具备提起生态环境损害赔偿诉讼原告资格的材料；

（2）符合本规定第 1 条规定情形之一的证明材料；

（3）与被告进行磋商但未达成一致或者因客观原因无法与被告进行磋商的说明；

（4）符合法律规定的起诉状，并按照被告人数提出副本。

六、生态环境损害赔偿诉讼的审理与裁判

根据《最高人民法院关于审理生态环境损害赔偿案件的若干规定（试行）》的规定，人民法院审理生态环境损害赔偿诉讼案件，应当依据下列程序来进行审理与裁判。

（一）确定审理法庭

由于生态环境损害赔偿案件本身的复杂性与专业性，需要具有专业知识的环境法官来审理此类案件。因此生态环境损害赔偿案件由人民法院环境资源审判庭或者指定的专门法庭审理。

（二）组成合议庭

人民法院审理第一审生态环境损害赔偿诉讼案件，应当由法官和人民陪审员组成合议庭进行。

（三）举证责任

在生态环境损害赔偿诉讼案件中，原被告的举证责任分别如下：

（1）原告主张被告承担生态环境损害赔偿责任的，应当就以下事实承担举证责任：

其一，被告实施了污染环境、破坏生态的行为或者具有其他应当依法承担责任的情形；

其二，生态环境受到损害，以及所需修复费用、损害赔偿等具体数额；

其三，被告污染环境、破坏生态的行为与生态环境损害之间具有关联性。

（2）被告反驳原告主张的，应当提供证据加以证明。被告主张具有法律规定的不承担责任或者减轻责任情形的，应当承担举证责任。

（四）证据认定

在证据认定方面，应当遵循以下规则：

第一，已为发生法律效力的刑事裁判所确认的事实，当事人在生态环境损害赔偿诉讼案件中无须举证证明，但有相反证据足以推翻的除外。对刑事裁判未予确认的事实，当事人提供的证据达到民事诉讼证明标准的，人民法院应当予以认定。

第二，负有相关环境资源保护监督管理职责的部门或者其委托的机构在行政执法过程

中形成的事件调查报告、检验报告、检测报告、评估报告、监测数据等，经当事人质证并符合证据标准的，可以作为认定案件事实的根据。

第三，当事人在诉前委托具备环境司法鉴定资质的鉴定机构出具的鉴定意见，以及委托国务院环境资源保护监督管理相关主管部门推荐的机构出具的检验报告、检测报告、评估报告、监测数据等，经当事人质证并符合证据标准的，可以作为认定案件事实的根据。

（五）判决

人民法院经过审理后，主要依据如下规则作出判决：

（1）被告违反国家规定造成生态环境损害的，人民法院应当根据原告的诉讼请求以及具体案情，合理判决被告承担修复生态环境、赔偿损失、停止侵害、排除妨碍、消除危险、赔礼道歉等民事责任。

（2）受损生态环境能够修复的，人民法院应当依法判决被告承担修复责任，并同时确定被告不履行修复义务时应承担的生态环境修复费用。生态环境修复费用包括制定、实施修复方案的费用，修复期间的监测、监管费用，以及修复完成后的验收费用、修复效果后评估费用等。原告请求被告赔偿生态环境受到损害至修复完成期间服务功能损失的，人民法院根据具体案情予以判决。

（3）受损生态环境无法修复或者无法完全修复，原告请求被告赔偿生态环境功能永久性损害造成的损失的，人民法院根据具体案情予以判决。

（4）原告请求被告承担下列费用的，人民法院根据具体案情予以判决：

其一，实施应急方案、清除污染以及为防止损害的发生和扩大所支出的合理费用；

其二，为生态环境损害赔偿磋商和诉讼支出的调查、检验、鉴定、评估等费用；

其三，合理的律师费以及其他为诉讼支出的合理费用。

人民法院判决被告承担的生态环境服务功能损失赔偿资金、生态环境功能永久性损害造成的损失赔偿资金，以及被告不履行生态环境修复义务时所应承担的修复费用，应当依照法律、法规、规章予以缴纳、管理和使用。

第五节　生态环境损害赔偿诉讼与环境公益诉讼的衔接

一、生态环境损害赔偿诉讼与环境民事公益诉讼的衔接

生态环境损害赔偿诉讼与环境民事公益诉讼的本质属性是一致的，都属于民事公益诉讼。二者之间是特殊与一般的关系，在处理生态环境损害案件时应当遵循"先特殊后一般"的原则。《若干规定（试行）》对生态环境损害赔偿诉讼与环境民事公益诉讼的衔接进行了明确的规定。

（一）两类诉讼案件由同一审判组织审理

《最高人民法院关于审理生态环境损害赔偿案件的若干规定（试行）》第16条规定在生态环境损害赔偿诉讼案件审理过程中，同一损害生态环境行为又被提起民事公益诉

讼，符合起诉条件的，应当由受理生态环境损害赔偿诉讼案件的人民法院受理并由同一审判组织审理。这样的规定既有利于裁判标准统一也有利于节约司法资源。

（二）两类诉讼案件的审理顺序

《最高人民法院关于审理生态环境损害赔偿案件的若干规定（试行）》第17条明确规定了两类诉讼案件的审理顺序。即人民法院受理因同一损害生态环境行为提起的生态环境损害赔偿诉讼案件和民事公益诉讼案件，应先中止民事公益诉讼案件的审理，待生态环境损害赔偿诉讼案件审理完毕后，就民事公益诉讼案件未被涵盖的诉讼请求依法作出裁判。不过这一规定在实践中并不完全合理。有学者认为这种裁判方式背后的考量是生态环境损害赔偿诉讼案件的原告具有较强专业性和组织修复生态环境的能力，能将及时修复受损生态环境列为第一要务。但考虑到民事公益诉讼案件在诉讼程序中所处的阶段不同，其与生态环境损害赔偿诉讼之间的顺位价值也不同，例如对于一起即将宣判的民事公益诉讼，若简单适用生态环境损害赔偿诉讼的优先权，极有可能导致造成司法资源及司法效率的浪费。对此，为保障生态环境损害赔偿诉讼和环境民事公益诉讼的功能都能得到充分发挥，能否由法院根据案件进展情况权衡决定是否中止，以及选择决定中止生态损害赔偿诉讼抑或环境民事公益诉讼，值得研究。[1]

（三）裁判生效后两类诉讼案件的衔接规则

《最高人民法院关于审理生态环境损害赔偿案件的若干规定（试行）》第18条明确了下列两种情形下的衔接规则：

一是生态环境损害赔偿诉讼案件的裁判生效后，有权提起民事公益诉讼的机关或者社会组织就同一损害生态环境行为有证据证明存在前案审理时未发现的损害，并提起民事公益诉讼的，人民法院应予受理。二是民事公益诉讼案件的裁判生效后，有权提起生态环境损害赔偿诉讼的主体就同一损害生态环境行为有证据证明存在前案审理时未发现的损害，并提起生态环境损害赔偿诉讼的，人民法院应予受理。

（四）与实际支出应急处置费用的机关提起的追偿诉讼的衔接

《最高人民法院关于审理生态环境损害赔偿案件的若干规定（试行）》第19条规定："实际支出应急处置费用的机关提起诉讼主张该费用的，人民法院应予受理，但人民法院已经受理就同一损害生态环境行为提起的生态环境损害赔偿诉讼案件且该案原告已经主张应急处置费用的除外。生态环境损害赔偿诉讼案件原告未主张应急处置费用，因同一损害生态环境行为实际支出应急处置费用的机关提起诉讼主张该费用的，由受理生态环境损害赔偿诉讼案件的人民法院受理并由同一审判组织审理。"该条包含三层含义：一是明确实际支出应急处置费用机关的追偿权利。实际支出应急处置费用的机关起诉的，人民法院应当受理；二是为了避免重复诉讼，如果生态环境损害赔偿诉讼原告已经主张过这部分费用的，则法院应不予受理；三是如果原告未主张这部分

---

[1] 王烨：《生态环境损害赔偿诉讼的实践思考》，载《人民法院报》2021年6月3日，第7版。

费用而实际支出的机关起诉主张的，由受理生态环境损害赔偿诉讼的人民法院一并受理，并由同一审判组织审理。①

二、生态环境损害赔偿诉讼与环境行政公益诉讼的衔接

生态环境损害赔偿诉讼与环境行政公益诉讼二者在性质上都属于环境公益诉讼，在目的上都是保护环境公共利益。但是，二者在适用条件、原告主体、管辖法院、诉讼程序等方面都不相同。一般情形下，二者不会发生竞合。目前法律、司法解释对二者之间的衔接关系尚无明确规定。但是，《最高人民法院　最高人民检察院关于检察公益诉讼案件适用法律若干问题的解释》（2020 年修正）第 21 条规定："人民检察院在履行职责中发现生态环境和资源保护、食品药品安全、国有财产保护、国有土地使用权出让等领域负有监督管理职责的行政机关违法行使职权或者不作为，致使国家利益或者社会公共利益受到侵害的，应当向行政机关提出检察建议，督促其依法履行职责。行政机关应当在收到检察建议书之日起 2 个月内依法履行职责，并书面回复人民检察院。出现国家利益或者社会公共利益损害继续扩大等紧急情形的，行政机关应当在 15 日内书面回复。行政机关不依法履行职责的，人民检察院依法向人民法院提起诉讼。"根据该条规定，生态环境、自然资源行政主管部门，在生态环境或自然资源的管理和保护过程中存在不作为或违法行为的，均应接受检察机关的监督与法律制裁。检察机关应当行使诉前程序，提出检察建议，督促行政机关履行其职责。如果行政机关仍然怠于履行职责，则检察机关可就其不作为或者违法行为依法提起环境行政公益诉讼。

就生态环境损害赔偿诉讼而言，如果省级或者地市级政府指定的生态环境、自然资源行政主管部门，在符合法律规定的条件下怠于履行职责，不积极进行磋商或者不积极提起生态环境损害赔偿诉讼，检察机关是否有权根据《最高人民法院　最高人民检察院关于检察公益诉讼案件适用法律若干问题的解释》第 21 条来对相关主管部门提起环境行政公益诉讼？理论上是可行的，但是仍有待于法律进一步明确规定。如果省级或者地市级政府没有积极进行生态环境损害赔偿磋商或者应当提起诉讼而不提起，检察机关是否有权以该类地方政府为被告提起环境行政公益诉讼？理论上是不可行的。根据我国宪法对国家权力的分工，检察机关是国家的法律监督机关。检察权与行政权是两种独立的权力。检察机关通过诉讼来监督行政权行使，是有条件的。首先，必须有明确的法律依据。如果法律没有明确规定，则检察机关不得启动诉讼来要求行政机关履职。其次，检察机关即使通过诉讼行使对行政机关的法律监督权，应当首先尊重行政权，即通过检察建议等形式，督促其依法履行职责。只有在行政机关不依法履行职责的情形下，方才启动诉讼。现代行政法治发展的一般规律，行政权与司法权大体需要遵循"相互尊重专长""行政权优先"的基本原则。地方政府作为依法行使国家权力、执行国家行政职能的机关，对环境公共利益的维护理应首先仰赖行政权，唯有在穷尽行政管制手段仍无法有效解决生态环境损害问题时，才

---

① 王旭光等：《关于审理生态环境损害赔偿案件的若干规定（试行）的理解与适用》，载《人民司法》2019 年第 34 期，第 31~38 页。

存在提起生态环境损害赔偿诉讼的制度空间。①

三、生态环境损害赔偿责任与其他责任的衔接

《生态环境损害赔偿管理规定》第 10 条第 1 款延续《生态环境损害赔偿制度改革方案》的设计，规定赔偿义务人因同一生态环境损害行为需要承担行政责任或者刑事责任的，不影响其依法承担生态环境损害赔偿责任，并根据《民法典》的要求规定赔偿义务人的财产不足以同时承担生态环境损害赔偿责任和缴纳罚款、罚金时，优先用于承担生态环境损害赔偿责任。该条第 2 款规定在案件处理过程中，应当统筹考虑社会稳定、群众利益，探索多样化的责任承担方式。该条第 3 款还规定了不得以罚代赔，也不得以赔代罚。这里的"罚"包括罚款、罚金，充分体现全面追究民事、行政和刑事责任，用最严格制度最严密法治保护生态环境的精神。②

总之，我国生态环境损害救济法律机制是一个体系庞杂、内容繁多的系统工程，除生态环境损害赔偿诉讼制度外，诸如环境行政执法、环境民事公益诉讼、生态环境损害赔偿磋商等环境法律制度亦为该项系统工程之关键环节与重要组成部分。因此，生态环境损害赔偿诉讼制度绝不能脱离我国生态环境损害救济法律机制的整体框架而"独善其身"，其相关制度的设计与运行必须遵循行政权与司法权配置之一般规律，同时须统筹协调、合理安排好该项新型诉讼与相邻环境法律制度之间的适用关系。只有如此，方可实现我国生态环境损害救济法律机制的体系化构建，最大程度上发挥各项救济机制之合力。③

第六节　生态环境损害赔偿诉讼的裁判执行

一、生态环境可修复时的责任履行

（一）履行生态环境修复责任的情形

按照生态环境损害赔偿诉讼的程序设计，当受损生态环境能够修复的，赔偿义务人履行修复责任，具体的情形包括：

1. 履行磋商协议中已达成一致的修复责任

磋商是生态环境损害赔偿诉讼的前置程序，在磋商阶段，赔偿权利人与赔偿义务人达成一致协议以后，接下来就进入履行协议的阶段。这里又包括两种情形：

一是自觉履行磋商协议中已经与赔偿权利人达成一致的修复责任。在磋商过程中，双

---

① 彭中遥：《论政府提起生态环境损害赔偿诉讼的制度空间》，载《华中科技大学学报》2021 年第 4 期，第 85 页。

② 别涛、季林云：《生态环境损害赔偿制度化的新阶段》，载《环境保护》2022 年第 9 期，第 12 页。

③ 彭中遥：《论政府提起生态环境损害赔偿诉讼的制度空间》，载《华中科技大学学报》2021 年第 4 期，第 91 页。

方对生态环境损害修复的启动时间、完成时间、修复技术与方案、修复结果的评估等内容已经进行了充分的协商，并形成共识，达成了生态环境损害赔偿协议，赔偿义务人自觉地按照协议约定履行生态环境修复责任。

二是法院强制履行生态环境修复责任。赔偿权利人与赔偿义务人经过磋商达成生态环境损害赔偿协议的，当事人可以向人民法院申请司法确认。人民法院受理申请后，应当公告协议内容，公告期间不少于30日。公告期满后，人民法院经审查认为协议的内容不违反法律法规强制性规定且不损害国家利益、社会公共利益的，裁定确认协议有效。裁定书应当写明案件的基本事实和协议内容，并向社会公开。此时，协议便有了法律约束力。如果赔偿义务人不按照协议约定及时履行生态环境修复责任，此时，赔偿权利人有权申请法院强制履行，法院执行机关依据生效的协议，按照法律规定的强制执行程序要求赔偿义务人履行生态环境修复责任。但是需要注意的是，依据《最高人民法院关于审理生态环境损害赔偿案件的若干规定（试行）》第21条的规定，申请法院强制履行磋商协议中规定的修复生态环境责任的，应当依法由省级、市地级人民政府及其指定的相关部门、机构组织实施。

2. 履行法院裁决的生效文书中的修复责任

按照生态环境损害赔偿诉讼的程序设计，当赔偿权利人与赔偿义务人磋商未达成一致或者因其他原因磋商不能，则进入诉讼阶段。法院经过审理判决赔偿义务人修复生态环境的，赔偿义务人应当按照判决规定，及时修复生态环境。

（二）生态环境损害修复的方式

根据我国现有的生态环境修复实践经验总结，生态环境损害修复的方式主要包括两种：（1）赔偿义务人主动自行修复或委托第三方机构修复。（2）赔偿权利人组织实施的生态环境修复或代赔偿义务人履行修复义务。

（三）生态环境损害修复的程序

赔偿义务人开展生态环境损害修复的，通常按照以下程序执行：（1）编制生态环境损害修复方案，并组织专家进行论证，通过后报赔偿权利人备查。（2）按照专家论证通过的生态环境损害修复方案对受损的生态环境开展修复。（3）实施修复后，赔偿权利人在收到赔偿义务人、第三方机构关于生态环境损害修复完成的通报后，组织对受损生态环境修复的效果进行评估。实施的生态环境损害修复经评估认为未按照要求完成修复的，赔偿义务人应当继续实施修复。

制作生态环境损害修复实施方案、生态环境修复效果评估报告、生态环境损害修复终止报告的机构，应当对其科学性、合理性、有效性进行充分论证，并对其真实性、合法性负责。

生态环境修复效果评估报告、生态环境损害修复终止报告不得由编制生态环境损害修复实施方案的机构出具。生态环境修复实施过程中需要调整修复方案的，赔偿义务人应及时向赔偿权利人报备变更内容，重大变更需重新组织评审。

二、生态环境不可修复时的责任履行

（一）生态环境不可修复的情形

生态环境的不可修复包括主观上的不可修复和客观上的不可修复。主观上的不可修复是指生态环境可以修复，且已经经过磋商协议或者法院判决其应当承担修复责任，但是赔偿义务人不履行或不完全履行修复义务。客观上的不可修复是指生态环境损害严重以至于无法修复或者无法完全修复，也包括在修复的过程中因为发生不可抗力导致无法修复的情形。

（二）生态环境不可修复时的责任履行方式

当发生主观上的不可修复情形时，通常有两种路径要求赔偿义务人履行责任：（1）申请法院强制执行，此时就按可修复时的程序进行，在此不赘述。（2）要求赔偿义务人缴纳生态环境损害赔偿资金。如果赔偿义务人既不履行修复义务又不缴纳相关赔偿资金的，则赔偿权利人可以向人民法院申请强制执行。在实践中，有些地方为了督促义务人积极履行修复责任，建立了企业环境信用评价制度，将不履行生效法律文书的义务人纳入失信黑名单。如贵州省就颁布了《贵州省生态环境保护失信黑名单管理办法》（黔环发〔2021〕1号），将不履行生态环境损害赔偿磋商协议或生效法律判决的赔偿义务人列入"失信黑名单"，纳入环境信用评价体系管理。《生态环境损害赔偿管理规定》吸收了地方的良好做法，规定对于积极履行生态环境损害赔偿责任的赔偿义务人，相关行政机关和司法机关，依法将其作为从轻、减轻或者免予处理的情节。对赔偿义务人不履行或者不完全履行生效判决和经司法确认的赔偿协议，依法列入失信被执行人名单。

当发生客观上的不可修复情形时，赔偿义务人按下列方式履行责任：（1）如果赔偿义务人造成的生态环境损害客观上是无法修复的，赔偿权利人根据磋商或判决要求，结合本区域生态环境损害情况督促赔偿义务人开展替代修复。（2）由赔偿义务人缴纳生态环境损害赔偿资金，赔偿权利人自行组织或者委托第三方进行替代修复。（3）因不可抗力导致无法修复的，赔偿义务人或者第三方机构，应当及时将有关情况向赔偿权利人反馈，并提供生态环境损害修复终止报告，经赔偿权利人组织评估确认，按照有关环境信息公开的规定进行公示后终止修复。

（三）生态环境不可修复时的赔偿费用

1. 生态环境服务功能的损失

依据《民法典》第1235条的规定，赔偿义务人赔偿的生态环境服务功能的损失包括：其一，生态环境受到损害至修复完成期间服务功能丧失导致的损失；其二，生态环境功能永久性损害造成的损失。

2. 合理的费用

合理的费用主要包括：

其一，为生态环境损害赔偿磋商和诉讼支出的调查、检验、鉴定、评估等费用；

其二，清除污染、修复生态环境费用；

其三，防止损害的发生和扩大所支出的合理费用；

其四，实施应急方案的合理费用；

其五，合理的律师费以及其他为诉讼支出的合理费用。

3. 生态环境损害赔偿资金的管理

赔偿义务人承担的生态环境服务功能损失赔偿资金、生态环境功能永久性损害造成的损失赔偿资金，以及其不履行生态环境修复义务时所应承担的修复费用，应当依照法律、法规、规章予以缴纳、管理和使用。2020 年 3 月 11 日，财政部联合自然资源部等八部门颁布了《生态环境损害赔偿资金管理办法（试行）》，明确规定 2020 年生态环境损害赔偿收入列政府收支分类科目"1039999 其他收入"项下，以后年度根据政府收支分类科目修订情况列入相应科目。同时规定生态环境损害赔偿资金作为政府非税收入，实行国库集中收缴，全额上缴赔偿权利人指定部门、机构的本级国库，纳入一般公共预算管理。生态环境修复相关资金支付按照国库集中支付制度有关规定执行。涉及政府采购的，按照政府采购有关法律、法规和规定执行。结转结余资金按照有关财政拨款结转和结余资金规定进行处理。

📖 案例与思考

1. 综合案例分析题

河南省濮阳市人民政府诉聊城德丰化工有限公司生态环境损害赔偿诉讼案①

【基本案情】聊城德丰化工有限公司（以下简称德丰公司）是生产三氯乙酰氯的化工企业，副产酸为盐酸。2017 年 12 月至 2018 年 3 月，德丰公司采取补贴销售的手段将副产酸交给不具有处置资质的徐某华、徐某超等人，再由不具有处置资质的吴某勋、翟某花等人从德丰公司运输酸液共 27 车，每车装载约 13 吨，其中 21 车废酸液直接排放到濮阳县回木沟，致使回木沟及金堤河岳辛庄段严重污染。濮阳县环境保护局委托濮阳天地人环保科技股份有限公司进行应急处置，应急处置费用 138.90 万元。经评估，确定回木沟和金堤河环境损害价值量化数额为 404.74 万元，评估费 8 万元。河南省濮阳市人民政府先后两次召开会议，与德丰公司就生态环境损害赔偿进行磋商，未达成一致意见。遂提起诉讼，请求德丰公司赔偿应急处置费用、环境损害价值和评估费用共计 551.64 万元。

河南省濮阳市中级人民法院一审认为，德丰公司将副产酸交由不具备处置资质的主体处置，造成生态环境受到严重损害，应当承担赔偿责任。同时，为促进市场主体积极投身生态环境保护事业，酌定德丰公司参与生态环境治理、技术改造、购买环境责任保险等事项的投入费用，可在本案环境损害赔偿费一定额度内按比例折抵。一审判决德丰公司赔偿濮阳市政府应急处置费 138.90 万元、评估费 8 万元、环境损害赔偿费 404.74 万元，其中

---

① 本案出自最高人民法院：《2020 年度人民法院环境资源典型案例》，载最高人民法院网站，https：//www.court.gov.cn/zixun-xiangqing-307371.html，最后访问日期：2022 年 8 月 25 日。

环境损害赔偿费可由德丰公司以参与相关水域生态环境治理工程支出的费用、技术改造、购买环境污染责任险等方式在一定额度内予以抵扣。河南省高级人民法院二审维持原判。

　　问题：请谈一谈本案的示范意义？

2. 思考题

（1）什么是生态环境损害以及生态环境损害赔偿诉讼？

（2）生态环境损害赔偿诉讼的特征包括哪些？

（3）依据《最高人民法院关于审理生态环境损害赔偿案件的若干规定（试行）》，生态环境损害赔偿诉讼中原被告的举证责任包括哪些内容？

第七章 海洋自然资源和生态环境
损害赔偿诉讼原理与实务

【本章重点内容提示】

1. 海洋自然资源和生态环境损害赔偿诉讼的性质
2. 海洋自然资源和生态环境损害赔偿诉讼的功能
3. 海洋自然资源和生态环境损害赔偿诉讼的特点
4. 海洋自然资源和生态环境损害赔偿诉讼的构成要素
5. 海洋自然资源与生态环境损害赔偿诉讼的裁判方式

第一节 海洋自然资源和生态环境损害
赔偿诉讼的概念、性质与特征

海洋是综合生态系统的重要组成部分，也是人类赖以生存的重要环境资源之一。海洋自然资源蕴含着丰富的生态价值，海洋开发和利用也要依托于良好的海洋自然环境资源。海洋自然资源如果遭到破坏，就会使得海洋污染物沿食物链不断转移富集，对海洋生态系统产生不可逆转的危害，同时也会对人类的健康造成伤害。因此，海洋自然资源和生态环境损害赔偿诉讼建立的目的，就是为了能够保护海洋自然资源和生态环境的完整性，从而维护海洋生态价值，体现我国《环境保护法》中损害担责的基本原则。

一、海洋自然资源和生态环境损害赔偿诉讼的概念

海洋自然资源和生态环境损害赔偿诉讼是指，在海上或者沿海陆域内从事活动，对中华人民共和国管辖海域内海洋自然资源与生态环境造成了损害，由此提起的海洋自然资源与生态环境损害赔偿诉讼[①]，包括法院审理为请求赔偿《海洋环境保护法》第 89 条第 2 款规定的海洋自然资源与生态环境损害而提起的诉讼。

从海洋自然资源和生态环境损害赔偿诉讼建立的历史沿革上看，我国在《生态文明体制改革总体方案》中明确了生态文明建设和生态环境保护的重要作用，并在第 24 条中提出健全海洋资源开发保护制度，以及健全海洋督察制度。党的十九大报告中指出，要坚持陆海统筹，加快建设海洋强国；要加快生态文明体制改革，有严格的制度保护生态环

---

① 参见《最高人民法院关于审理海洋自然资源与生态环境损害赔偿纠纷案件若干问题的规定》（法释〔2017〕23 号）第 2 条。

境。2017 年年底，中共中央办公厅、国务院办公厅联合下发《生态环境损害赔偿制度改革方案》，提出在全国范围内实行生态环境损害赔偿制度。海洋自然资源和生态环境损害赔偿诉讼的制度安排，实际上是将海洋自然资源所产生的利益视为公共利益，为实现公共利益保护的目标，对破坏海洋自然资源的主体进行追责，要求其承担损害修复以及赔偿的责任，针对实施损害行为的主体包括以下两个方面的特征。

（一）行为主体在海上或者沿海陆域内从事生态损害活动

2004 年《最高人民法院关于为加快经济发展方式转变提供司法保障和服务的若干意见》第 13 条明确提出："依法受理环境保护行政部门代表国家提起的环境污染损害赔偿纠纷案件"，这一特殊规定直接源于《1992 年国际油污损害民事责任公约》。

行为主体对中华人民共和国管辖海域内海洋自然资源与生态环境造成损害具有多种样态①，表现为对海洋的不合理开发和陆源污染对海洋生态环境的破坏。《海洋环境保护法》第 89 条第 1 款规定了海洋环境污染损害的民事责任："造成海洋环境污染损害的责任者，应当排除危害，并赔偿损失；完全由于第三者的故意或者过失，造成海洋环境污染损害的，由第三者排除危害，并承担赔偿责任。"《防治海洋工程建设项目污染损害海洋环境管理条例》第 55 条也有相同规定。与第 94 条第 1 款结合，明确规定了海洋环境污染损害的定义和责任形式，即排除危害，并赔偿损失。

（二）对管辖海域内海洋自然资源与生态环境造成损害

提起海洋自然资源和生态环境损害赔偿诉讼的前提是行为人对管辖海域内海洋自然资源与生态环境造成了损害。海洋自然资源损害的形式呈现多元化，从污染物上可以分为有机污染和无机污染；从污染程度上可以分为初级污染、次级污染和不可逆污染。有机污染是指向海洋中倾倒有机污染物，例如：石油、农药，大多是化学需氧物质、氨氮、油类物质和磷酸盐。无机污染主要包括向海洋中倾倒含有重金属的无机污染物，例如：砷、铅、铬、铜、镉、汞等。② 行为主体对管辖海域内海洋自然资源与生态环境造成损害后需要进行评估和鉴定，才能确定是否符合提起诉讼的条件。对造成海洋自然资源损害的评估、鉴定应当从以下几个方面着手：首先，要明确破坏海洋自然资源的方式、类型、程度。并据此来判断破坏海洋自然资源环境的性质。其次，需要鉴定行为人是否根据国家的法律、法规合理地开发和利用海洋自然资源，是否具有过度开发和利用的行为。再次，在损害事实已经发生的情况下，评估和鉴定污染物在海洋生态系统运行过程中沉积、影响过程，以此来判断海洋自然资源受到破坏所产生的延续期间。最后，综合评估和鉴定污染行为对海洋生物多样性的负面影响程度，同时，还要评估行为人过往破坏海洋自然资源环境的情况，

---

① 《最高人民法院关于审理生态环境损害赔偿案件的若干规定（试行）》第 2 条规定："下列情形不适用本规定：（一）因污染环境、破坏生态造成人身损害、个体和集体财产损失要求赔偿的；（二）因海洋生态环境损害要求赔偿的。"

② 中国大百科全书总编委会：《中国大百科全书》，中国大百科全书出版社 2009 年版，第 332 ~ 337 页。

是否存在污染物的化学反应等，以及是否采取了相应的海洋环境修复措施。

海洋自然资源和生态环境损害赔偿诉讼制度的建立，是《环境保护法》中损害担责原则和保护优先、预防为主原则的体现。防止海洋污染事故造成海底生态系统紊乱，破坏海洋生物多样性。《海洋环境保护法》第 89 条第 2 款规定，对破坏海洋生态、海洋水产资源、海洋保护区，给国家造成重大损失的，由依照本法规定行使海洋环境监督管理权的部门代表国家对责任者提出损害赔偿要求。该条款与《海洋环境保护法》第 89 条第 1 款规定实际上是相同内容，也即海洋环境污染损害，后款明确规定：作为除海洋环境污染损害后果之外，又产生破坏海洋生态、海洋水产资源、海洋保护区这一类损害后果的情况，则由国家提出相应的损害赔偿要求。

二、海洋自然资源和生态环境损害赔偿诉讼的性质

有关海洋自然资源和生态环境损害赔偿诉讼的性质问题，学界一直有不同的看法，形成了四种主流学说理论。

（一）公益诉讼说

公益诉讼可以分为民事公益诉讼、行政公益诉讼。根据《最高人民法院 最高人民检察院关于检察公益诉讼案件适用法律若干问题的解释》中对民事公益诉讼的概念界定，民事公益诉讼是"破坏生态环境和资源保护、食品药品安全领域侵害众多消费者合法权益等损害社会公共利益的行为"，拟提起的公益诉讼。行政公益诉讼是指"人民检察院在履行职责中发现生态环境和资源保护、食品药品安全、国有财产保护、国有土地使用权出让等领域负有监督管理职责的行政机关违法行使职权或者不作为，致使国家利益或者社会公共利益受到侵害的，应当向行政机关提出检察建议，督促其依法履行职责"。主张将海洋自然资源和生态损害赔偿诉讼界定为公益诉讼，是由于我国《海洋保护法》在第 89 条第 2 款中提出了海洋环境保护的客体是公共利益，并非私人利益，因而可以将其纳入公益诉讼的范畴之内。海洋自然资源和生态环境损害赔偿诉讼是为保护环境公共利益及其他相关权利而建立的，而并非保护"私益"的诉讼。[①]

（二）私益诉讼说

主张海洋自然资源与生态环境损害赔偿诉讼属于私益诉讼的观点认为：我国生态环境部等环境保护监管机构是代表国家，向行为人提出损害赔偿的诉讼主张，那么，这就与民事诉讼法中原告主体资格的直接利害关系原则相一致。由于破坏海洋自然资源和生态环境会直接或间接地造成人身、财产上的损失，是属于"私益"范畴内的，因而应将其界定为普通的民事诉讼，而并非属于"公益"诉讼范畴。还有学者主张，对海洋自然资源和生态环境进行监管，行使权力的主体是机关法人，理应为民事法律关系的主体。机关法人代表国家，对于海洋自然资源和生态环境遭到破坏时所致损失损害，就可以作为适格的法

---

① 王秀卫：《海洋生态环境损害赔偿制度立法进路研究——以〈海洋环境保护法〉修改为背景》，载《华东政法大学学报》2021 年第 1 期，第 76~86 页。

律代理人，提出损害赔偿的诉求。根据我国《海洋环境保护法》第 89 条规定的内容，政府是根据海洋自然资源所有权主张生态环境损害赔偿诉讼，而本质上，还是属于"私益"诉讼的范畴，并非基于"公共利益"而产生的诉讼。

（三）国益诉讼说

主张海洋自然资源与生态环境损害赔偿诉讼属于国益诉讼的学者认为，"公益诉讼说"及"私益诉讼说"均无法准确涵盖海洋自然资源和生态环境损害赔偿诉讼的特性，而将其归为国益诉讼是妥当的。海洋自然资源国家所有权理论应当作为海洋自然资源与生态环境损害赔偿诉讼建立的基础，不过，从公益诉讼、私益诉讼两个诉讼的特征上看，提起私益诉讼的主体大多为自然人、法人或其他组织；而提起公益诉讼的主体需要根据我国法律、司法解释的相关规定来确立，具有一定的局限性。那么，不论是公益诉讼还是私益诉讼，针对海洋自然资源与生态损害赔偿诉讼诉权的逻辑内涵均存在一定的问题。因此，部分学者将海洋自然资源与生态损害赔偿诉讼定性为国益诉讼范畴，保护的客体是基于国家利益而产生。相比较将海洋自然资源与生态环境损害赔偿诉讼界定为"公益诉讼"以及"私益诉讼"而言，将其界定为国家利益诉讼可谓更加妥当。国益诉讼说认为，海洋自然资源和生态环境损害赔偿诉讼"是政府基于海洋自然资源国家所有权、为履行职责而提起的诉讼，既不是公益诉讼，也不是普通民事诉讼"，而是"国家利益诉讼"。[①]

（四）混合诉讼说

混合诉讼说则对海洋自然资源和生态环境损害赔偿诉讼作为公益诉讼和私益诉讼的观点表示认同。从公益诉讼的角度上看，海洋自然资源国家所有权是政府提起海洋自然资源与生态环境损害赔偿诉讼的基础条件。不过，鉴于海洋自然资源兼具经济价值和生态价值，因此，混合诉讼说的观点认为：对海洋自然资源资产遭到损害的救济诉讼，应当认定为在私益诉讼的范畴之内。那么，海洋自然资源和生态环境损害赔偿诉讼就兼具了公益诉讼、私益诉讼两个方面的性质。持私益诉讼说的观点者提出，"在海洋自然资源国家所有权属性未定时将其作为政府起诉的理论基础存在不妥，故应另辟蹊径，从宪法解释学的角度出发，将位于宪法层面的海洋环境保护义务作为政府提起该诉的理论依据，此为海洋自然资源和生态环境损害赔偿诉讼的特殊性之一。"[②] 除此之外，海洋自然资源与生态环境损害赔偿与其他诉讼相比，还有其特点：一方面，行政机构提起海洋自然资源与生态环境损害赔偿诉讼；另一方面，弥补生态要素及环境的损害是海洋自然资源与生态环境损害赔偿诉讼建立的目标，保护的是环境公共利益。

由此可见，海洋自然资源和生态环境损害赔偿诉讼具有特殊的性质。有关海洋自然资源和生态环境损害赔偿诉讼性质的学说探讨集中于两个方面，一是对原告权利来源的探

---

① 参见吕忠梅教授在最高人民法院"创新环境资源司法理论加强生态文明建设司法保障研讨会"上的主旨发言记录。

② 王倩：《生态环境损害赔偿诉讼的性质思考》，载《浙江海洋大学学报（人文社会科学版）》2020 年第 4 期，第 26~31 页。

讨，二是对保护法益方面的探讨，不同学说所体现的观点也各有不同。

三、海洋自然资源和生态环境损害赔偿诉讼的特征

《生态环境损害赔偿制度改革试点方案》及其后出台的《最高人民法院关于审理生态环境损害赔偿案件的若干规定（试行）》中，均明确规定：涉及海洋生态环境损害赔偿的适用《海洋环境保护法》等法律的除外规定，其缘由在于海洋生态环境损害的复杂性和特殊性。①

（一）海洋自然资源和生态环境损害的复杂性

海洋自然资源不同于其他环境要素资源，其具有十分特别的性质，表现在，海洋从地理上看具有连通性，物理上的流动性，以及海底生态系统的多样性。海洋在整个生态系统要素中所占比例非常大，由于其具有流动性的特点，因而在海洋自然资源受到破坏时，其污染扩散范围也较广，传播率也较快。例如，国际社会普遍反对日本核污水排海，就是因为核污水对海洋生态环境破坏的严重程度极大，而且破坏性不会随时间的延长而逐渐消失。在我国的环境法律制度中，《环境保护法》第 34 条就明确了对海洋自然资源与生态环境保护的基本内容："国务院和沿海地方各级人民政府应当加强对海洋环境的保护。向海洋排放污染物、倾倒废弃物，进行海岸工程和海洋工程建设，应当符合法律法规规定和有关标准，防止和减少对海洋环境的污染损害。"鉴于我国海洋自然资源与生态环境保护涉及海岸线、海底生物资源等维护，同时还包括海域综合治理、入海污染物联防联控、重点海域排污总量控制、重特大海洋突发生态环境事件参与协调等多种综合治理方式，具有十分复杂的特征，我国针对保护海洋自然资源与生态环境制定了多个法律文件（如表 7-1 所示），海洋自然资源和生态环境损害赔偿诉讼也将以这些法律法规为依托来进行审理。

表 7-1　　　　　　　　　与海洋自然资源与生态环境损害相关的法律文件

文件类别	文件名称
法　　规	《中华人民共和国海洋石油勘探开发环境保护管理条例》
	《中华人民共和国防止船舶污染海域管理条例》
	《中华人民共和国防止拆船污染环境管理条例》
	《中华人民共和国海洋倾废管理条例》
	《中华人民共和国对外合作开采海洋石油资源条例》
规章及规范性文件	《中华人民共和国海洋石油勘探开发环境保护管理条例实施办法》
	《关于印发〈海洋工程环境影响评价管理暂行规定〉的通知》
	《海洋石油平台弃置管理暂行办法》

---

① 王秀卫：《海洋生态环境损害赔偿制度立法进路研究——以〈海洋环境保护法〉修改为背景》，载《华东政法大学学报》2021 年第 1 期，第 76~86 页。

续表

文件类别	文 件 名 称
规章及规范性文件	《海洋石油开发工程环境影响评价管理程序》
	《关于建立海洋环境污染损害事件报告制度的通知》
	《关于实行海洋工程环境保护和海洋倾废管理月报制度的通知》
	《关于进一步做好海洋工程环境保护和海洋倾废管理月报工作的通知》
	《关于印发〈海洋石油勘探开发环境保护管理若干问题暂行规定〉的通知》
技术标准	《海水水质标准》
	《海洋沉积物质量》
	《海洋石油勘探开发污染物生物毒性分级》
	《海洋石油勘探开发污染物生物毒性检验方法》
	《污水综合排放标准》
	《疏浚物海洋倾倒分类和评价程序》
	《疏浚物海洋倾倒生物学检验技术规程》

资料来源：作者根据法律文件整理。

（二）海洋自然资源和生态环境损害赔偿诉讼的特殊性

海洋自然资源与生态环境损害赔偿诉讼的特殊性不仅在于海洋自然资源本身的连通性、污染的扩展性等特征，这其中还包括，调整海洋自然资源与生态环境法律法规与调整其他环境要素环境保护的法律法规有很大差异，也就致使在我国诸多有关生态环境损害赔偿规范性法律文件之中，均将海洋自然资源与生态环境损害赔偿案件排除在外，而将《海洋环境保护法》作为其特殊规定而适用。鉴于海洋自然资源与生态环境损害的特殊性，中华人民共和国生态环境部设置了海洋生态环境司，作为主要负责海洋自然资源与生态环境损害赔偿等案件的部门，负责全国海洋生态环境监管工作。包括承担重点海域综合治理、入海污染物联防联控、重点海域排污总量控制、重特大海洋突发生态环境事件参与协调等工作，拟订"湾（滩）长制"相关制度并组织实施；承担海洋倾废污染和海洋工程生态环境保护监管工作，承担倾倒区划定及相关倾倒许可、环评审批、排污许可等工作；承担陆源污染和海岸工程生态环境监管工作，承担相关环评审批、排污许可、入海排污口设置管理等工作。海洋自然资源和生态环境损害赔偿诉讼既要遵循一般生态环境损害赔偿的原则性规定，同时也要考虑到海洋生态损害赔偿的特殊性。

第二节　海洋自然资源和生态环境损害赔偿诉讼的功能

一、保护海洋自然资源

（一）保护海洋生态系统的功能

海洋自然资源与生态环境是环境要素重要的组成部分。对海洋自然资源的保护，是落实党中央"五位一体"生态保护的重要组成内容。海洋自然资源与生态损害赔偿诉讼是为保护国家利益、维护环境公共利益而制定的，同时，也是保障海洋自然资源和生态环境可持续发展的重要方式。对海洋自然资源和生态环境损害行为提起诉讼，也是我国检察机关的责任和义务。海洋自然资源和生态环境损害赔偿诉讼的功能，就是使海洋资源可以持续利用和不受破坏，体现我国《环境保护法》中"保护优先，预防为主以及损害担责"的基本原则。海洋自然资源和生态环境损害赔偿诉讼在保证海洋资源可持续利用的基础上，落实对海洋自然资源和生态环境损害的主体责任，提高海洋资源利用效率和配置能力，不断提高海洋环境保护领域的司法水平，使得海洋自然资源与生态环境损害案件司法审判的效率提升，使海洋生态经济价值最大化。海洋自然资源与生态环境保护的主要功能是基于保护海洋生物多样性、海底资源等海洋附属价值而建立的，对破坏海洋自然资源和生态环境的主体进行追责，以司法的方式对海洋生态系统进行综合治理，进而促进海洋经济的绿色、循环、可持续的发展。原告对海洋自然资源和生态环境损害赔偿提起诉讼，旨在弥补在海岸带管理方面的某些空白，海洋自然资源和生态环境损害赔偿诉讼是海洋环境保护法制建设的司法机制，对损害类型、损害责任进行甄别，提高我国海洋保护的依据性和可协调性，为海洋生态系统的保护提供了坚实的后盾。

2. 保护海洋生物多样性的功能

如果海洋自然资源与生态环境能够得到很好的保护，那么，海洋生态系统的综合性也会保持稳定，海洋生物多样性则会保持平衡态势。如果海洋自然资源与生态环境损害行为频发，那么海洋生物数量就会减少，生物多样性水平就会锐减。而打破海洋综合生态系统的主要因素就是人为因素，海洋生物多样性被人类损害海洋生态系统的行为逐渐打破，海洋生物多样性的种类也因此而减少，违反了"代际公平"的可持续发展原则和理念。因此，海洋自然资源和生态环境损害赔偿诉讼的建立，不仅能维护海洋生态系统的平衡和稳定，同时也能够维护海洋生物多样性的均衡，不断提升生物多样性的可持续发展性，维持海洋生物种类的多元化。海洋自然资源和生态环境损害赔偿诉讼的建立，是从保持海洋生态系统稳定性这一前提出发，建立满足海洋经济可持续发展的海洋生态环境责任追究制度，在大力发展健康海洋生物多样性与海洋环境污染防治相协调的同时，特别突出海洋生态环境保护的重要功能。

海洋自然资源和生态环境损害赔偿诉讼以改善海岸带生态系统和生物多样性为目标，对过度捕捞海洋生物资源的行为，要求其承担相应的法律责任。海洋自然资源和生态环境损害赔偿诉讼要求利用和开发海洋自然资源的主体在尽可能不影响海洋生态系统的前提下，合理规划布局，开发利用海洋资源，建立责任追究机制，强化了海洋生态环境评价和海域监督管理，提高了海洋生态系统的稳定性。

二、救济受侵害的海洋生态环境

（一）以救济海洋生态环境利益为基础

海洋自然资源与生态环境的保护是将公共环境利益作为基础，海洋自然资源与生态环境的相关利益主体甚广，而这些主体均不能单独作为提起诉讼的主体，那么，在对海洋自然资源与生态环境损害赔偿的提起过程中，应当以海洋的生态环境利益为核心。由于海洋生态环境利益具有多种价值，海洋的主权利益和民商事利益均以海洋生态环境利益为基础，一旦海洋生态环境利益受到损害，就造成了海洋的生态价值、经济价值等多种价值均会遭到不同程度的损害，就意味着，必须通过法律的手段来对海洋生态环境利益进行保护和规制。海洋生态环境利益是海洋权益保护的重中之重，各国在司法实践中，均将海洋生态环境利益作为海洋管理的重点。海域国家所有权的宣示与行使通常也以相关海域的生态健康为要求。质言之，海洋生态环境利益对法律赋予国家在海洋上的主权、管理权、所有权都有重要影响。海洋生态环境利益遭到破坏可以由国家通过开展海洋维权计划，或通过海域国家所有权而提起诉讼，针对海洋生态环境利益进行救济。对海洋生态环境利益的破坏既包括私益损害，也包含公益破坏，因而主张海洋生态环境利益损害赔偿诉讼的主要依据也各有不同。

（二）以承担生态环境修复费用为救济形式

无论是对海洋环境要素的污染或破坏，还是因污染或破坏造成的海洋生态系统功能退化，均属于对海洋自然资源与生态环境损害的范畴。海洋自然资源与生态环境损害的样态种类繁多，损害行为方式呈现多样化趋势。海洋生态环境利益是海洋自然资源和生态环境损害赔偿诉讼请求权的利益基础，在对海洋生态环境利益作出规定的情况下，需要确定由国家依据其法定责任率先提出赔偿要求，主张以修复受损的海洋生态系统及生物多样性为优先考虑的责任形式以承担生态环境修复费用为替补责任形式，同时，由环保组织提起的公益诉讼与之配合，形成社会驱动、政府保障的法律救济机制，全面维护海洋生态环境利益。[①]

海洋自然资源与生态环境的保护具有整体性特征，也就是说，法律保护的是海洋自然资源与生态环境的整个生态系统，以及其对人类产生的生态环境价值。海洋自然资源与生态环境损害赔偿诉讼要求行为人承担生态环境修复的责任，如果是可修复的，则要支付相应的修复费用，如果破坏是不可逆的，则需要行为人采取替代性的修复方案，例如：设置污水净化装置等。由于海洋自然资源与生态环境损害与一般环境案件相比具有隐匿性、复杂性、危害广泛性等特点，因而在案件事实认定过程中，要对海洋自然资源生态损害程度

[①]　梅宏：《海洋生态环境损害赔偿的新问题及其解释论》，载《法学论坛》2017年第3期，第28～36页。

进行评估认定，再要求行为人对此进行直接赔偿或间接生态补偿。不论是直接赔偿还是间接生态补偿，其救济的都是海洋自然资源与生态环境的整体利益，保护任何一个海洋自然资源和生态环境损害案件请求人的环境权。

第三节　海洋自然资源和生态环境损害赔偿诉讼的演进

一、海洋自然资源和生态环境损害赔偿诉讼的创制

我国海洋自然资源与生态损害赔偿诉讼经历了从法律碎片化到整合化的一个过程。1999 年《海洋环境保护法》规定了海洋自然资源与生态环境损害赔偿制度①，明确规定行政机关代表国家提起海洋自然资源与生态环境损害赔偿。2004 年《最高人民法院关于为加快经济发展方式转变提供司法保障和服务的若干意见》第 13 条规定："依法受理环境保护行政部门代表国家提起的环境污染损害赔偿纠纷案件。"2019 年最高人民法院发布《最高人民法院关于审理生态环境损害赔偿案件的若干规定（试行）》，其在第 2 条第 2 款中规定："因海洋生态环境损害要求赔偿的，适用海洋环境保护法等法律及相关规定。"对海洋自然资源与生态环境损害赔偿诉讼进行了排除适用，并指出其适用海洋环境保护法的相关内容，并且中共中央办公厅、国务院办公厅印发的《生态环境损害赔偿制度改革试点方案》在第 3 条适用范围的第 2 款中也有相同的规定，即涉及海洋生态环境损害赔偿的，适用海洋环境保护法等法律规定。这是由于海洋自然资源与生态环境的损害有不同于其他环境要素损害的特殊性、复杂性，例如：海洋自然资源与生态环境的损害不仅会对水体产生污染，同时会破坏海洋生物多样性，往往这种损害是不可逆的等，而适用一般性的生态环境损害赔偿诉讼无法满足海洋自然资源与生态环境损害的基本诉求。

《海洋环境保护法》第 90 条第 2 款规定海洋生态领域里海洋监管主体提起环境公益诉讼，指明了行政机关可以代表国家行使损害赔偿请求权。现行我国《民事诉讼法》第 58 条规定："对污染环境、侵害众多消费者合法权益等损害社会公共利益的行为，法律规定的机关和有关组织可以向法院提起诉讼。"除此之外，我国于 2021 年实施的《民法典》在第 1234 条中规定："违反国家规定造成生态环境损害，生态环境能够修复的，国家规定的机关或者法律规定的组织有权请求侵权人在合理期限内承担修复责任。侵权人在期限内未修复的，国家规定的机关或者法律规定的组织可以自行或者委托他人进行修复，所需费用由侵权人负担。"同时，在第 1235 条中规定："违反国家规定造成生态环境损害的，国家规定的机关或者法律规定的组织有权请求侵权人赔偿损失和费用。"国家针对海洋生态损害提起损害赔偿要求，并非基于海域所有权，因为该项权利并未及于所有国家管辖海域，而是基于国家对管辖海域内自然资源的主权权利和海洋环境保护事务的管辖权等公权

① 该法第 89 条第 2 款规定："对破坏海洋生态、海洋水产资源、海洋保护区，给国家造成重大损失的，由依照本法规定行使海洋环境监督管理权的部门代表国家对责任者提出损害赔偿要求。"

力及对海洋环境质量负责的公法义务。①

海洋自然资源与生态环境损害赔偿诉讼的创制，对保护海洋生态环境利益、维护海洋相关权益来说具有里程碑的意义。同时，随着司法实践的不断深入，海洋自然资源与生态环境的保护规则与其他环境法律规范在立法上互相协调，有关海洋自然资源与生态环境损害赔偿诉讼的程序规则也在不断地完善。

二、海洋自然资源和生态环境损害赔偿诉讼的不断完善

海洋自然资源与生态环境损害案件的复杂性在经济社会不断发展中日益加剧，因而所涉及的赔偿诉讼规则也在不断完善之中。海洋自然资源与生态损害赔偿诉讼涵盖多个方面，包括适用范围、程序规则、磋商诉讼有效衔接机制的建立，以及损害后的环境修复等。我国已经有部分省市相继制定了生态环境损害赔偿诉讼案件处理规范，例如，贵州省就制定了《贵州省生态环境损害赔偿案件办理规程（试行）》，为生态损害赔偿诉讼案件的处理提供了较为清晰的指导思路。海洋自然资源与生态环境损害赔偿诉讼工作的开展，应当包括启动案件调查、启动索赔、开展磋商、提起诉讼、生态环境修复等多个流程。在案件调查中，赔偿义务人主动表示对赔偿相关事项进行磋商的，可以先行启动磋商，应当鼓励赔偿义务人修复的主动性，有利于生态环境得到及时有效的修复。同时，应当不断完善海洋自然资源与生态环境损害赔偿案件的简易程序和一般程序，可以将损害量化金额估算在 50 万元以下的案件，赔偿义务人对损害责任认定无争议的，采用简易程序办理，其他采取一般程序办理。②

有关海洋自然资源与生态环境损害赔偿诉讼的规则和司法解释，从根本上能够解决磋商协议执行、诉讼管辖与环境民事公益诉讼关系等问题。不过，在司法实践不断开展的过程中，应当对生态环境民事公益诉讼规则进行整合，对海洋自然资源与生态环境损害赔偿诉讼规则进行细化。与此同时，须进一步厘清海洋自然资源与生态环境损害赔偿诉讼和海洋行政管理手段的差别，以及与海洋自然资源与生态环境民事公益诉讼之间的关系。③ 法院要按照司法规律和海洋自然资源与生态环境系统治理的需要，准确把握依法推进与探索创新，遵循特别规定与依照一般规定的关系，妥善处理磋商与诉讼、修复责任与赔偿责任以及生态环境损害赔偿诉讼与人身财产损害赔偿诉讼、环境民事公益诉讼、自然资源损害赔偿诉讼的关系，结合具体案件审理探索完善诉讼规则。④ 海洋自然资源与生态环境损害赔偿诉讼要体现"环境有价、损害担责"的环境法理念，相关规定对赔偿范围的规定，如生态环境修复期间服务功能的损失、生态环境功能永久性损害造成的损失，是对生态环境公共利益本身的救济，明显有别于传统侵权责任法，同时尊重特别法的规定，行政机关

---

①　王秀卫：《海洋生态环境损害赔偿制度立法进路研究——以〈海洋环境保护法〉修改为背景》，载《华东政法大学学报》2021 年第 1 期，第 76~86 页。

②　蔡华伟：《完善生态环境损害赔偿案件办理》，载《人民日报》2021 年 4 月 29 日，第 14 版。

③　张春莉：《生态环境损害赔偿诉讼的检视与完善》，载《南京社会科学》2019 年第 12 期，第 101~107 页。

④　王旭光：《论生态环境损害赔偿诉讼的若干基本关系》，载《法律适用》2019 年第 21 期，第 11~22 页。

无权单方确定赔偿方案的实质性内容,而是必须与各参与方通力合作,展开平等的交流与互动,形成各方均可接受的共识性方案。①

第四节 海洋自然资源和生态环境损害赔偿诉讼的构成要素

一、海洋自然资源和生态环境损害赔偿诉讼的原告

我国《海洋环境保护法》第 90 条的规定,明确了国家行政主管机关可以作为诉讼权利主体参与海洋自然资源与生态损害赔偿的诉讼。《最高人民法院关于审理生态环境损害赔偿案件的若干规定(试行)》明确规定可以提起生态环境损害赔偿诉讼的原告范围:省级、市地级人民政府及其指定的相关部门、机构或者受国务院委托行使全民所有自然资源资产所有权的部门可以作为原告提起诉讼。

(一)省级、市地级人民政府及其指定的相关部门、机构

《最高人民法院关于审理生态环境损害赔偿案件的若干规定(试行)》明确规定"市地级人民政府"包括设区的市,自治州、盟、地区,不设区的地级市,直辖市的区、县人民政府。在第 1 条中规定:具有下列情形之一,省级、市地级人民政府及其指定的相关部门、机构,或者受国务院委托行使全民所有自然资源资产所有权的部门,因与造成生态环境损害的自然人、法人或者其他组织经磋商未达成一致或者无法进行磋商的,可以作为原告提起生态环境损害赔偿诉讼:一是发生较大、重大、特别重大突发环境事件的;二是在国家和省级主体功能区规划中划定的重点生态功能区、禁止开发区发生环境污染、生态破坏事件的;三是发生其他严重影响生态环境后果的。上述规定的市地级人民政府包括设区的市,自治州、盟、地区,不设区的地级市,直辖市的区、县人民政府。

《最高人民法院关于审理生态环境损害赔偿案件的若干规定(试行)》明确规定原告应当就被告实施了污染环境、破坏生态行为或者具有其他应当依法承担责任的情形,生态环境受到损害以及所需修复费用、损害赔偿等具体数额,以及被告污染环境、破坏生态行为与生态环境损害之间具有关联性,承担相应举证责任。原告请求被告赔偿生态环境受到损害至修复完成期间服务功能损失并有足够事实根据的,法院依法予以支持。在海洋自然资源与生态环境损害赔偿诉讼中,开展磋商是提起诉讼的前置程序。《最高人民法院关于审理生态环境损害赔偿案件的若干规定(试行)》明确规定原告在与损害生态环境的责任者经磋商未达成一致或者无法进行磋商的,可以提起生态环境损害赔偿诉讼,将磋商确定为提起诉讼的前置程序,为充分发挥磋商在生态环境损害索赔工作中的积极作用提供了制度依据。

---

① 武建华:《从五个方面完善生态环境损害赔偿磋商机制》,载《人民法院报》2018 年 9 月 12 日,第 8 版。

（二）具有海洋环境监督管理权的部门

我国《宪法》第 9 条规定，除该条明确列出的由集体所有的自然资源外，其他自然资源均归国家所有。由于海洋自然资源与生态环境所有权是国家所有，因而行政机关可以作为诉讼主体，国务院代表国家行使所有权通过各级行政主管机关来实现。国家对海洋自然资源具有当然的所有权，这是由于集体所有自然资源是完全处在陆地上，海洋自然资源并未包含在内，那么，海洋自然资源所有权就不应当认定为归集体所有。而对国家自然资源的损害提起诉讼的主体，法律规定必须是行政主管机关，也即受国务院委托行使全民所有自然资源资产所有权的部门，这是由行政机关作为国家所有的自然资源的所有权行使人资格决定的。除此之外，国家自然资源的管理主体实际上也是行政主管机关，但是，并不是所有行政机关均能够以国家的名义，就海洋自然资源和生态环境的损害提起诉讼，有资格的行政机关必须是受国务院委托行使全民所有自然资源资产所有权的部门，才能够对诉讼的结果负责。

根据我国宪法和法律的规定，行政主管机关只有在国家的自然资源遭到污染损害时，才能代表国家提起赔偿的诉讼请求，对于因污染损害造成的自然人或者法人的人身及财产损失，行政主管机关不能代表其提出赔偿要求，行政主管机关不能超越宪法和法律规定的其代表国家行使自然资源所有权而参与污染损害赔偿诉讼的职责范围。① 在此需要特别注意的是，检察机关无法作为原告对海洋自然资源与生态损害赔偿提起诉讼，这是由于检察机关并非国务院指定的行政主管机关，不具有专业的技术力量支持，针对海洋自然资源与生态环境损害的特点、方式、损害程度等无法作出准确判断，检察机关不是海上执法机关，无法对损害事实进行甄别，也就无法提供证据。

二、海洋自然资源和生态环境损害赔偿诉讼的被告

（一）海洋自然资源和生态损害赔偿诉讼被告的基本规定

海洋自然资源和生态损害赔偿诉讼的被告，是违反国家生态环境保护的规定，对海洋自然资源进行破坏，或造成海洋生态环境污染的主体，我国《海洋环境保护法》第 11 条和第 12 条规定，国家和地方水污染物排放标准的制定，应当将国家和地方海洋环境质量标准作为重要依据之一。在国家建立并实施排污总量控制制度的重点海域，水污染物排放标准的制定，还应当将主要污染物排海总量控制指标作为重要依据。排污单位在执行国家和地方水污染物排放标准的同时，应当遵守分解落实到本单位的主要污染物排海总量控制指标。对超过主要污染物排海总量控制指标的重点海域和未完成海洋环境保护目标、任务的海域，省级以上人民政府环境保护行政主管部门、海洋行政主管部门，根据职责分工暂停审批新增相应种类污染物排放总量的建设项目环境影响报告书（表）。直接向海洋排放污染物的单位和个人，必须按照国家规定缴纳排污

---

① 翟勇：《谈谈海洋污染损害赔偿的诉讼主体》，http://www.npc.gov.cn/zgrdw/npc/xinwen/rdlt/fzjs/2008-06/20/content_1434421.htm，最后访问日期：2022 年 8 月 6 日。

费。依照法律规定缴纳环境保护税的，不再缴纳排污费。向海洋倾倒废弃物，必须按照国家规定缴纳倾倒费。根据本法规定征收的排污费、倾倒费，必须用于海洋环境污染的整治，不得挪作他用。具体办法由国务院规定。直接向海洋排放污染物的单位和个人，必须按国家规定缴纳排污费，即认定这种排污为"合法"排污，但如果造成海洋自然资源和生态环境的污染、损害，也应当承担生态损害赔偿责任，也即向海洋排污的主体，且造成了海洋自然资源与生态环境的损害，则是海洋自然资源与生态环境损害赔偿诉讼的被告。只要损害海洋自然资源和生态环境的主体实施了排放污染物的行为，并且这种行为是导致海洋自然资源和生态环境损害的主要原因，那么，不论其排放的污染物是否超过国家规定的标准，都应当作为海洋生态环境损害赔偿责任的承担者，也就是海洋自然资源和生态环境损害赔偿诉讼的被告。

（二）海洋自然资源和生态环境损害赔偿诉讼被告的特点

海洋自然资源和生态环境损害赔偿诉讼的被告与其他环境资源破坏类案件的被告有所不同。表现在，一般民事诉讼原告和被告具有很强的——对应关系，即一般原告为单一自然人或法人，被告也为单一的自然人或法人。但是，在海洋自然资源与生态环境损害赔偿案件中，集团诉讼是极为普遍的，鉴于海洋污染损害有时是由多个损害主体、多次排放污染物所为，因此，海洋自然资源和生态环境损害赔偿案件不只有一个被告，《海洋环境保护法》第90条规定，对违反本法规定，造成海洋环境污染事故的单位，除依法承担赔偿责任外，由依照本法规定行使海洋环境监督管理权的部门依照本条第2款的规定处以罚款；对直接负责的主管人员和其他直接责任人员可以处上一年度从本单位取得收入50%以下的罚款；直接负责的主管人员和其他直接责任人员属于国家工作人员的，依法给予处分。对造成一般或者较大海洋环境污染事故的，按照直接损失的20%计算罚款；对造成重大或者特大海洋环境污染事故的，按照直接损失的30%计算罚款。对严重污染海洋环境、破坏海洋生态，构成犯罪的，依法追究刑事责任。在受损生态环境无法修复或者无法完全修复的情况下，被告应就生态环境功能永久性损害造成的损失承担赔偿责任。在受损生态环境无法完全修复的情况下，即受损生态环境部分可以修复，部分不能修复，被告需要同时承担可修复部分的修复义务以及支付可修复部分在修复期间的生态环境服务功能损失，不可修复部分，则需支付永久性损害造成的损失赔偿资金。

三、海洋自然资源和生态环境损害赔偿诉讼的诉讼请求

为正确审理海洋自然资源与生态环境损害赔偿纠纷案件，根据《中华人民共和国海洋环境保护法》《中华人民共和国民事诉讼法》《中华人民共和国海事诉讼特别程序法》等法律的规定，结合审判实践，最高人民法院制定了《最高人民法院关于审理海洋自然资源与生态环境损害赔偿纠纷案件若干问题的规定》，在第1条中明确规定："人民法院审理为请求赔偿海洋环境保护法第89条第2款规定的海洋自然资源与生态环境损害而提起的诉讼，适用本规定。"

我国《海洋环境保护法》第89条规定：造成海洋环境污染损害的责任者，应当排除

危害，并赔偿损失；完全由于第三者的故意或者过失，造成海洋环境污染损害的，由第三者排除危害，并承担赔偿责任。对破坏海洋生态、海洋水产资源、海洋保护区，给国家造成重大损失的，由依照本法规定行使海洋环境监督管理权的部门代表国家对责任者提出损害赔偿要求。《最高人民法院关于审理海洋自然资源与生态环境损害赔偿纠纷案件若干问题的规定》在第 2 条中明确规定了海洋自然资源与生态环境损害赔偿诉讼的提起范围，也即在海上或者沿海陆域内从事活动，对中华人民共和国管辖海域内海洋自然资源与生态环境造成损害，由此提起的海洋自然资源与生态环境损害赔偿诉讼。该规定所称不同损害，包括海洋自然资源与生态环境损害中不同种类和同种类但可以明确区分属不同机关索赔范围的损害。

除此之外，2014 年 10 月 21 日，国家海洋局印发《海洋生态损害国家损失索赔办法》，提出了海洋生态损害国家提起损失索赔的主要内容，在第 2 条中明确规定了 12 种情形，因下列行为导致海洋环境污染或生态破坏，造成国家重大损失的，海洋行政主管部门可以向责任者提出索赔要求：（1）新建、改建、扩建海洋、海岸工程建设项目；（2）围填海活动及其他用海活动；（3）海岛开发利用活动；（4）破坏滨海湿地等重要海洋生态系统；（5）捕杀珍稀濒危海洋生物或者破坏其栖息地；（6）引进外来物种；（7）海洋石油勘探开发活动；（8）海洋倾废活动；（9）向海域排放污染物或者放射性、有毒有害物质；（10）在水上和港区从事拆船、改装、打捞和其他水上、水下施工作业活动；（11）突发性环境事故；（12）其他损害海洋生态应当索赔的活动。为落实海洋行政主管部门"承担海洋生态损害国家索赔工作"的职责，有序实施海洋生态损害国家损失索赔工作。值得注意的是，海洋生态损害索赔是海洋行政主管部门代表国家进行的公益损害求偿，而海洋自然资源与生态环境损害赔偿诉讼是为请求赔偿《海洋环境保护法》第 89 条第 2 款规定的海洋自然资源与生态环境损害，二者之间有区别，但是在损害海洋自然资源与生态环境的方式、类型方面也有一些重合，同时如何界定《海洋环境保护法》第 89 条中所提出的给国家造成重大损失，《海洋生态损害国家损失索赔办法》第 2 条规定的 12 种情形也能够对其进行解释。因此，两个法律文件虽有区别，但也具有一定的关联性，在海洋自然资源与生态相关司法实践中也均可作为重要法律依据。

四、海洋自然资源和生态环境损害赔偿诉讼的管辖法院

《最高人民法院关于审理海洋自然资源与生态环境损害赔偿纠纷案件若干问题的规定》第 2 条明确规定："在海上或者沿海陆域内从事活动，对中华人民共和国管辖海域内海洋自然资源与生态环境造成损害，由此提起的海洋自然资源与生态环境损害赔偿诉讼，由损害行为发生地、损害结果地或者采取预防措施地海事法院管辖。"

海事诉讼管辖是指海事法院与上级法院之间，以及各海事法院相互之间，受理第一审海事案件的分工和权限，也即确定哪些第一审海事案件由海事法院或者上级法院受理，哪些第一审海事案件由哪个地方的海事法院受理。根据我国《民事诉讼法》的相关规定，海事诉讼管辖具有专门性、涉外性的特点，同时，海事诉讼管辖不以行政区划分为依据。全国各省市海事法院管辖范围的情况如表 7-2 所示。

表 7-2　　　　　　　　　　　全国各省市海事法院管辖海域范围

海事法院	管辖海域范围	法 律 依 据
天津海事法院	管辖南自河北省与山东省交界处，北至河北省与辽宁省交界处的沿海港口及其海域、海上岛屿的海事、海商案件，以及连结点在北京的共同海损纠纷案件、海上保险纠纷案、海事仲裁裁决的承认和执行案件，该法院在秦皇岛设立派出法庭。上诉案件由天津市高级法院管辖。	《最高人民法院关于设立海事法院几个问题的决定（1984）》
北海海事法院	广西壮族自治区所属港口和水域、北部湾海域及其岛屿和水域内，以及云南省的澜沧江至湄公河等与海相通的可航水域发生的海事、海商案件。其与广州海事法院的管辖区域以英罗湾河道中心线为界，河道中心线及其延伸海域以东由广州海事法院管辖，河道中心线及其延伸海域以西，包括乌泥岛、涠洲岛、斜阳岛等水域由北海海事法院管辖。发生在云南省水域内的船舶碰撞、共同海损、海难救助、船舶污染、船舶扣押和拍卖案件，以及涉外海事、海商案件，由北海海事法院管辖，发生在云南省水域内的其他海事、海商案件，由地方法院管辖，但审理应适用海商法、海事诉讼特别程序法等有关法律的规定。上诉案件由广西壮族自治区高级法院管辖。	《最高人民法院关于北海海事法院正式对外受理案件问题的通知（1999）》《最高人民法院关于调整大连、武汉、北海海事法院管辖区域和案件范围的通知（2002）》
大连海事法院	南自辽宁省与河北省的交界处、东自鸭绿江口的延伸海域和鸭绿江水域，其中包括黄海一部分、渤海一部分、海上岛屿，以及黑龙江省的黑龙江、松花江、乌苏里江等与海相通可航水域、港口发生的海事、海商案件。发生在黑龙江省水域内的船舶碰撞、共同海损、海难救助、船舶污染、船舶扣押和拍卖案件，以及涉外海事、海商案件，由大连海事法院管辖，发生在黑龙江省水域内的其他海事、海商案件，由地方法院管辖，但审理应适用海商法、海事诉讼特别程序法等有关法律的规定。上诉案件由辽宁省高级法院管辖。	《最高人民法院关于设立海事法院几个问题的决定（1984）》《最高人民法院关于调整大连、武汉、北海海事法院管辖区域和案件范围的通知（2002）》《最高人民法院关于海事诉讼管辖问题的规定（2016）》
广州海事法院	广东省沿海海域、与海相通的内河水域、港口及其岸带以及南海部分海域。上诉案件由广东省高级法院管辖。	《最高人民法院关于设立海事法院几个问题的决定（1984）》《最高人民法院关于设立海口、厦门海事法院的决定（1990）》《最高人民法院关于北海海事法院正式对外受理案件问题的通知（1999）》

续表

海事法院	管辖海域范围	法 律 依 据
海口海事法院	海南省所属港口和水域以及西沙、中沙、南沙、黄岩岛等岛屿及其水域，该法院在三亚、洋浦设立派出法庭。上诉案件由海南省高级法院管辖。	《最高人民法院关于设立海口、厦门海事法院的决定（1990）》
宁波海事法院	浙江全省所属港口和水域（包括所辖岛屿、所属港口和通海的内河水域）。该法院在温州设立派出法庭。上诉案件由浙江省高级法院管辖。	《最高人民法院关于设立宁波海事法院的决定（1992）》《最高人民法院关于调整上海、宁波海事法院管辖区域的通知（2006）》
青岛海事法院	南自山东省与江苏省的交界处，北至山东省与河北省交界处的延伸海域，其中包括黄海一部分、渤海一部分、海上岛屿和岚山、石臼所、青岛、威海、烟台、蓬莱、龙口、羊口等山东省沿海所有港口。上诉案件由山东省高级法院管辖。	《最高人民法院关于设立海事法院几个问题的决定（1984）》
上海海事法院	上海、江苏沿海海域和长江浏河口以下水域范围（该法院在连云港市设立派出法庭）。上诉案件由上海市高级法院管辖。洋山港及附近海域发生的海商海事纠纷由上海海事法院管辖。	《最高人民法院关于设立海事法院几个问题的决定（1984）》《最高人民法院关于设立海口、厦门海事法院的决定（1990）》《最高人民法院关于设立宁波海事法院的决定（1992）》《最高人民法院关于调整上海、宁波海事法院管辖区域的通知（2006）》《最高人民法院关于调整武汉、上海海事法院管辖区域的通知（1987）》
武汉海事法院	武汉海事法院管辖下列区域：自四川省宜宾市合江门至江苏省浏河口之间长江干线及支线水域，包括宜宾、泸州、重庆、涪陵、万州、宜昌、荆州、城陵矶、武汉、九江、安庆、芜湖、马鞍山、南京、扬州、镇江、江阴、张家港、南通等主要港口。发生在长江支流水域内的船舶碰撞、共同海损、海难救助、船舶污染、船舶扣押和拍卖案件，以及涉外海事、海商案件，由武汉海事法院管辖，发生在长江支流水域内的其他海事、海商案件，由地方法院管辖（但审理应适用海商法、海事诉讼特别程序法等有关法律的规定）。上诉案件由湖北省高级法院管辖。	《最高人民法院关于调整武汉、上海海事法院管辖区域的通知（1987）》《最高人民法院关于调整大连、武汉、北海海事法院管辖区域和案件范围的通知（2002）》《最高人民法院关于海事诉讼管辖问题的规定（2016）》

续表

海事法院	管辖海域范围	法　律　依　据
厦门海事法院	南自福建省与广东省交界处，北至福建省与浙江省交界处的延伸海域，其中包括东海南部、台湾省、海上岛屿和福建省所属港口（该法院在福州设立派出法庭）。上诉案件由福建省高级法院管辖。	《最高人民法院关于设立海口、厦门海事法院的决定（1990）》

资料来源：作者根据材料整理。

除此之外，针对一般性的生态损害赔偿案件，《最高人民法院关于审理生态环境损害赔偿案件的若干规定（试行）》第3条规定，一审生态环境损害赔偿诉讼案件由相应的中级以上法院管辖，生态环境损害赔偿诉讼案件事关国家利益、社会公共利益和人民群众环境权益，社会影响一般较为重大。然而《最高人民法院关于审理生态环境损害赔偿案件的若干规定（试行）》的前提是存在诉讼案件，而诉讼案件的特点是存在纠纷，所以判断某一事项是否属于存在纠纷，才是应否将其纳入级别管辖之适用范围时应考虑的首要问题。若某一事项不存在民事权益争议，则必定不属于民事纠纷，进而必定不能被纳入相关级别管辖的适用范围。①

五、海洋自然资源与生态环境损害赔偿诉讼的裁判方式

海洋自然资源与生态环境损害赔偿诉讼的裁判方式与一般的诉讼裁判方式基本保持一致，所不同的是，生态环境损害赔偿诉讼具有磋商的程序。《最高人民法院关于审理生态环境损害赔偿案件的若干规定（试行）》在第1条规定："具有下列情形之一，省级、市地级人民政府及其指定的相关部门、机构，或者受国务院委托行使全民所有自然资源资产所有权的部门，因与造成生态环境损害的自然人、法人或者其他组织经磋商未达成一致或者无法进行磋商的，可以作为原告提起生态环境损害赔偿诉讼：（一）发生较大、重大、特别重大突发环境事件的；（二）在国家和省级主体功能区规划中划定的重点生态功能区、禁止开发区发生环境污染、生态破坏事件的；（三）发生其他严重影响生态环境后果的。前款规定的市地级人民政府包括设区的市，自治州、盟、地区，不设区的地级市，直辖市的区、县人民政府。"但是，《最高人民法院关于审理生态环境损害赔偿案件的若干规定（试行）》在第2条规定了"因海洋生态环境损害要求赔偿的"，适用海洋环境保护法等法律及相关规定。因此，海洋自然资源与生态损害赔偿诉讼是否需要前置磋商程序，还需要根据具体案件进行具体分析。除此之外，海洋自然资源与生态环境损害赔偿诉讼的裁判方式可以分为以下几个方面。

第一，驳回原告诉讼请求。如果案件的证据确凿，适用法律、法规正确，符合法定程序的，或者原告申请被告履行法定职责或者给付义务理由不成立的，法院判决驳回原告的

---

①　陈莉、杜文广：《生态环境损害赔偿协议申请司法确认的级别管辖问题》，载中国法院网，https：//www.chinacourt.org/article/detail/2020/12/id/5679291.shtml，最后访问日期：2022年8月6日。

诉讼请求。第二，撤销判决。海洋自然资源与生态环境损害案件主要证据不足的、适用法律、法规错误的、违反法定程序的、超越职权的、滥用职权的、明显不当的，法院可以对案件进行撤销。第三，变更判决。变更判决不得加重原告的义务或者减损原告的权益，但利害关系人同为原告，且诉讼请求相反的除外。第四，确认判决。它可以分为两种，即确认违法判决和确认无效判决。

海洋自然资源与生态损害赔偿诉讼裁判的具体形式包括以下几个方面：第一，海洋自然资源与生态损害赔偿诉讼案件的裁定。海事法院在审理海洋自然资源与生态环境损害案件时，对所发生的程序上应解决的事项，所作的审判职务上的判定，称为裁定。裁定的目的是使法院有效地指挥诉讼，消除诉讼中的障碍，推进诉讼的进程。裁定适用于解决诉讼程序上发生的事项。裁定可以采取口头形式或者书面形式。第二，海洋自然资源与生态损害赔偿诉讼案件的判决。海洋自然资源与生态环境损害赔偿诉讼案件，经过法庭审理，根据查明和认定的事实，正确适用法律，以国家审判机关的名义，对案件中的实体权利、义务争议，作出权威性的判定，称为判决。第三，海洋自然资源与生态损害赔偿诉讼案件的调解。在海洋自然资源与生态损害赔偿诉讼案件中，双方当事人就争议的实体权利、义务进行协商，达成协议，解决纠纷的诉讼活动，应遵循查明事实、分清是非，自愿和合法的原则。第四，海洋自然资源与生态损害赔偿诉讼案件的决定。法院在诉讼进行中，为了保证公正审理民商事案件，维护正常的诉讼秩序，正确处理法院内部的工作关系，对诉讼中发生的某些特定事项，作出职务上的判定，称为民事决定。海洋自然资源与生态损害赔偿诉讼案件的决定适用于两个方面：其一，用于处理有关回避和对妨害海洋自然资源与生态环境损害赔偿诉讼的强制措施方面的问题；其二，用于处理法院内部工作关系方面的问题，如有关审判组织事项的决定，有关诉讼期间事项的决定，有关发生审判监督程序事项的决定。

第五节　海洋自然资源和生态环境损害赔偿诉讼的裁判执行

一、海洋自然资源和生态环境损害赔偿的具体范围

《最高人民法院关于审理海洋自然资源与生态环境损害赔偿纠纷案件若干问题的规定》第 7 条中明确规定了海洋自然资源与生态环境损失赔偿范围。

（一）预防措施费用

预防措施费用是指减轻或者防止海洋环境污染、生态恶化、自然资源减少所采取合理应急处置措施而发生的费用。我国《环境保护法》中明确提出了"保护优先，预防为主"的基本原则，因此，预防费用是海洋自然资源与生态环境损失赔偿范围的重要组成部分。预防措施费用，以实际发生和未来必然发生的合理费用计算。实际发生的费用是指海洋自然资源与生态损害过程中，已经发生的预防费用。而未来必然发生的费用是指，对未来海水污染防治的费用，如果责任者已经采取合理预防、恢复措施，其主张相应减少损失赔偿

数额的，法院应当予支持。

（二）恢复费用

恢复费用是指采取或者将要采取措施恢复或者部分恢复受损害海洋自然资源与生态环境功能所需费用。也就是说，通过对海洋自然资源与生态环境产生的损害采取替代性的措施，这主要包括购置相关设备、开展监测等方面的措施产生的费用。海洋生态修复包括深入开展增殖放流，加强水生生物资源养护，生物多样性保持稳定等，这其中所产生的费用，也应由造成海洋自然资源与生态环境损害的主体进行承担。《最高人民法院关于审理海洋自然资源与生态环境损害赔偿纠纷案件若干问题的规定》在第8条中规定："恢复费用，限于现实修复实际发生和未来修复必然发生的合理费用，包括制定和实施修复方案和监测、监管产生的费用。"《最高人民法院关于审理海洋自然资源与生态环境损害赔偿纠纷案件若干问题的规定》在第9条中规定："依照本规定第8条的规定难以确定恢复费用和恢复期间损失的，法院可以根据责任者因损害行为所获得的收益或者所减少支付的污染防治费用，合理确定损失赔偿数额。"

（三）恢复期间损失

恢复期间损失费用是指受损害的海洋自然资源与生态环境功能部分或者完全恢复前的海洋自然资源损失、生态环境服务功能的损失。由于海洋自然资源与生态环境受到损害以后，其所涉及的海洋生物多样性恢复、海洋水质恢复等均需要时间，其中产生的生态系统服务功能停滞，海洋环境容量损失的费用等要求责任主体进行赔偿。因此，受损海洋自然资源与生态环境恢复期间的费用也被纳入赔偿范围。《最高人民法院关于审理海洋自然资源与生态环境损害赔偿纠纷案件若干问题的规定》第8条规定：未来修复必然发生的合理费用和恢复期间损失，可以根据有资格的鉴定评估机构依据法律法规、国家主管部门颁布的鉴定评估技术规范作出的鉴定意见予以确定，但当事人有相反证据足以反驳的除外。

（四）调查评估费用

调查评估费用是指调查、勘查、监测污染区域和评估污染等损害风险与实际损害所发生的费用。在审理海洋环境损害案件时，往往都会委托资质机构进行鉴定评估。海洋自然资源与生态环境损害司法鉴定的事项通常包括确认损害事实、确定污染源、评估海洋环境受损程度、确定损失经济价值等。通过这些鉴定事项，帮助法官更加全面地认清案件的客观事实，从而准确作出裁判。① 因此，海洋自然资源与生态环境损害司法鉴定工作所产生的费用，也被纳入海洋自然资源与生态环境损害赔偿范围。《最高人民法院关于审理海洋自然资源与生态环境损害赔偿纠纷案件若干问题的规定》规定了调查评估费用，应当以实际发生和未来必然发生的合理费用计算。责任者已经采取合理预防、恢复措施，其主张相应减少损失赔偿数额的，法院应予支持。前款规定的收益或者费用无法认定的，可以参

---

① 李超：《海洋环境损害司法鉴定的科学性审查》，载《中华环境》2021年第1期，第3页。

照政府部门相关统计资料或者其他证据所证明的同区域同类生产经营者同期平均收入、同期平均污染防治费用，合理酌定。

二、海洋自然资源和生态环境损害赔偿诉讼裁判的移送执行

移送执行，是指人民法院审判人员审结案件后，将生效的判决书、裁定书移交给执行员执行。审判实践中，执行程序一般由当事人提出申请开始，但在某些特殊情况下，比如，追索国家财产案件的判决，追索赡养费、抚育费、抚养费案件的判决，人民法院往往不经当事人申请而直接移送执行。[①]《最高人民法院关于审理海洋自然资源与生态环境损害赔偿纠纷案件若干问题的规定》在第10条规定："人民法院判决责任者赔偿海洋自然资源与生态环境损失的，可以一并写明依法行使海洋环境监督管理权的机关受领赔款后向国库账户交纳。发生法律效力的裁判需要采取强制执行措施的，应当移送执行。"移送执行是引起海洋自然资源和生态环境损害赔偿诉讼执行程序开始的补充形式。一些海洋自然资源和生态环境损害赔偿诉讼案件的裁判确有移送执行的必要，关系国家、集体的海洋权益的，需要人民法院主动予以维护。在这种情况下，就会发生移送执行。关于移送执行案件的范围，《民事诉讼法》和《最高人民法院关于适用〈中华人民共和国民事诉讼法〉若干问题的意见》均未规定，《最高人民法院关于人民法院执行工作若干问题的规定（试行）》第19条明确予以规定，根据该规定，海洋自然资源和生态环境损害赔偿诉讼案件，无论是移送执行还是申请执行，执行机构收到移送执行或申请执行书后，都应依法进行审查，对于符合执行条件的，应当立案执行；移送执行书或申请执行书内容欠缺的，应当要求有关人员限期补正；移送或申请不符合条件的，应当通知驳回，不予执行。

海洋自然资源和生态环境损害赔偿诉讼案件移送执行不受《民事诉讼法》规定的申请执行期限的限制，但原则上要求在海洋自然资源和生态环境损害赔偿诉讼法律文书生效后即应移送执行。如果因海事法院未在申请执行期限内移送，执行机构就拒绝执行，从表面上看是对海事法院审判庭及时移送的制约，但实质上是因为海事法院自身的原因而拒绝保护海洋自然资源和生态环境损害赔偿诉讼当事人的权利。

根据我国《民事诉讼法》第216条第2款的规定，民事调解书不能移送执行，只能申请执行，理由已如前述。而《最高人民法院关于人民法院执行工作若干问题的规定（试行）》第19条即规定刑事附带民事调解书移送执行，这也是符合保护受害者权利的宗旨的。实践中可以考虑先征求海洋自然资源和生态环境损害赔偿诉讼权利人的意见，如果其不表示放弃权利的，就一律移送执行。

按照《最高人民法院关于人民法院执行工作如果问题的规定（试行）》第3条的规定，为保证海洋自然资源和生态环境损害赔偿诉讼案件审理的顺序进行和实现的方便、快捷，由审理海洋自然资源和生态环境损害赔偿诉的海事法院负责执行。依法行使海洋环境

[①]　左卫民主编：《中国司法制度》，中国政法大学出版社2012年版，第3~11页。

监督管理权的机关请求造成海洋自然资源与生态环境损害的责任者承担停止侵害、排除妨碍、消除危险、恢复原状、赔礼道歉、赔偿损失等民事责任的，法院应当根据诉讼请求以及具体案情，合理判定责任者承担民事责任。值得注意的是，鉴于海洋自然资源和生态环境损害赔偿诉讼移送执行的辅助地位，实践中应严格掌握海洋自然资源和生态环境损害赔偿诉讼移送执行的适用。海洋自然资源和生态环境损害赔偿诉讼案件的执行根据必须是由海事法院制作的、已经发生法律效力的具有执行内容的法律文书，仲裁机构和公证机构制作的法律文书不能移送执行。同时，海洋自然资源和生态环境损害赔偿诉讼案件需要具有移送执行的必要性。所谓"必要性"，是指作为执行根据的法律文书所规定的海洋生态环境权利涉及国家利益、集体的重大利益，由此而产生海洋自然资源和生态环境损害赔偿诉讼法律文书须尽快实现的必要。法律文书生效后，如果没有移送执行的必要，则不移送执行，而由当事人自觉履行或申请海事法院执行。

三、海洋自然资源和生态环境损害赔偿中的调解

我国《民事诉讼法》第 58 条中规定了有关环境公益诉讼的内容："对污染环境、侵害众多消费者合法权益等损害社会公共利益的行为，法律规定的机关和有关组织可以向人民法院提起诉讼。人民检察院在履行职责中发现破坏生态环境和资源保护、食品药品安全领域侵害众多消费者合法权益等损害社会公共利益的行为，在没有前款规定的机关和组织或者前款规定的机关和组织不提起诉讼的情况下，可以向人民法院提起诉讼。前款规定的机关或者组织提起诉讼的，人民检察院可以支持起诉。"不过，有关环境公益诉讼的调解制度是在 2015 年 1 月 7 日最高人民法院发布的《最高人民法院关于审理环境民事公益诉讼案件适用法律若干问题的解释》（法释〔2015〕1 号）中得到明确规定。2015 年 2 月 4 日生效的《最高人民法院关于适用〈中华人民共和国民事诉讼法〉的解释》（法释〔2015〕5 号）也明确规定，公益诉讼案件可以适用调解制度。在此之后，2016 年 1 月 6 日实施的《人民检察院提起公益诉讼试点工作实施办法》第 23 条中规定："民事公益诉讼案件，人民检察院可以与被告和解，人民法院可以调解。和解协议、调解协议不得损害社会公共利益。"2016 年 3 月 1 日实施的《最高人民法院关于印发〈人民法院审理人民检察院提起公益诉讼案件试点工作实施办法〉的通知》（法发〔2016〕6 号）第 8 条中规定："人民检察院与被告达成和解协议或者调解协议后，人民法院应当将协议内容公告，公告期间不少于 30 日。公告期满后，人民法院审查认为和解协议或者调解协议内容不损害社会公共利益的，应当出具调解书。"同时在第 17 条中规定了人民法院审理人民检察院提起的行政公益诉讼案件，不适用调解，调解的具体流程如图 7-1 所示。

海洋自然资源和生态环境损害赔偿诉讼是在维护海洋生态利益的前提下，解决生态环境利益与个体的利益冲突的诉讼制度，其诉讼价值具有社会性和综合生态系统性。《最高人民法院关于审理海洋自然资源与生态环境损害赔偿纠纷案件若干问题的规定》第 11 条规定，"海洋自然资源与生态环境损害赔偿诉讼当事人达成调解协议或者自行达成和解协议的，人民法院依照《最高人民法院关于审理环境民事公益诉讼案件适用法律若干问题

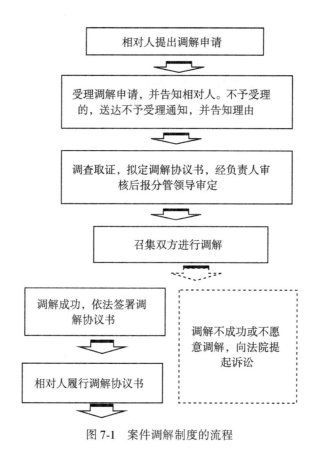

图 7-1　案件调解制度的流程

的解释》第 25 条的规定处理"，也即，"环境民事公益诉讼当事人达成调解协议或者自行达成和解协议后，人民法院应当将协议内容公告，公告期间不少于 30 日。公告期满后，人民法院审查认为调解协议或者和解协议的内容不损害社会公共利益的，应当出具调解书。当事人以达成和解协议为由申请撤诉的，不予准许。调解书应当写明诉讼请求、案件的基本事实和协议内容，并应当公开"。综上所述，我国海洋自然资源和生态环境损害赔偿诉讼调解制度确立了如下内容：第一，海洋自然资源和生态环境损害赔偿诉讼案件适用调解制度；第二，审判机关应当将调解协议予以公告，公告日期不得少于 30 日；第三，公告期满后，审判机关予以审查是否违反社会公共利益，审查通过则出具调解书，否则继续审理。

　　海洋自然资源和生态环境损害赔偿诉讼的调解是指在海事法院审判人员的主持下，海洋自然资源和生态环境损害赔偿诉讼双方当事人就彼此之间的权益争议自愿、平等地进行协商，相互谅解，达成协议，以解决纠纷的诉讼活动。海洋自然资源和生态环境损害赔偿诉讼的原告享有诉权，说明原告对起诉标的具有直接利害关系，原告的诉权是适用调解的前提。海洋自然资源和生态环境损害赔偿诉讼的原告因获得公众让渡的权利而享有一定的处分权，当然有权与被告达成调解协议。海洋自然资源和生态环境损害赔偿诉讼在海事法院主持下进行调解，以不损害海洋环境公共利益为前提，充分尊重当事人的意愿，调解结果应符合保护海洋自然资源与生态环境的整体利益。海洋自然资源和生态环境损害赔偿诉讼的调解机制实际上是多元化纠纷解决的一种形式，赋予了当事人更多的选择权利。①

四、海洋自然资源和生态环境损害赔偿中的和解

《最高人民法院关于审理海洋自然资源与生态环境损害赔偿纠纷案件若干问题的规定》第 11 条规定：海洋自然资源与生态环境损害赔偿诉讼当事人达成调解协议或者自行达成和解协议的，法院依照《最高人民法院关于审理环境民事公益诉讼案件适用法律若干问题的解释》第 25 条的规定处理。现行我国《民事诉讼法》第 53 条规定："双方当事人可以自行和解。"在我国，诉讼和解是指在民事诉讼过程中，当事人双方在相互协商的基础上达成解决争议的协议，并请求法院结束诉讼程序的一种制度。自行和解是当事人的一项诉讼权利。根据《最高人民法院关于适用〈中华人民共和国民事诉讼法〉的解释》的规定，诉讼和解不仅可以发生在一审程序中，也可以发生在二审程序、再审程序中，但都必须在法院作出裁判之前进行。② 该解释第 287 条规定："人民法院经审查，和解或者调解协议不违反社会公共利益的，应当出具调解书；和解或者调解协议违反社会公共利益的，不予出具调解书，继续对案件进行审理并依法作出裁判。"海洋自然资源和生态环境损害赔偿中的和解制度更加符合当事人意思自治原则，维护司法公正价值。海洋自然资源和生态环境损害赔偿案件当事人自行达成和解协议后，人民法院经审查认为和解协议的内容不违反法律、行政法规强制性规定且不损害国家利益和社会公共利益的，可以进行和解。调解书应当写明诉讼请求、诉辩意见及相关证据、经审理查明的案件基本事实、协议内容以及人民法院的审查意见等，并予以公开。海洋自然资源和生态环境损害赔偿案件当事人享有根据自己的意愿，自主地处分本人民事上的实体权能和程序权能，而不受外来干涉的权利。诉讼和解与诉讼调解相比，进一步明确合意的主动权、决定权在当事人，能够充分体现当事人的意思自治原则，更能有利于当事人充分行使处分权，自愿、公平地处分自己的民事权利。③

《最高人民法院关于审理海洋自然资源与生态环境损害赔偿纠纷案件若干问题的规定》中，规定了对海洋自然资源和生态环境损害的鉴定证据，以及拟赔偿的数额计算方法，当事人一般对整个案件的事实都较为了解。鉴于此，一些海洋自然资源与生态环境损害赔偿诉讼案件当事人将选择对产生的纠纷进行和解。特别是针对很多损害事实并不清晰和明确的案件，采用和解的方式解决纠纷更有利于缓解海事法院的压力。海洋自然资源与生态损害赔偿诉讼案件的和解制度能够有效地提升司法效率，同时减少了司法成本。在海

---

① 岳丽萍等：《环境民事公益诉讼调解制度研究——以生态环境损害赔偿民事诉讼系列案为例》，载中国律师网，http://www.acla.org.cn/article/page/detailById/29008，最后访问日期：2022 年 8 月 8 日。

② 宋朝武主编：《民事诉讼法学》，高等教育出版社 2017 年版，第 202 页。

③ 肖俭林、刘莲：《民事诉讼和解制度初探》，载法律快车网，https://www.lawtime.cn/info/minshi/mssslunwen/2011030919187.html，最后访问日期：2022 年 8 月 8 日。

洋自然资源与生态损害赔偿诉讼和解中，一些在诉讼之前就已经达成，还有一些案件在证据明确以后开庭前达成，那么，这样就减少了诉讼所需要的时间成本和司法成本，能够以更加灵活和快捷的方式解决海洋自然资源与生态损害赔偿诉讼案件的争诉问题。与此同时，和解制度能弥补诉讼调解制度的不足。从和解的程序上看，应当是在海事法院受理海洋自然资源与生态环境损害赔偿案件之后至第一审判决或者第二审判决作出之前，当事人之间可以和解。

在理论研究和司法实践方面，诉讼调解、和解制度都先行于海洋自然资源与生态环境损害赔偿磋商。二者的对比如表 7-3 所示，一是有利于生态环境损害赔偿磋商借鉴环境民事公益诉讼调解、和解的先进经验，二是可为生态环境损害赔偿磋商与环境民事公益诉讼调解、和解的衔接提供依据。生态环境损害赔偿磋商与环境民事公益诉讼调解、和解分别适用于诉前和诉中阶段。不同的诉讼阶段既会引发类似制度重复适用的担忧，同时也为制度衔接提供一条出路。磋商与调解、和解同属于替代性纠纷解决机制，制度功能类似，可以相互借鉴、取长补短，充分发挥两种制度在不同诉讼阶段的作用。[1] 在启动程序层面，生态环境损害赔偿磋商是由赔偿权利人主动展开，赔偿权利人在磋商过程中始终占据主导地位，赔偿义务人主要配合赔偿权利人进行磋商。环境民事公益诉讼调解、和解的启动除了由当事人主动申请外，还可以由法院依职权启动。[2]

表 7-3　　海洋自然资源与生态环境损害赔偿磋商和公益诉讼调解、和解内容比较

比较主体	磋　商	和　解
主体	赔偿权利人、义务人	双方当事人、受邀参与人
内容	赔偿权利人根据生态环境损害鉴定评估报告，就损害事实与程度、修复启动时间与期限、赔偿的责任承担方式与期限等具体问题与赔偿义务人进行磋商	当事人就停止侵害、排除妨碍、消除危险、恢复原状、赔偿损失、赔礼道歉等责任承担方式进行协商
适用情形	海洋自然资源与生态环境发生实际损害	海洋自然资源与生态环境具有重大损害风险，海洋自然资源与生态环境发生实际损害
启动程序	赔偿权利人主动与赔偿义务人磋商	当事人申请
诉讼阶段	诉前	诉中
效力	磋商协议可以申请司法确认	和解协议经法院审查确认后可出具调解书，具有强制执行力
公告程序	暂无规定	和解协议公告期间不少于 30 日

资料来源：作者根据文献资料整理。

---

① 黄大芬、张辉：《论生态环境损害赔偿磋商与环境民事公益诉讼调解、和解的衔接》，载《环境保护》2018 年第 21 期，第 46～50 页。

② 曲昇霞：《论环境民事公益诉讼调解之适用》，载《政法论丛》2016 年第 3 期，第 154～160 页。

案例与思考

1. 综合案例分析题

莆田市秀屿区海洋与渔业局与加斯佩罗船贸有限公司
海洋自然资源与生态环境损害赔偿纠纷案①

【基本案情】2018 年 9 月 22 日，希腊加斯佩罗船贸有限公司（Jaspero Shiptrade S. A.，以下简称加斯佩罗公司）所有的巴拿马籍"正利洛杉矶"轮从福州市江阴港出港航行过程中触礁搁浅，船体破损造成燃油泄漏，致该海域的养殖业、海洋生态环境、渔业资源遭受损害。加斯佩罗公司在厦门海事法院设立海事赔偿责任限制基金。莆田市秀屿区海洋与渔业局提起海洋自然资源与生态环境损害赔偿诉讼。遭受油污损害的 905 名渔民另案提起诉讼，索赔养殖设施和养殖收入损失。

【裁判结果】厦门海事法院受理后，组织莆田市秀屿区海洋与渔业局、加斯佩罗公司、渔民进行调解，促成三方达成调解协议，由加斯佩罗公司对海洋自然资源与生态环境损害、渔民养殖设施和养殖收入损失等进行赔偿。厦门海事法院对调解协议进行公告后，作出民事调解书。加斯佩罗公司已依约支付赔款。

问题：请谈一谈本案的示范意义。

2. 思考题

（1）海洋自然资源与生态环境生态损害赔偿诉讼相比一般环境侵权和环境公益诉讼有何特点？

（2）海洋自然资源与生态环境损失赔偿范围的依据和目的是什么？

（3）海洋自然资源与生态环境生态损害赔偿诉讼中认定恢复费用和恢复期间损失的替代方法的动因是什么？

---

① 该案件为 2020 年全国海事审判典型案例。

参 考 文 献

一、专著类

[1] [德] 施密特·阿斯曼. 秩序理念下的行政法体系建构 [M]. 林明锵等, 译. 北京：北京大学出版社, 2012：113-118.

[2] [美] 理查德·A. 波斯纳. 法律的经济分析 [M]. 蒋兆康, 译. 北京：中国大百科全书出版社, 1997：31.

[3] [美] 詹姆斯·萨尔兹曼, 巴顿·汤普森. 美国环境法（第四版）[M]. 徐卓然, 胡慕云, 译. 北京：北京大学出版社, 2016：190-191.

[4] 佟柔. 中国民法 [M]. 北京：法律出版社, 1990：570.

[5] 马骧聪. 环境法治：参与和见证——环境资源法学论文选集 [M]. 北京：中国社会科学出版社, 2012：5-6.

[6] 吕忠梅. 沟通与协调之途——论公民环境权的民法保护 [M]. 北京：中国人民大学出版社, 2005：43.

[7] 吕忠梅. 环境法导论 [M]. 北京：北京大学出版社, 2010：233.

[8] 吕忠梅. 环境法学概要 [M]. 北京：法律出版社, 2016：248.

[9] 王利明等. 民法学 [M]. 北京：法律出版社, 2005：868.

[10] 王利明, 周友军, 高圣平. 侵权责任法教程 [M]. 北京：人民法院出版社, 2010：451.

[11] 王利明. 侵权责任法（第二版）[M]. 北京：中国人民大学出版社, 2021：313.

[12] 杨立新. 中华人民共和国民法典释义与案例评注（侵权责任编）[M]. 北京：中国法制出版社, 2020：376.

[13] 张新宝. 中国民法典释评：侵权责任编 [M]. 北京：中国人民大学出版社, 2020：207, 214.

[14] 宋朝武. 民事诉讼法学 [M]. 北京：中国政法大学出版社, 2012：106-107, 202.

[15] 翁岳生. 法治国家之行政法与司法 [M]. 台北：月旦出版公司, 2009：333.

[16] 姜明安. 行政法与行政诉讼法（第二版）[M]. 北京：北京大学出版社, 高等教育出版社, 2005：168.

[17] 信春鹰. 《中华人民共和国环境保护法》学习读本 [M]. 北京：中国民主法制出版社, 2014：261-262.

[18] 汪劲. 中国环境法原理 [M]. 北京：北京大学出版社, 2000：89.

[19] 张梓太. 环境法律责任研究 [M]. 北京：商务印书馆，2004：56-57.

[20] 竺效. 环境侵权实案释法 [M]. 北京：中国人民大学出版社，2021：3.

[21] 竺效. 环境公益诉讼实案释法 [M]. 北京：中国人民大学出版社，2018：132.

[22] 侯佳儒. 中国环境侵权责任法基本问题研究 [M]. 北京：北京大学出版社，2014：58-59.

[23] 张宝. 环境侵权的解释论 [M]. 北京：中国政法大学出版社，2015：146.

[24] 程啸. 侵权责任法（第三版）[M]. 北京：法律出版社，2021：655.

[25] 左玉辉. 环境学 [M]. 北京：高等教育出版社，2002：14.

[26] 左卫民. 中国司法制度 [M]. 北京：中国政法大学出版社，2012：3-11.

[27] 李劲. 环境侵权论 [M]. 武汉：长江出版社，2006：147-150.

[28] 窦海阳. 环境污染与生态破坏责任论 [M]. 北京：社会科学文献出版社，2021：1-4.

[29] 张晋红. 民事之诉研究 [M]. 北京：法律出版社，1996：116.

[30] 行政法与行政诉讼法学编写组. 行政法与行政诉讼法学（第二版）[M]. 北京：高等教育出版社，2019：430.

[31] 张尚鷟. 走出低谷的中国行政法学：中国行政法学综述与评价 [M]. 北京：中国政法大学出版社，1991：547.

[32] 谭兵，李浩. 民事诉讼法 [M]. 北京：法律出版社，2004：10.

[33] 陈桂明. 诉讼公证与程序保障 [M]. 北京：中国法制出版社，1996：8.

[34] 中国大百科全书总编委会. 中国大百科全书 [M]. 北京：中国大百科全书出版社，2009：332-337.

[35] 中华人民共和国最高人民法院. 中国环境资源审判（2019）[M]. 北京：人民法院出版社，2020：2.

二、期刊类

[1] 吕忠梅. 论环境法上的环境侵权——兼论《侵权责任法（草案）》的完善 [J]. 清华法治论衡，2010（1）：246.

[2] 吕忠梅，焦艳鹏. 中国环境司法的基本形态、当前样态与未来发展——对《中国环境司法发展报告（2015—2017）》的解读 [J]. 环境保护，2017（18）：10.

[3] 吕忠梅. 环境行政司法：问题与对策——以实证分析为视角 [J]. 法律适用，2014（4）：2-6.

[4] 吕忠梅. 环境法回归 路在何方？——关于环境法与传统部门法关系的再思考 [J]. 清华法学，2018（5）：7-8.

[5] 吕忠梅. 《环境保护法》的前世今生 [J]. 政法论丛，2014（5）：58-59.

[6] 吕忠梅，张宝. 环境问题的侵权法应对及其限度——以《侵权责任法》第65条为视角 [J]. 中南民族大学学报（人文社会科学版），2011（2）：106.

[7] 吕忠梅. 环境侵权的遗传与变异——论环境侵害的制度演进 [J]. 吉林大学社会科学学报，2010（1）：124-127.

[8] 王明远．论我国环境公益诉讼的发展方向：基于行政权与司法权关系理论的分析 [J]．中国法学，2016（1）：49-68．

[9] 王明远．环境侵权行为研究 [J]．科技与法律，1994（4）：38-39．

[10] 王明远．环境侵权的概念与特征辨析 [J]．民商法论丛，2000（13）：112．

[11] 巩固．生态环境损害赔偿诉讼与环境民事公益诉讼关系探究——兼析《民法典》生态赔偿条款 [J]．法学论坛，2022（1）：130．

[12] 巩固．环境民事公益诉讼性质定位省思 [J]．法学研究，2019（3）：127-147．

[13] 张忠民．生态破坏的司法救济——基于 5792 份环境裁判文书样本的分析 [J]．法学，2016（10）：113．

[14] 张忠民．环境司法专门化发展的实证检视：以环境审判机构和环境审判机制为中心 [J]．中国法学，2016（6）：196．

[15] 叶勇飞．论环境民事公益诉讼 [J]．中国法学，2004（5）：105．

[16] 叶勇飞．环境民事公益诉讼之概念辨析 [J]．河南大学学报（社会科学版），2004（6）：22．

[17] 王国飞．论社会体育活动中组织者的相应补充责任——兼谈《民法典》第 1176 条和第 1198 条之适用 [J]．西安体育学院学报，2021（1）：28．

[18] 王国飞．环境行政公益诉讼诉前检察建议：功能反思与制度拓新——基于自然保护区生态环境修复典型案例的分析 [J]．南京工业大学学报（社会科学版），2020（3）：43．

[19] 王小钢．生态环境损害赔偿诉讼的公共信托理论阐释：自然资源国家所有和公共信托环境权益的二维构造 [J]．法学论坛，2018（6）：32-38．

[20] 王小钢．《民法典》第 1235 条的生态环境恢复成本理论阐释——兼论修复费用、期间损失和永久性损失赔偿责任的适用 [J]．甘肃政法大学学报，2021（1）：2-3．

[21] 王旭光．论生态环境损害赔偿诉讼的若干基本关系 [J]．法律适用，2019（21）：11-22．

[22] 王旭光，魏文超，刘小飞等．关于审理生态环境损害赔偿案件的若干规定（试行）的理解与适用 [J]．人民司法，2019（34）：31-38．

[23] 肖建国．民事公益诉讼的类型化分析 [J]．西南政法大学学报，2007（1）：26．

[24] 肖建国．民事公益诉讼的基本模式研究——以中、美、德为中心的比较法考察 [J]．中国法学，2007（5）：130．

[25] 于文轩，宋丽容．论环境司法中预防原则的实现路径 [J]．武汉大学学报（哲学社会科学版），2022（1）：169．

[26] 于文轩．论我国生态损害赔偿金的法律制度构建 [J]．吉林大学社会科学学报，2017（5）：188．

[27] 杨立新．从民法通则到民法总则：中国当代民法的历史性跨越 [J]．中国社会科学，2018（2）：73-91．

[28] 窦海阳．环境侵权类型的重构 [J]．中国法学，2017（4）：268-271．

[29] 王利明．《民法典》中环境污染和生态破坏责任的亮点 [J]．广东社会科学，2021

（1）：217.

[30] 秦天宝，陆阳. 从损害预防到风险应对：预防性环境公益诉讼的适用基准和发展方向 [J]. 法律适用，2022（3）：122-126.

[31] 肖俊. 不可量物侵入的物权请求权研究——逻辑与实践中的《物权法》第 90 条 [J]. 比较法研究，2016（2）：49-61.

[32] 张新宝. 侵权责任编起草的主要问题探讨 [J]. 中国法律评论，2019（1）：142.

[33] 陈泉生. 论环境侵权的归责原则 [J]. 法制与社会发展，1997（2）：20.

[34] 金瑞林. 环境侵权与民事救济——兼论环境立法中存在的问题 [J]. 中国环境科学，1997（3）：193.

[35] 刘士国. 论无过错责任 [J]. 法学研究，1994（5）：39.

[36] 张在范. 私益诉讼·团体诉讼·公益诉讼——我国劳动诉讼模式体系之构成分析 [J]. 中州学刊，2010（4）：80.

[37] 沈建明. 试论环境侵权行为 [J]. 法律科学，1991（2）：40.

[38] 刘璐，缪宇. 环境污染责任的构成与举证责任的分配——《侵权责任法》第 8 章 "环境污染责任" 的理解与适用 [J]. 政治与法律，2010（5）：32-34.

[39] 冯德淦. 第三人介入型侵权责任构成之检讨 [J]. 私法研究，2019（1）：60.

[40] 王江. 环境法 "损害担责原则" 的解读与反思——以法律原则的结构性功能为主线 [J]. 法学评论，2018（3）：163-164.

[41] 黄锡生，余晓龙. 社会组织提起环境公益诉讼的综合激励机制重构 [J]. 法学论坛，2021（1）：93-94.

[42] 薄小波.《民法典》视域下生态环境损害归责原则及其司法适用 [J]. 中州学刊，2021（3）：58.

[43] 徐以祥.《民法典》中生态环境损害责任的规范解释 [J]. 法学评论，2021（2）：146.

[44] 曾哲，梭娅. 环境行政公益诉讼原告主体多元化路径探究——基于诉讼客观化视角 [J]. 学习与实践，2018（10）：26.

[45] 程啸. 论意思联络作为共同侵权行为构成要件的意义 [J]. 法学，2003（4）：94.

[46] 黄娅琴，邹瑶. 环境侵权赔礼道歉责任研究 [J]. 民间法，2017（2）：258.

[47] 刘超.《民法典》环境侵权惩罚性赔偿制度之功能剖辨 [J]. 政法论丛，2022（1）：86.

[48] 何建华. 托马斯·阿奎那的正义思想 [J]. 齐鲁学刊，2018（3）：73.

[49] 李艳芳，李斌. 论我国环境民事公益诉讼制度的构建与创新 [J]. 法学家，2006（5）：101.

[50] 杨严炎. 共同诉讼抑或群体诉讼——评我国代表人诉讼的性质 [J]. 现代法学，2007（2）：99.

[51] 白彦，杨斌. 我国民事公益诉讼的经济分析——基于理性的视角 [J]. 法学研究，2013（11）：106.

[52] 张千帆. "公共利益" 的构成——对行政法的目标以及 "平衡" 的意义之探讨

[J]．比较法研究，2005（5）：1.

[53] 陈虹．环境公益诉讼功能研究［J］．法商研究，2009（1）：28.

[54] 秦鹏．关于环境公益诉讼制度实施的若干思考——基于国内首例跨省界环境公益诉讼案的分析［J］．环境保护，2015（13）：46.

[55] 周晨．环境损害概念的内涵与外延——从松花江污染事故说起［J］．学术交流，2006（9）：45.

[56] 中华环保联合会课题组．环境公益诉讼损害赔偿金研究［J］．中国环境法治，2014，2：144.

[57] 徐全兵．检察机关提起行政公益诉讼的职能定位与制度构建［J］．行政法学研究，2017（5）：79.

[58] 李坤辉．行政公益诉讼诉前程序研究——以检察权与行政权的关系为视角［J］．理论观察，2019（5）：110-112.

[59] 林仪明．我国行政公益诉讼立法难题与司法应对［J］．东方法学，2018（2）：156.

[60] 沈岿．检察机关在行政公益诉讼中的请求权和政治责任［J］．中国法律评论，2017（5）：80.

[61] 王万华．完善检察机关提起行政公益诉讼制度的若干问题［J］．法学杂志，2018（1）：96-108.

[62] 孔祥稳，王玎，余积明．检察机关提起行政公益诉讼试点工作调研报告［J］．行政法学研究，2017（5）：87-98.

[63] 王俊娥，刘慧．行政公益诉讼诉前检察建议质效问题研究［J］．中国检察官，2019（4）：22-24.

[64] 尹昌平．审理行政机关不履行法定职责案件若干问题探讨［J］．行政法学研究，2002（2）：76-78.

[65] 练育强．行政公益诉讼第三人制度的实证反思与理论建构［J］．行政法学研究，2019（4）：67-85.

[66] 蔡小雪．行政确认判决的适用［J］．人民司法，2001（11）：14-17.

[67] 庞新燕．环境行政公益诉讼执行制度之探究［J］．环境保护，2019（16）：51-55.

[68] 温辉．行政诉讼法中"监督管理职责"的理解与适用［J］．法学杂志，2020（4）：100-108.

[69] 肖军．田中二郎的行政法思想［J］．行政法学研究，2010（1）：104-113.

[70] 陈德敏，谢忠洲．论行政公益诉讼中"不履行法定职责"之认定［J］．湖南师范大学社会科学学报，2020（1）：54-62.

[71] 张旭勇．行政公益诉讼中"不依法履行职责"的认定［J］．浙江社会科学，2020（1）：67-76.

[72] 苏和生，沈定成．刑事附带民事公益诉讼的本质厘清、功能定位与障碍消除［J］．学术探索，2020（9）：74-83.

[73] 江必新．中国环境公益诉讼的实践发展及制度完善［J］．法律适用，2019（1）：5-12.

[74] 唐芳．恢复性司法的困境及其超越［J］．法律科学，2006（4）：55-63.

[75] 高星阁. 论刑事附带民事公益诉讼的程序实现 [J]. 新疆社会科学, 2021 (3): 91-101.

[76] 周新. 刑事附带民事公益诉讼研究 [J]. 中国刑事法杂志, 2021 (3): 123-140.

[77] 夏黎阳, 符尔加. 公益性刑事附带民事诉讼制度研究 [J]. 人民检察, 2013 (16): 17-20.

[78] 俞蕾, 黄潇筱. 生态环境刑事附带民事公益诉讼的证据规则与衔接机制研究——以上海地区检察公益诉讼为例 [J]. 中国检察官, 2020 (16): 34-38.

[79] 王瑞祺. 刑事附带民事公益诉讼客观范围研究 [J]. 南方法学, 2019 (5): 68-69.

[80] 杨雅妮. 刑事附带民事公益诉讼诉前程序研究 [J]. 青海社会科学, 2019 (6): 183.

[81] 田雯娟. 刑事附带民事公益诉讼的实践与反思 [J]. 兰州学刊, 2019 (9): 110-125.

[82] 刘加良. 刑事附带民事公益诉讼的困局与出路 [J]. 政治与法律, 2019 (10): 84-94.

[83] 王连民. 刑事附带民事公益诉讼的实践困境与完善路径——以污染环境相关案件为切入点 [J]. 山东法官培训学院学报, 2020 (1): 103-112.

[84] 利月萍. 刑事附带民事公益诉讼的实证分析——以上海市为例 [J]. 南都学坛, 2021 (2): 64-71.

[85] 樊崇义, 白秀峰. 关于检察机关提起公益诉讼的几点思考 [J]. 法学杂志, 2017 (5): 78-86.

[86] 胡巧绒, 舒平安. 刑事附带民事公益诉讼运行实证观察 [J]. 犯罪研究, 2020 (3): 88-105.

[87] 韩方. 以机关党建推动新时代纪检监察工作高质量发展 [J]. 唯实, 2020 (2): 42-44.

[88] 鲁俊华. 刑事附带民事环境公益诉讼责任认定问题研究 [J]. 中国检察官, 2020 (2): 60-65.

[89] 张永泉. 法秩序统一视野下的诉讼程序与法律效果的多元性: 以竞合型刑民交叉案件为视角 [J]. 法学杂志, 2017 (3): 44.

[90] 陈瑞华. 刑事附带民事诉讼的三种模式 [J]. 法学研究, 2009 (1): 92-109.

[91] 谢佑平, 江涌. 质疑与废止: 刑事附带民事诉讼 [J]. 法学论坛, 2006 (2): 57-67.

[92] 于改之. 刑民交错的类型判断与程序创新 [J]. 社会科学文摘, 2016 (7): 77-79.

[93] 梅宏. 海洋生态环境损害赔偿的新问题及其解释论 [J]. 法学论坛, 2017 (3): 28-36.

[94] 张春莉. 生态环境损害赔偿诉讼的检视与完善 [J]. 南京社会科学, 2019 (12): 101-107.

[95] 李超. 海洋环境损害司法鉴定的科学性审查 [J]. 中华环境, 2021 (1): 3.

[96] 黄大芬, 张辉. 论生态环境损害赔偿磋商与环境民事公益诉讼调解、和解的衔接

[J]．环境保护，2018（21）：46-50．

[97] 张辉．论环境民事公益诉讼的责任承担方式 [J]．法学论坛，2014（6）：58．

[98] 曲昇霞．论环境民事公益诉讼调解之适用 [J]．政法论丛，2016（3）：154-160．

[99] 陈海嵩．生态环境损害赔偿制度的反思与重构——宪法解释的视角 [J]．东方法学，
2018（6）：20-27．

[100] 汪劲．论生态环境损害赔偿诉讼与关联诉讼衔接规则的建立——以德司达公司案
和生态环境损害赔偿相关判例为鉴 [J]．环境保护，2018，46（5）：35-40．

[101] 吕梦醒．生态环境损害多元救济机制之衔接研究 [J]．比较法研究，2021（1）：
133-151．

[102] 康京涛．生态修复责任的法律性质及实现机制 [J]．北京理工大学学报（社会科
学版），2019，21（5）：134-141．

[103] 罗志敏．意大利对普遍利益的司法保护及对我国的借鉴意义：以原告资格为中心
[J]．比较法研究，2006（1）：94．

[104] 王福华．民事诉讼的社会化 [J]．中国法学，2018（1）：28．

[105] 王曦．论环境公益诉讼制度的立法顺序 [J]．清华法学，2016（6）：101-114．

[106] 郭武，范兴嘉．《环境保护法》修订案之环境司法功能抽绎 [J]．南京工业大学学
报（社会科学版），2014（4）：32．

[107] 王启梁，张丽．理解环境司法的三重逻辑 [J]．吉林大学社会科学学报，2020
（6）：90-91．

[108] 冷罗生，徐淑琳．论环境侵权法律救济体系之构建——以《环境保护法》第64条
为核心的评析 [J]．东北大学学报（社会科学版），2016（1）：84．

[109] 樊勇．私人自治的绿色边界——《民法总则》第9条的理解与落实 [J]．华东政
法大学学报，2019（2）：123．

[110] 黄辉，沈长礼．拓展与限缩：环境行政公益诉讼原告资格之确定 [J]．合肥工业大
学学报（社会科学版），2020（5）：40-46．

[111] 丁宝同．民事公益之基本类型与程序路径 [J]．法律科学（西北政法大学学报），
2014（2）：61．

[112] 张黎．论我国环境公益诉讼 [J]．山东省农业管理干部学院学报，2012（2）：143．

[113] 蔡守秋．论环境公益诉讼的几个问题 [J]．昆明理工大学学报，2009（9）：1．

[114] 韩业斌．行政公益诉讼试点助推地方法治政府建设的功能、困境与出路 [J]．黑龙
江省政法管理干部学院学报，2017（4）：9．

[115] 贾永健．中国检察机关提起行政公益诉讼模式重构论 [J]．武汉大学学报，2018
（5）：155．

[116] 张晋邦．论检察建议的监督属性——以行政公益诉讼中行政机关执行检察建议为
视角 [J]．四川师范大学学报（社会科学版），2018（3）：71-78．

[117] 刘艺．检察公益诉讼的司法实践与理论探索 [J]．国家检察官学院学报，2017
（2）：3-18．

[118] 王晓冬，刘亚楠．构建检察机关提起环境行政公益诉讼制度 [J]．中国环境管理干

部学院学报，2016（2）：9-11.

[119] 夏云娇，尚将．环境行政公益诉讼判决方式的检视及其完善［J］．南京工业大学学报（社会科学版），2021（3）：29-41.

[120] 黄学贤．行政公益诉讼回顾与展望——基于"一决定三解释"及试点期间相关案例和《行政诉讼法》修正案的分析［J］．苏州大学学报（哲学社会科学），2018（2）：46-58.

[121] 秦宗文，鲍书华．刑事庭前会议运行实证研究［J］．法律科学（西北政法大学学报），2018（2）：152-162.

[122] 李小强．论生态环境损害赔偿诉讼与环境民事公益诉讼之整合［J］．兰州教育学报，2018（10）：3.

[123] 李劲．检察机关提起环境刑事附带民事公益诉讼问题研究［J］．渤海大学学报（哲学社会科学版），2020（5）：52.

[124] 陈学敏．环境刑事附带民事公益诉讼制度的检视与完善［J］．华南理工大学学报，2021（3）：71.

[125] 林鹏程．环境公益诉讼的民刑交叉程序法律问题研究——以检察机关提起环境形式附带民事公益诉讼为例［J］．广东开放大学学报，2019（5）：57-62.

[126] 丹尼尔·W.凡奈思，王莉．全球视野下的恢复性司法［J］．南京大学学报，2005（4）：130-136.

[127] 王秀卫．海洋生态环境损害赔偿制度立法进路研究——以《海洋环境保护法》修改为背景［J］．华东政法大学学报，2021（1）：76-86.

[128] 王倩．生态环境损害赔偿诉讼的性质思考［J］．浙江海洋大学学报（人文社会科学版），2020（4）：26-31.

[129] 叶榅平，常霄．刑事附带民事公益诉讼的审理模式选择［J］．南京工业大学学报，2020（6）：13-33.

[130] 吴良志．论生态环境损害赔偿诉讼的诉讼标的及其识别［J］．中国地质大学学报（社会科学版），2019（4）：30-43.

[131] 李丹．论环境损害赔偿立法中的环境公益保护［J］．法学论坛，2005（2）：35.

三、学位论文

[1] 颜可．环境民事公益诉讼研究［D］．重庆：重庆大学，2006.
[2] 万勖晨．刑事附带环境民事公益诉讼制度研究［D］．重庆：西南政法大学，2020.
[3] 袁紫燕．环境刑事附带民事公益诉讼程序规则研究［D］．杭州：浙江农林大学，2020.
[4] 宋阳．检察机关提起刑事附带民事公益诉讼问题研究［D］．郑州：河南财经政法大学，2019.

四、报纸类

[1] 吕忠梅．论环境侵权的二元性［N］．人民法院报，2014-10-29（8）.

[2] 江必新.认真贯彻落实民事诉讼法、行政诉讼法规定 全面推进检察公益诉讼审判工作 [N].人民法院报,2018-3-5 (3).

[3] 王旭光.论环境资源司法的基本功能 [N].人民法院报,2015-9-9 (8).

[4] 王玮.最高法发布《中国环境资源审判 (2019)》和《中国环境司法发展报告 (2019)》中国环境司法"个性"日益鲜明 [N].中国环境报,2020-5-15 (6).

[5] 王军,马军.四川旺苍检察院:"绿色检察"首试区域性司法 [N].民主与法制时报,2014-9-28.

[6] 邢世伟,金煜.700 余家社会组织可提环境公益诉讼 [N].新京报,2015-1-7 (A06).

[7] 渠滢.行政公益诉讼助推法治政府建设 [N].学习时报,2019-8-21 (3).

[8] 佟海晴.检察建议发挥作用关键靠落实 [N].检察日报,2019-6-24 (1).

[9] 潘如新.行政公益诉讼诉前程序探索 [N].检察日报,2019-7-11 (3).

[10] 庄庆鸿.环保法庭的公益诉讼困境 [N].中国青年报,2013-11-9 (3).

[11] 邹春霞.去年提 8 起公益诉讼,法院均未予立案 [N].北京青年报,2014-3-1 (3).

[12] 罗书臻.规范环境公益案件审理 切实维护环境公共利益 [N].人民法院报,2015-1-7 (4).

[13] 李瑰华.行政公益诉讼与行政诉讼管辖之衔接 [N].检察日报,2020-11-17 (3).

[14] 梅贤明.福建:"复绿补植"的恢复性司法模式 [N].人民法院报,2013-4-21 (5).

[15] 蔡华伟.完善生态环境损害赔偿案件办理 [N].人民日报,2021-4-29 (14).

[16] 卫宏战,刘静.刑事附带民事案件调解对量刑的影响 [N].人民法院报,2008-9-10 (6).

[17] 丁国峰,马超.环境侵权案件一赔了之倾向要不得 [N].法制日报,2013-11-13 (5).

[18] 程雪阳.行政公益诉讼与人民检察院的转型 [N].南方周末,2017-6-29 (7).

[19] 武建华.从五个方面完善生态环境损害赔偿磋商机制 [N].人民法院报,2018-9-12 (8).